Independência Financeira

O Guia do PAI Rico

Independência Financeira

— Edição Revista e Atualizada —

O Guia para a Libertação

Robert T. Kiyosaki

ALTA BOOKS
GRUPO EDITORIAL
Rio de Janeiro, 2017

Independência Financeira — O guia para a libertação

Impresso no Brasil — 2017 - Edição revisada conforme o Acordo Ortográfico da Língua Portuguesa de 2009.

Publique seu livro com a Alta Books. Para mais informações envie um e-mail para autoria@altabooks.com.br

Obra disponível para venda corporativa e/ou personalizada. Para mais informações, fale com projetos@altabooks.com.br

Produção Editorial
Editora Alta Books

Produtor Editorial
Claudia Braga
Thiê Alves

Gerência Editorial
Anderson Vieira

Supervisão de Qualidade Editorial
Sergio de Souza

Produtor Editorial (Design)
Aurélio Corrêa

Editor de Aquisição
José Rugeri
j.rugeri@altabooks.com.br

Marketing Editorial
Silas Amaro
marketing@altabooks.com.br

Vendas Corporativas
Sandro Souza
sandro@altabooks.com.br

Vendas Atacado e Varejo
Daniele Fonseca
Viviane Paiva
comercial@altabooks.com.br

Ouvidoria
ouvidoria@altabooks.com.br

Equipe Editorial
Bianca Teodoro
Christian Danniel
Ian Verçosa
Illysabelle Trajano
Juliana de Oliveira
Renan Castro

Tradução (1ª edição)
Maria Fernanda Wolff de Carvalho

Copidesque (atualização)
Carolina Gaio

Revisão Gramatical (atualização)
Thamiris Leiroza

Diagramação (atualização)
Luisa Maria Gomes

Erratas e arquivos de apoio: No site da editora relatamos, com a devida correção, qualquer erro encontrado em nossos livros, bem como disponibilizamos arquivos de apoio se aplicáveis à obra em questão.

Acesse o site www.altabooks.com.br e procure pelo título do livro desejado para ter acesso às erratas, aos arquivos de apoio e/ou a outros conteúdos aplicáveis à obra.

Suporte Técnico: A obra é comercializada na forma em que está, sem direito a suporte técnico ou orientação pessoal/exclusiva ao leitor.

CIP-Brasil. Catalogação na fonte.
Sindicato Nacional dos Editores de Livros, RJ

k68i

Kiyosaki. Robert T., 1947-
Independência financeira — o guia para a libertação / Robert T. Kiyosaki; tradução de Maria Fernanda Wolff de Carvalho. - Rio de Janeiro: Alta Books, 2017.

Tradução de: Cashflow® Quadrant

ISBN: 978-85-508-0108-7

1. Finanças pessoais. 2. Investimentos. 3. Ricos. I. Título.

01-0343.

CDD: 332.024
CDU: 336.76

ALTA BOOKS
GRUPO EDITORIAL

Rua Viúva Cláudio, 291 — Bairro Industrial do Jacaré
CEP: 20.970-031 — Rio de Janeiro (RJ)
Tels.: (21) 3278-8069 / 3278-8419
www.altabooks.com.br — altabooks@altabooks.com.br
www.facebook.com/altabooks — www.instagram.com/altabooks

Outros Best-sellers da Série *Pai Rico*

Pai Rico, Pai Pobre

O Poder da Educação Financeira

O Guia de Investimentos

Filho Rico, Filho Vencedor

Profecias do Pai Rico

Histórias de Sucesso

Escola de Negócios

Quem Mexeu no Meu Dinheiro?

Pai Rico, Pai Pobre para Jovens

Pai Rico em Quadrinhos

Empreendedor Rico

Nós Queremos que Você Fique Rico

Desenvolva Sua Inteligência Financeira

Mulher Rica

O Segredo dos Ricos

Empreendedorismo Não Se Aprende na Escola

O Toque de Midas

O Negócio do Século XXI

Imóveis: Como Investir e Ganhar Muito Dinheiro

Irmão Rico, Irmã Rica

Como Comprar e Vender Empresas e Ganhar Muito Dinheiro

Meu pai rico dizia:
"Você nunca terá a verdadeira libertação sem a independência financeira."

E também falava:
"A independência pode ser gratuita, mas tem seu preço."

Este livro é dedicado àqueles que pagam para ver.

Nota do Editor

Novos Tempos

Houve muitas mudanças na economia e no cenário financeiro desde que *Pai Rico, Pai Pobre* foi publicado pela primeira vez, em 1997. Vinte anos atrás, Robert Kiyosaki desafiou a sabedoria convencional com sua afirmação ousada de que "sua casa não é um ativo". Seus pontos de vista controversos sobre dinheiro e investimentos foram recebidos com indignação e críticas.

Em 2002, em *Profecias do Pai Rico*, aconselhou que nos preparássemos para uma quebra do mercado financeiro. Em 2006, Robert uniu forças com Donald Trump para escrever *Nós Queremos que Você Fique Rico*, um livro inspirado pela preocupação de ambos com o encolhimento da classe média norte-americana.

Robert continua sendo um defensor apaixonado da importância e do poder da educação financeira. Hoje, na esteira do fiasco do financiamento de alto risco, do recorde nas retomadas de imóveis pelos bancos e do colapso econômico global que ainda nos rodeia, suas palavras não são só proféticas, mas esclarecedoras. Muitos céticos passaram a acreditar nisso.

Na preparação da reedição deste livro, *Independência Financeira*, Robert percebeu duas coisas: que sua mensagem e ensinamentos resistiram ao teste do tempo, e que o cenário de investimentos, o mundo em que os investidores operam, mudou drasticamente. Essas mudanças afetaram, e continuarão a afetar, aqueles que estão no quadrante I (Investidores) e alimentaram sua decisão de atualizar uma parte importante deste livro — Capítulo 5: Os Cinco Níveis de Investidores.

Agradecimentos

O sucesso estrondoso de *Pai Rico, Pai Pobre* nos trouxe milhares de novos amigos no mundo todo.

Suas palavras gentis e amigas — e suas histórias incríveis de perseverança, paixão e sucesso por aplicar os princípios do *Pai Rico*em suas vidas — me inspiraram a escrever este livro:

Independência Financeira
O Guia para a Libertação

Então, aos meus amigos, antigos e recém-chegados, pelo apoio arrebatador, além dos meus sonhos mais improváveis, eu digo obrigado.

SUMÁRIO

SUMÁRIO

SUMÁRIO

Prefácio

QUAL É SEU OBJETIVO?

"O que você quer ser quando crescer?" Esta é uma pergunta que foi feita à maioria de nós.

Tinha muitos interesses quando era criança e foi fácil de escolher. Se parecia empolgante e arrebatador, eu queria. Eu quis ser biólogo marinho, astronauta, marinheiro, oficial náutico, piloto e jogador de futebol.

Tive a sorte de alcançar três desses objetivos: oficial dos Fuzileiros Navais, oficial náutico e piloto.

Eu sabia que não queria me tornar professor, escritor ou contador. Não queria ser professor porque não gosto de escolas. Não queria ser escritor porque fui reprovado duas vezes em inglês. E desisti do meu MBA porque não suportava contabilidade.

Ironicamente, agora que cresci, me tornei tudo o que nunca pretendi. Embora não goste de escolas, hoje sou proprietário de uma empresa educacional. Leciono por todo o mundo porque amo ensinar. Mesmo tendo sido reprovado duas vezes em inglês porque não sabia escrever corretamente, hoje sou mais conhecido como escritor. Meu livro, *Rich Dad, Poor Dad,* ficou na lista de best-sellers do *New York Times* por mais de sete anos e é um dos três livros mais lidos nos Estados Unidos. Os únicos livros que estão na frente são *The Joy of Sex*, de Alex Comfort e *The Road Less Travelled*, de Scott Peck. Acrescentando mais uma ironia, *Pai Rico, Pai Pobre* e o meu jogo de tabuleiro *CASHFLOW*®[1] são sobre contabilidade, outro assunto com o qual tive que lutar.

[1] A Editora Alta Books não se responsabiliza pela circulação e conteúdo de jogos indicados pelo autor deste livro. (N. E.)

Mas o que isso tem a ver com a pergunta: "Qual é seu objetivo de vida?"

A resposta está na simples, mas profunda, afirmação de um monge vietnamita, Thich Nhat Hanh: "O caminho é o objetivo." Em outras palavras, o objetivo é encontrar seu caminho. Não é sua profissão, quanto dinheiro faz, seus títulos ou seus sucessos e fracassos.

Encontrar seu caminho significa descobrir sua missão na Terra. Qual é o propósito da sua vida? Por que essa dádiva chamada vida lhe foi dada? E qual o dom com que você a retribui?

Olhando para trás, sei que frequentar a escola não se tratava de encontrar o meu caminho na vida. Passei quatro anos na escola militar, estudando e treinando para ser um oficial náutico. Se tivesse construído uma carreira navegando para a *Standard Oil* em seus petroleiros, nunca teria encontrado o meu caminho. Se tivesse ficado nos Fuzileiros Navais ou ido voar em linhas aéreas comerciais, também nunca o teria achado.

Se tivesse permanecido como oficial náutico ou me tornado um piloto comercial, nunca teria me tornado um autor internacional de best-seller, sido convidado ao *Oprah*, escrito um livro com Donald Trump ou começado uma empresa global de educação que ensina empreendedorismo e investimentos em todo o mundo.

Encontre Seu Caminho

Este livro, *Independência Financeira*, é importante porque trata de encontrar seu caminho na vida. Como você sabe, muitas pessoas são programadas desde cedo na vida para "ir para a escola e arrumar um emprego". A escola ensina a encontrar um trabalho nos lados E ou A do quadrante. Não ensina a encontrar seu caminho.

Percebi que existem pessoas que, no começo das suas vidas, não sabem exatamente o que farão. Crescem pensando que se tornarão médicos, advogados, músicos, golfistas ou atores. Todos ouvimos sobre crianças prodígio, com talentos excepcionais. Contudo, você pode notar, essas são profissões, não necessariamente caminhos.

Então, como Alguém Encontra Seu Caminho?

Minha resposta é: "Eu gostaria de saber. Se pudesse agitar minha varinha mágica para que você encontrasse magicamente o seu, eu o faria."

Como não tenho uma varinha mágica nem posso lhe dizer o que fazer, o melhor que posso fazer é lhe falar o que fiz. E o que fiz foi seguir minha intuição, o meu coração e ter coragem. Por exemplo, em 1973, voltando da guerra, quando o meu pai pobre sugeriu que eu retornasse à escola, tirasse notas altas e trabalhasse para o governo, o meu cérebro ficou paralisado, o meu coração, pesado e a minha determinação dizia: "De maneira alguma."

Quando ele sugeriu que eu conseguisse meu antigo emprego de volta na *Standard Oil* ou me tornasse piloto comercial, novamente, minha mente, meu coração e minha determinação disseram não. Sabia que estava recusando navegar e voar, mesmo sendo boas profissões e que pagam muito bem.

Em 1973, aos 26 anos, eu tinha crescido. Tinha seguido o conselho dos meus pais e ido para a escola, recebido o meu diploma e tinha duas profissões: uma licença de oficial náutico e uma para voar. O problema era que aqueles eram empregos e sonhos de uma criança.

Aos 26, era maduro o bastante para saber que a educação é um processo. Por exemplo, quando queria ser um oficial náutico, fui para a escola de formação. E, quando quis aprender a voar, fui para a escola de voo, um processo de dois anos para formar pilotos. Estava cauteloso a respeito do meu processo educacional seguinte. Eu queria saber o que estava me tornando antes de começá-lo.

Escolas tradicionais tinham sido boas para mim. Eu tinha exercido as profissões dos meus sonhos de criança. Alcançar a vida adulta era confuso, porque não havia alguém dizendo: "Este é o caminho." Eu sabia o que eu *não* queria fazer, mas não sabia o que *queria*.

Seria bem simples se eu desejasse uma nova profissão. Se quisesse ser um médico, iria para a faculdade de medicina. Se desejasse ser um advogado, cursaria direito. Mas eu sabia que havia mais vida do que apenas ir para a universidade obter outro diploma de graduação.

Não percebi isso na época; mas, aos 26 anos, estava procurando o meu caminho, não a minha próxima profissão.

Uma Educação Diferente

Em 1973, meu último ano de atividade voando pelos Fuzileiros Navais, quando aterrissei perto de casa, no Havaí, sabia que queria seguir os passos do meu pai rico. Ainda na Marinha, me inscrevi em cursos de imóveis e negócios de final de semana, me preparando para virar um empresário nos quadrantes D e I.

Ao mesmo tempo, por recomendação do amigo de um amigo, ingressei em um curso de desenvolvimento pessoal, esperando encontrar quem eu realmente era. Um curso de desenvolvimento pessoal não segue um padrão convencional de educação porque eu não buscava créditos nas disciplinas. Eu não sabia o que aprenderia, assim como quando entrei no curso de imóveis. Tudo o que eu sabia era que havia chegado a hora de fazer um curso para me encontrar.

No meu primeiro final de semana de curso, a instrutora desenhou este diagrama simples no quadro-negro:

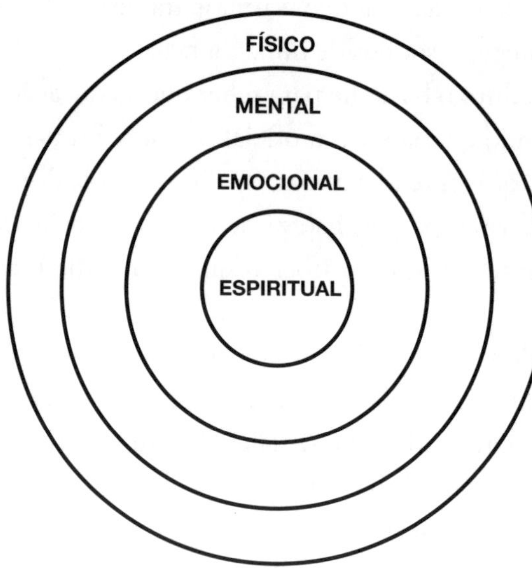

Com o diagrama completo, a instrutora se virou e disse: "Para nos tornarmos um ser humano integral, precisamos de educação física, mental, emocional e espiritual."

Ao ouvir sua explicação, ficou claro para mim que a escola tradicional tratava prioritariamente de desenvolver mentalmente os alunos. É por isso que muitos estudantes que vão bem na escola não o fazem no mundo real, especialmente no mundo do dinheiro.

Conforme o curso avançava pelo final de semana, descobri por que eu não gostava de escolas. Percebi que amava aprender, mas odiava a instituição. A educação clássica é um ótimo ambiente para alunos "A", mas não era o contexto para mim. O ensino tradicional destruía o meu espírito, tentando me motivar com a emoção do medo: de cometer erros, de falhar e de não encontrar um trabalho. Eles me programavam para ser um empregado nos quadrantes E ou A. Percebi que a educação convencional não é o lugar para a pessoa que deseja ser um empresário nos quadrantes D e I.

Pode ser por isso que muitos empresários nunca terminam a escola — como Thomas Edison, o fundador da General Electric; Henry Ford, da Ford Motor Company; Steve Jobs, da Apple; Bill Gates, da Microsoft; Walt Disney, da Disneyland e Mark Zuckerberg, do Facebook.

No decorrer do dia, conforme a instrutora se aprofundava naqueles quatro tipos de desenvolvimento pessoal, percebi que gastei a maior parte da minha vida em ambientes educacionais muito rígidos. Depois de quatro anos em uma academia militar masculina e de cinco como piloto da Marinha, eu estava extremamente forte em termos emocionais e espirituais. Como piloto da Marinha, era forte mental e fisicamente, mas só tinha desenvolvido o meu lado masculino. Não tinha um lado delicado, uma energia feminina. Afinal, fui treinado para ser um oficial dos Fuzileiros Navais, emocionalmente estável sob pressão, preparado para matar e espiritualmente preparado para morrer pelo meu país.

Se já viu o filme *Top Gun — Ases Indomáveis*, estrelado por Tom Cruise, tem uma ideia do universo masculino e da bravata dos pilotos militares. Amo aquele universo. Eu estaria bem nele. Era uma realidade atualizada de cavaleiros e gladiadores. Não era para covardes.

No seminário, mergulhei nas minhas emoções e rapidamente atingi o meu espírito. Eu chorei muito, porque tinha muito pelo que chorar. Tinha feito e visto coisas que ninguém nunca deveria ser convidado a fazer. Durante o seminário, abracei um homem, algo que nunca tinha feito antes, nem com o meu pai.

No domingo à noite, estava difícil de deixar aquele workshop de desenvolvimento pessoal. O seminário fora um ambiente gentil, acolhedor e franco. Na segunda-feira de manhã, foi um choque ser cercado por pilotos egoístas, dedicados a voar, matar e morrer pelo seu país.

Depois daquele seminário do final de semana, eu sabia que era hora de mudanças. Sabia que me desenvolver emocional e espiritualmente como uma pessoa mais amável, gentil e compassiva era a coisa mais difícil que eu poderia fazer. Isso foi de encontro a todos os meus anos na academia militar e na escola de voo.

Nunca retornei para a educação tradicional novamente. Não desejava estudar para atingir determinadas graduações, boas notas, promoções ou diplomas de novo. A partir de então, se frequentasse um curso ou escola, seria para aprender e me tornar uma pessoa melhor. Não estava perseguindo graduações, notas ou diplomas.

Crescendo em uma família de professores, suas notas, o ensino médio, a universidade em que se formou e suas pós-graduações eram tudo. Como as medalhas e fitas no peito de um piloto da Marinha, pós-graduações e escolas renomadas eram o status e as listras que os educadores usavam nas suas mangas. Em suas mentes, as pessoas que não haviam terminado o ensino médio eram sujas, almas perdidas da vida. Os que tinham mestrado olhavam com superioridade para os que eram apenas bacharéis. Aqueles com titulação de PhD eram reverenciados. Aos 26 anos, eu sabia que nunca mais voltaria àquele mundo.

Nota do editor: em 2009, Robert recebeu um PhD honoris causa *em empreendedorismo, do prestigiado San Ignacio de Loyola, em Lima, no Peru. Os outros poucos recebedores deste prêmio são líderes políticos, como o ex-presidente da Espanha José Luis Rodríguez Zapatero.*

Encontrando o Meu Caminho

Sei o que alguns de vocês estão se perguntando agora: "Por que ele está gastando tanto tempo falando sobre cursos educacionais que fogem ao padrão?"

A razão é que esse primeiro seminário de desenvolvimento pessoal reavivou o meu amor pelo aprendizado, mas não aquele pregado pela escola. Assim que o seminário acabou, me tornei um viciado em seminários, indo a vários, descobrindo mais sobre a conexão entre *meu* corpo, *minha* mente, *minhas* emoções e *meu* espírito.

Quanto mais estudava, mais curioso ficava sobre a educação tradicional. Comecei a fazer perguntas como:

- Por que tantas crianças odeiam a escola?
- Por que tão poucas gostam?
- Por que há tantas pessoas altamente instruídas e malsucedidas no mundo real?
- A escola prepara você para o mundo real?
- Por que odeio escolas, mas amo ensinar?
- Por que a maioria dos professores é pobre?
- Por que as escolas nos ensinam tão pouco sobre dinheiro?

Essas perguntas me levaram a me tornar um estudante da educação fora dos muros sagrados do sistema escolar. Quanto mais estudava, mais entendia por que eu não gostava de escolas e por que elas não são úteis para a maioria dos seus alunos, mesmo aqueles nota "A".

Minha curiosidade tocou o meu espírito e me tornei um empresário educacional. Se não fosse por essa curiosidade, talvez nunca tivesse me tornado escritor e desenvolvedor de jogos educativos. Minha educação espiritual me conduziu ao meu caminho na vida.

Parece que o nosso caminho não é encontrado na nossa mente. Nosso caminho está no nosso coração.

Isso significa que uma pessoa não consegue encontrar seu caminho no ensino convencional. Tenho certeza de que muitas conseguem. Estou apenas dizendo que eu não o teria feito na escola tradicional.

Por que um Caminho É Importante?

Todos nós conhecemos pessoas que ganham muito dinheiro, mas odeiam seu trabalho. Também conhecemos muitas que ganham pouco e também detestam o que fazem. E conhecemos, ainda, aquelas que só trabalham por dinheiro.

Um colega de classe da Academia de Marinha Militar também percebeu que não queria passar sua vida no mar. Em vez de navegar pelo resto da vida, ingressou na faculdade de direito após a formatura na academia militar, gastando três anos antes de se tornar advogado e virar um autônomo do quadrante A.

Morreu com cinquenta e poucos anos. Ele se tornou um advogado muito bem-sucedido, mas infeliz. Como eu, tinha duas profissões aos 26 anos. Embora odiasse ser advogado, seguiu a carreira porque tinha família, filhos, um financiamento imobiliário e contas a pagar.

Um ano antes de morrer, eu o encontrei em uma reunião da turma, em Nova York. Era um homem amargo. "Tudo o que faço é ir atrás de caras ricos como você. Não me pagam nada. Odeio o que faço e as pessoas para quem trabalho."

"Por que não faz outra coisa?", perguntei.

"Não posso parar de trabalhar. Minha primeira filha está entrando na faculdade."

Ele morreu de infarto antes que ela concluísse a graduação.

Ele ganhou muito dinheiro com seu treinamento profissional, mas era emocionalmente irritado, espiritualmente morto e logo seu corpo acompanhou.

Sei que este é um exemplo extremo. Muitas pessoas não odeiam tanto o que fazem quanto o meu amigo. Porém, isso mostra o problema de quando uma pessoa está atada a uma profissão e não consegue encontrar seu caminho.

Para mim, essa é a deficiência da educação clássica. Milhões de pessoas saem da escola só para se tornar prisioneiras de trabalhos dos quais não gostam. Elas sabem que algo foi perdido nas suas vidas. Muitos são também pegos na armadilha financeira, ganhando somente o suficiente para sobreviver, querendo ganhar mais, mas sem saber como fazê-lo.

Sem a consciência dos outros quadrantes, muitas pessoas voltam para a escola e procuram novas profissões ou salários maiores nos quadrantes E ou A, ignorando o mundo dos quadrantes D e I.

Meu Motivo para Ser Professor

A razão principal por eu ter me tornado um professor do quadrante D era o desejo de possibilitar a educação financeira. Queria deixar essa educação acessível para qualquer um que deseje aprender, independentemente de quanto dinheiro tem ou de um boletim mediano. É por isso que a *Rich Dad* criou o jogo *CASHFLOW*®[2]. Esse jogo pode ensinar em lugares no quais eu nunca poderia ir. A beleza do jogo é que ele foi desenvolvido para que pessoas ensinem pessoas. Não são necessários um professor ou uma sala de aula. O jogo *CASHFLOW*® já foi traduzido em mais de dezesseis idiomas, atingindo milhões de pessoas por todo o mundo.

Atualmente, a *Rich Dad* oferece cursos de educação financeira, bem como treinadores e mentores para auxiliar as pessoas a se tornar financeiramente proficientes. Nossos programas são especialmente importantes para qualquer um que deseje evoluir dos quadrantes E e A para os D e I.

Não há garantia de que todos irão para os quadrantes D e I; contudo, saberão acessá-los, se quiserem.

Mudar Não É Fácil

Para mim, mudar de quadrantes não foi fácil. Foi um trabalho mentalmente árduo, principalmente das perspectivas emocional e espiritual. Tendo crescido em uma família de empregados altamente instruídos do quadrante E, eu carregava seus valores sobre educação, emprego seguro, benefícios e assistência governamental. De muitas maneiras, os valores da minha família dificultaram a minha transição. Tive que me livrar dos seus conselhos,

[2] A Editora Alta Books não se responsabiliza pela circulação e conteúdo de jogos indicados pelo autor deste livro. (N. E.)

preocupações e críticas sobre me tornar empresário e investidor. Alguns dos valores que tive que extirpar foram:

- "Mas você precisa de um emprego."
- "Você está assumindo muitos riscos."
- "E se você falhar?"
- "Apenas volte para a universidade e faça um mestrado."
- "Torne-se um médico. Eles ganham muito dinheiro."
- "Os ricos são gananciosos."
- "Por que o dinheiro é tão importante para você?"
- "O dinheiro não vai torná-lo feliz."
- "Viva sempre abaixo das suas posses."
- "Busque segurança. Não siga seus sonhos."

Dieta e Exercícios

Menciono os desenvolvimentos emocional e espiritual porque são fundamentais para uma mudança de vida definitiva. Por exemplo, raramente funciona dizer a uma pessoa com excesso de peso: "Simplesmente coma menos e se exercite mais." Fazer dieta e exercícios pode ser mentalmente lógico, mas muitas pessoas acima do peso não comem porque estão famintas. Elas comem para alimentar o vazio emocional em suas almas. Quando uma pessoa inicia um programa de exercícios e dieta, está apenas trabalhando sua mente e seu corpo. Sem um desenvolvimento emocional e espiritual forte, aquela pessoa acima do peso pode seguir uma dieta por seis meses e perder muitos quilos, só para eles voltarem até em mais quantidade depois.

O mesmo é verdadeiro para a troca de quadrantes. Dizer a si mesmo: "Vou me tornar um empresário do quadrante D" é tão leviano quanto um fumante dizer: "Amanhã vou parar de fumar." Fumar é um vício físico causado por questões emocionais e espirituais. Sem um suporte emocional e espiritual, um fumante permanecerá viciado para sempre. O mesmo se aplica ao alcoolismo, à ninfomania e à oniomania. Muitos vícios são tentativas de encontrar a felicidade na alma das pessoas.

É por isso que minha empresa oferece cursos para a mente e o corpo, mas também treinadores e mentores para auxiliar as transições emocionais e espirituais.

Algumas pessoas são capazes de seguir a jornada sozinhas, mas não sou uma delas. Sem um treinamento como o do meu pai rico e um arrimo como o da minha esposa, Kim, nunca teria conseguido. Muitas vezes eu quis largar tudo e desistir. Se não fosse pela Kim ou pelo meu pai rico, eu teria me resignado.

Por que Estudantes "A" Fracassam

Olhando para o diagrama novamente, é fácil perceber por que tantos estudantes "A" fracassam no mundo do dinheiro.

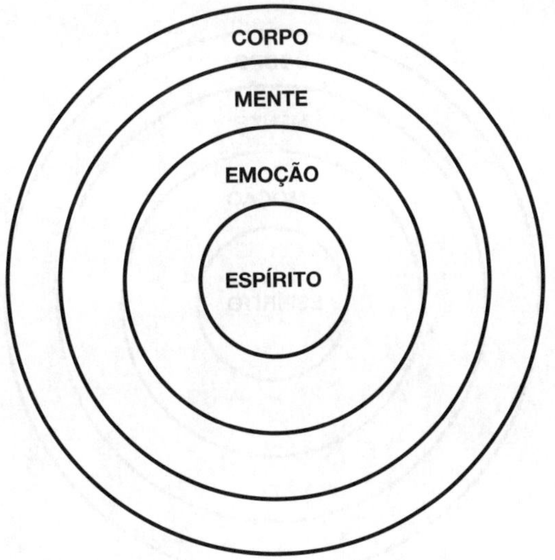

Uma pessoa pode ser altamente instruída do ponto de vista mental, mas se não for emocionalmente educada, seu medo vai frequentemente frear seu corpo para o que deve fazer. É por isso que muitos alunos "A" ficam presos em "paralisia analítica", estudando cada pequeno detalhe, mas engessados.

Essa "paralisia analítica" é causada pelo nosso sistema educacional, que pune os alunos que cometem erros. Se pensar sobre isso, estudantes "A" apenas são "A" porque quase não erram. O problema com essa trava emocional é que, no mundo real, as pessoas que agem são as que cometem mais erros e aprendem com eles a vencer o jogo da vida.

Veja os ex-presidentes Clinton e Bush. Clinton não admitia suas relações sexuais, e Bush, os erros que cometeu durante seu mandato. Errar é humano, mas mentir sobre seus atos é crime, conhecido como perjúrio.

Quando criticado por errar 1.014 vezes antes de criar a lâmpada elétrica, Thomas Edison disse: "Não falhei 1.014 vezes. Descobri com sucesso o que não deu certo em 1.014 ocasiões."

Em outras palavras, a razão para muitas pessoas falharem em alcançar o sucesso é que falham em errar vezes suficientes.

Observando o diagrama mais uma vez, uma das razões para que muitas pessoas se agarrem a seus trabalhos seguros é a lacuna na educação emocional. Elas deixam o medo reprimi-las.

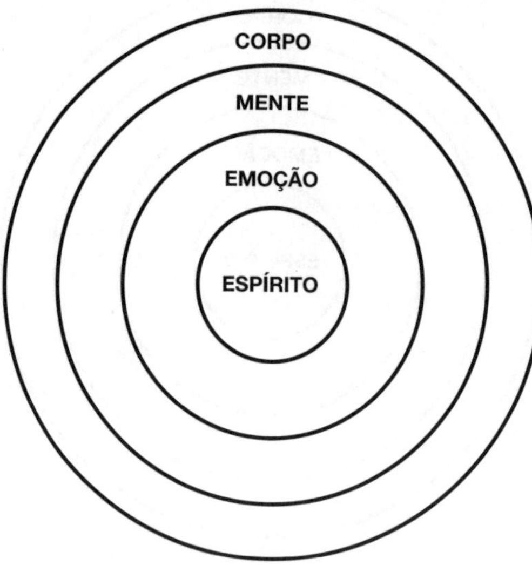

Uma das melhores coisas da escola militar e dos Fuzileiros Navais é que aquelas organizações gastavam muito tempo desenvolvendo os jovens espiritual, emocional, mental e fisicamente. Embora fosse uma educação difícil, era completa, nos preparando para um trabalho desagradável.

Criei o jogo *CASHFLOW*® porque educa a pessoa por inteiro. O jogo é uma ferramenta de ensino melhor do que ler ou escrever, simplesmente porque envolve o corpo, a mente, as emoções e o espírito do jogador.

Ele foi desenvolvido para jogadores errarem tanto quanto possível com o dinheiro do jogo, e, então, aprenderem com esses erros. Para mim, essa é a maneira mais humana de aprender sobre dinheiro.

O Objetivo É o Caminho

Hoje, existem centenas de clubes CASHFLOW pelo mundo. Esses clubes são importantes porque são uma luz no fim do túnel, uma estação de parada no caminho da vida. Ao ingressar em um clube CASHFLOW, conhecerá pessoas como você, comprometidas em realizar mudanças, não apenas falar sobre elas.

Ao contrário da escola, não se exige um passado acadêmico de sucesso. Tudo o que lhe é perguntado é sobre o sincero desejo de aprender e propiciar transformações. No jogo, você cometerá inúmeros erros em diferentes situações financeiras e aprenderá com eles, usando o dinheiro do jogo.

Os clubes CASHFLOW não são para os que querem enriquecer rapidamente. Eles auxiliam em longo prazo as pessoas que querem mudar emocional, espiritual, física e financeiramente. Todos nos transformamos e evoluímos em diferentes níveis de velocidade; assim, você é incentivado a seguir seu ritmo.

Depois de jogar com outras pessoas algumas vezes, você terá uma ideia melhor de qual deverá ser seu próximo passo e de qual ativo das quatro classes (negócios, imóveis, ativos de papel ou commodities) é o melhor para você.

Resumo

Encontrar o caminho de alguém não é necessariamente fácil. Ainda hoje, não sei realmente se estou ou não no meu. Como você sabe, todos nos sentimos perdidos às vezes, e nem sempre é fácil encontrar o caminho de volta. Se você sente que não está no quadrante ou no caminho adequado, eu o encorajo a ouvir seu coração para encontrá-lo. Você pode perceber que é hora de mudar se estiver fazendo afirmações como as seguintes:

- “Estou trabalhando com pessoas apáticas.”
- “Amo o que faço, mas gostaria de ganhar mais dinheiro.”

- "Mal posso esperar pelo final de semana."
- "Eu quero fazer do meu jeito."
- "Já é a hora de parar?"

Minha irmã é uma monja budista. Seu caminho é apoiar o Dalai Lama, uma escolha que não gera riquezas. Porém, embora ela receba pouco, não significa que seja uma monja pobre. Ela tem seu imóvel próprio, que aluga, e investe em ouro e prata. Sua força de espírito e sua mente financeiramente educada permitem que siga seu caminho, sem um voto de pobreza.

De muitas maneiras, era até bom que eu fosse rotulado de estúpido na escola. Embora emocionalmente dolorosa, essa dor possibilitou que eu encontrasse o meu caminho como professor. E, igual à minha irmã, a monja, não é porque sou professor que isso significa que devo ser pobre.

Repetindo o que Thich Nhat Hanh disse: "O caminho é o objetivo."

Introdução

EM QUE QUADRANTE VOCÊ ESTÁ?

O quadrante CASHFLOW®
é uma maneira de categorizar as pessoas
conforme sua fonte de renda.

Você é financeiramente independente? Se sua vida financeira chegou a um impasse, *Independência Financeira* foi escrito para você. Se quiser assumir o controle do que faz hoje para mudar seu destino financeiro, ele irá ajudá-lo a traçar esse caminho.

Este é o quadrante CASHFLOW. As letras em cada quadrante representam:

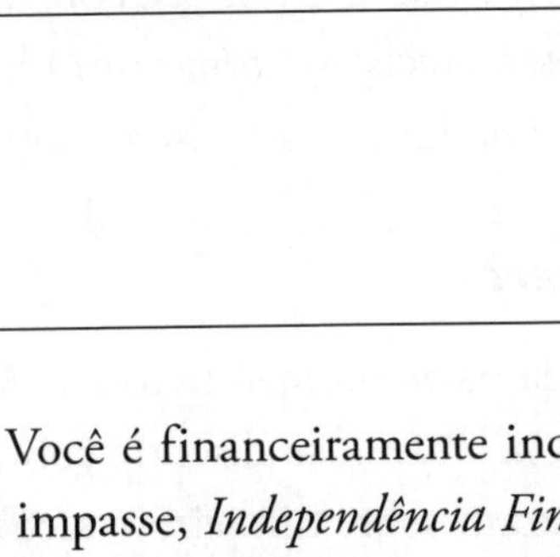

E de Empregado
A de Autônomo ou pequeno empresário
D de Dono de grandes negócios
I de Investidor

Cada um de nós se enquadra em pelo menos um dos quatro setores do quadrante CASHFLOW. A nossa posição é determinada pela procedência do nosso dinheiro. Muitos de nós são assalariados, enquanto outros trabalham por conta própria. Empregados e autônomos se encontram do lado esquerdo do quadrante CASHFLOW. O lado direito destina-se aos indivíduos cuja renda se origina das empresas ou dos investimentos que possuem.

O quadrante CASHFLOW é uma maneira de categorizar as pessoas conforme sua fonte de renda. Cada setor dentro do quadrante CASHFLOW é único e as pessoas dentro de cada um deles compartilham características comuns. Os quadrantes vão ajudá-lo a descobrir onde está e a traçar um caminho para seguir no futuro, conforme escolhe sua própria estrada para a independência financeira. Embora ela possa ser encontrada em todos os quatro quadrantes, as habilidades de um D ou I vão levá-lo a seus objetivos financeiros mais rapidamente. Um E de sucesso precisa se tornar um I bem-sucedido para garantir sua segurança financeira durante a aposentadoria.

O que Você Quer Ser Quando Crescer?

Este livro, sob vários aspectos, é a segunda parte do meu livro *Pai Rico, Pai Pobre*. Para os que não leram *Pai Rico, Pai Pobre*, ele discorre sobre as várias lições que os meus dois pais me ensinaram sobre dinheiro e escolhas na vida. Um deles era o meu verdadeiro pai, e o outro, o pai do meu melhor amigo. Um deles era altamente instruído, enquanto o outro tinha saído da escola no ensino médio. Um era pobre; o outro, rico.

O Conselho do Pai Pobre

Conforme eu crescia, o meu pai instruído, porém pobre, sempre me aconselhava: “Vá à escola, tire boas notas e encontre um emprego seguro.” Ele recomendava um estilo de vida que se assemelhasse a este:

O pai pobre aconselhava que eu me tornasse um E — empregado — com uma renda alta ou um A — autônomo —, como médico, advogado ou contador. Meu pai pobre se preocupava bastante com um salário estável, benefícios e a segurança de um emprego formal. Por isso, ele era um funcionário bem-remunerado do governo: era secretário de educação do estado do Havaí.

O Conselho do Pai Rico

Meu pai de poucas letras, mas rico, dava conselhos muito diferentes. Ele dizia: "Vá à escola, se forme, monte seu negócio e se torne um investidor bem-sucedido." Ele estava recomendando um estilo de vida que se assemelhava a este:

Este livro é sobre o processo mental, emocional e educacional que eu vivenciei ao seguir os conselhos do meu pai rico.

A Quem Este Livro Se Destina?

Este livro foi escrito para pessoas que estão dispostas a mudar de quadrante, especialmente as que atualmente estão nas categorias E e A, e que pretendem passar para D ou I. Este livro é para pessoas que estão prontas para ultrapassar a barreira da segurança de um emprego e começar a buscar a segurança financeira. Esse não é um caminho fácil de se seguir; mas, no final da estrada, a independência financeira faz a viagem valer a pena.

Quando eu estava com doze anos, meu pai rico me contou uma história simples, que me guiou para a fortuna e a liberdade financeira. Era sua maneira de explicar a diferença entre o lado esquerdo do quadrante CASHFLOW, os quadrantes E e A, e o direito, os quadrantes D e I. A história era assim:

"Era uma vez um vilarejo. Um lugar excelente para se viver, exceto por um problema. Só tinha água quando chovia. Para resolver esse problema de uma vez por todas, os anciãos do vilarejo decidiram organizar uma concorrência para contratar a entrega de água no vilarejo diariamente. Duas pessoas se ofereceram para realizar a tarefa e os anciãos deram a ambas a concessão do serviço. Eles acreditavam que a competição garantiria preços baixos e a oferta de fornecimento de uma reserva de água."

"O primeiro dos dois concorrentes que ganhou a concessão, Ed, imediatamente comprou dois baldes de aço galvanizado e começou a correr de lá para cá até o lago, que ficava a 1,6km de distância. Imediatamente, começou a ganhar dinheiro, pois corria da manhã à noite pegando água do lago com seus dois baldes. Ele os esvaziava no enorme tanque de concreto que o vilarejo havia construído. Todas as manhãs, tinha que acordar antes dos demais, para se assegurar de que haveria água suficiente quando eles quisessem. O trabalho era árduo, mas ele estava feliz por ganhar dinheiro e ter conseguido um dos dois contratos de exclusividade para seu negócio."

"O segundo concorrente vencedor, Bill, desapareceu por um tempo. Ele não foi visto durante meses, o que alegrou Ed, pois não havia concorrência."

"Em vez de comprar dois baldes para competir com Ed, Bill elaborou um plano de negócios, montou uma empresa, encontrou quatro investidores, contratou um presidente para realizar o trabalho e voltou seis meses mais tarde com uma equipe de construção. Um ano depois, seu pessoal tinha construído um enorme aqueduto de aço inoxidável de grande volume, que ligava o vilarejo ao lago."

"Na cerimônia de inauguração, Bill anunciou que sua água era mais limpa que a de Ed. Ele sabia que havia reclamações sobre sujeira encontrada na água de Ed. Bill anunciou também que poderia abastecer o vilarejo com água durante 24 horas por dia, sete dias por semana. Ed só podia entregar água em dias úteis, porque não trabalhava aos finais de semana. Então, Bill anunciou que cobraria por esse serviço altamente especializado e pela água, cuja qualidade era mais confiável, 75% menos do que Ed cobrava. O vilarejo, então, aplaudiu e imediatamente correu para a torneira no fim da tubulação construída por Bill."

"Para competir, Ed baixou suas taxas em 75%, comprou mais dois baldes, colocou tampas neles e passou a buscar quatro baldes em cada viagem. Para prestar melhores serviços, contratou seus dois filhos para ajudá-lo no turno da noite e nos fins de semana. Quando seus filhos foram para a faculdade, ele disse: 'Voltem logo para casa, pois um dia esse negócio pertencerá a vocês.'"

"Por alguma razão, seus dois filhos nunca voltaram. Eventualmente, Ed teve problemas com empregados e sindicatos. O sindicato pedia maiores salários, mais benefícios e queria que seus empregados buscassem apenas um balde por vez."

"Enquanto isso, Bill percebeu que, se aquele vilarejo precisava de água, os outros também deveriam precisar. Ele reformulou seu plano de negócios e partiu para vender seu sistema de entrega rápida de água potável, em larga escala e a preços baixos em outros vilarejos mundo afora. Ele ganhava apenas um centavo por balde de água entregue, mas entregava bilhões de baldes e todo aquele dinheiro desaguava em sua conta bancária. Bill desenvolveu um aqueduto para entregar dinheiro a si mesmo, da mesma forma que a água era entregue aos vilarejos."

"Bill viveu feliz da vida pelo restante dos seus dias; Ed trabalhou arduamente o resto da sua vida e sempre teve problemas financeiros. Fim."

Essa história sobre Bill e Ed me orientou durante anos. Ela me ajudou a tomar decisões. Frequentemente, me perguntava:

"Será que estou construindo um aqueduto ou apanhando baldes de água?"

"Estou fazendo um trabalho pesado ou usando a cabeça?"

As respostas dessas perguntas me tornaram financeiramente independente.

E é disso que o livro trata. Do que é preciso para se tornar um D e um I. Destina-se a pessoas que estão cansadas de apanhar baldes e prontas para construir aquedutos para o dinheiro escorrer para dentro, e não para fora, dos seus bolsos.

Este Livro Se Divide em Três Partes

Parte 1

A primeira parte fala sobre as diferenças fundamentais entre as pessoas nos quatro quadrantes. E sobre por que algumas delas ficam gravitando em alguns quadrantes e frequentemente ficam estagnadas, sem perceber. Vai ajudá-lo a identificar seu quadrante hoje e em qual deseja estar daqui a cinco anos.

Parte 2

A segunda parte fala sobre mudanças pessoais. É sobre quem você deve ser e não sobre como agir.

Parte 3

A terceira parte define sete passos que deve seguir em direção ao lado direito do quadrante CASHFLOW. Compartilho mais alguns segredos do meu pai rico sobre as habilidades necessárias para ser um D ou I bem-sucedido. Vou ajudá-lo a escolher seu próprio caminho para a independência financeira.

Em *Independência Financeira*, continuo a enfatizar a importância da inteligência financeira. Se quiser atuar no lado direito do quadrante, os lados

D e I, é preciso ser mais esperto do que se escolher ficar no lado esquerdo, como um E ou A. Para ser um D ou I, você precisa ser capaz de controlar a direção que seu fluxo de caixa está tomando.

Este livro foi escrito para pessoas que estão prontas para deixar para trás a segurança de um emprego e começar a construir seu próprio aqueduto para obter a independência financeira.

Estamos na Era da Informação e ela oferece mais oportunidades do que nunca para a realização financeira. As pessoas capacitadas para ser D e I é que vão identificar e agarrar as oportunidades. Para ser bem-sucedido na Era da Informação, você precisa entender os quatro quadrantes. Infelizmente, as nossas escolas ainda têm a mentalidade da Era Industrial, preparando os alunos apenas para o lado esquerdo do quadrante CASHFLOW.

Se está em busca de novas respostas para entrar na Era da Informação, então este livro foi escrito para você. Ele não contém todas as respostas, mas nele compartilho experiências pessoais e instrutivas, à medida que viajo dos lados E e A para os D e I.

Parte 1

O QUADRANTE CASHFLOW

Capítulo 1

POR QUE NÃO ARRUMAM UM EMPREGO?

Para os que valorizam um emprego formal, é difícil explicar por que talvez você não queira um.

Em 1985, minha mulher, Kim, e eu ficamos sem ter onde morar. Estávamos desempregados e o dinheiro que restava das nossas economias era pouco. Nossos cartões de crédito estavam estourados e morávamos em um velho Toyota marrom cujos bancos reclináveis faziam as vezes de cama. Ao final de uma semana, começamos a perceber a nossa triste realidade, o que estávamos fazendo e onde estávamos nos metendo.

Essa condição de sem-teto durou mais duas semanas. Uma amiga percebeu que nossa situação econômica estava periclitante e nos ofereceu um quarto no porão. Moramos lá por nove meses.

Mantivemos a nossa situação em segredo. Na maior parte do tempo, minha mulher e eu tínhamos uma aparência normal. Quando amigos e familiares sabiam dos nossos apuros, a primeira pergunta era sempre: "Por que não arrumam um emprego?"

A princípio, tentávamos explicar, mas, na maioria das vezes, não conseguíamos deixar claros nossos motivos. Para os que valorizam um emprego formal, é difícil explicar por que talvez você não queira um.

Às vezes, conseguíamos alguns bicos e ganhávamos uns parcos dólares, mas o que fazíamos dava só para nos alimentar e encher o tanque. Os dólares extras que ganhávamos eram o combustível que nos mantinha na trilha da nossa meta. Devo admitir que, nos momentos de dúvidas profundas, a ideia de um emprego formal e de um salário parecia atraente.

Mas continuávamos vivendo um dia após o outro, à beira do abismo financeiro, porque a segurança de um trabalho estável não era o que procurávamos.

Aquele ano, 1985, foi o pior das nossas vidas e o mais longo. Aqueles que dizem que o dinheiro não é importante obviamente nunca viveram sem ele por muito tempo. Kim e eu discutíamos e brigávamos constantemente. O medo, a incerteza e a fome nos deixam irritados e, muitas vezes, as pessoas com quem brigamos são aquelas de que mais gostamos. Apesar disso, o amor nos manteve juntos e os nossos laços conjugais se estreitaram ainda mais. Sabíamos o que queríamos, mas não sabíamos se iríamos conseguir.

Sabíamos que sempre poderíamos encontrar um emprego estável, seguro e bem-remunerado. Nós dois éramos graduados, competentes e tínhamos ética profissional. Mas não buscávamos a segurança de um emprego. Procurávamos a independência financeira.

Em 1989, estávamos milionários. Embora tivéssemos nos tornado economicamente independentes na opinião de alguns, ainda não tínhamos realizado os nossos sonhos. Essa situação se manteve até 1994. Nessa época, não precisaríamos mais trabalhar pelo resto da vida. Após termos afastado o desastre financeiro, estávamos, os dois, financeiramente independentes. Kim tinha 37 anos e eu, 47.

Não É Preciso Dinheiro para Ganhar Dinheiro

Comecei este livro dizendo que não tinha nada, e nem onde morar em 1985 porque escuto frequentemente pessoas dizerem: "É preciso dinheiro para ganhar dinheiro."

Discordo. Para passar de sem-teto em 1985 a rico em 1989, e a financeiramente independente em 1994, não precisei de dinheiro. Não tínhamos dinheiro no começo e estávamos endividados.

Nem mesmo é preciso ter uma boa educação formal. Sou formado, mas, honestamente, ficar financeiramente independente não teve nada a ver com o que aprendi na faculdade. Não encontrei muita aplicação para o tempo dedicado a cálculo, trigonometria, química, física, francês e literatura inglesa.

Muitas pessoas bem-sucedidas largaram os estudos antes de concluí-los — como Thomas Edison, fundador da General Electric; Henry Ford, da Ford Motors Co.; Bill Gates, da Microsoft; Ted Turner, da CNN; Michael Dell, da Dell Computers; Steve Jobs, da Apple Computer e Ralph Lauren, da Polo. Um curso universitário é importante para as profissões tradicionais, mas não para as pessoas ficarem ricas. Eles desenvolveram seus próprios negócios bem-sucedidos e era isso que eu e Kim procurávamos.

Então, o que É Preciso?

Frequentemente, me perguntam: "Se não é preciso dinheiro para ganhar dinheiro e se a faculdade não ensina a se tornar financeiramente independente, o que é preciso, então?"

Respondo: "É preciso ter um sonho, muita determinação, vontade de aprender rápido, capacidade de utilizar seus dons de maneira adequada e saber em qual lado do quadrante CASHFLOW você quer estar para enriquecer."

O que É o Quadrante CASHFLOW?

O diagrama abaixo mostra o quadrante CASHFLOW. As letras em cada quadrante representam:

E de Empregado
A de Autônomo ou pequeno empresário
D de Dono de grandes negócios
I de Investidor

A Partir de Qual Quadrante Você Gera Renda?

O quadrante CASHFLOW representa diferentes métodos pelos quais a renda ou o dinheiro é gerado. Por exemplo, um empregado ganha dinheiro mantendo um emprego e trabalhando para terceiros ou para uma empresa. Autônomos, trabalhando para si. Um dono de grandes negócios tem uma empresa que gera dinheiro e os investidores ganham dinheiro de vários investimentos — em outras palavras, dinheiro fazendo dinheiro.

Diferentes métodos de geração de renda exigem diferentes mentalidades, habilidades técnicas, tipos de educação e de pessoas. Pessoas diferentes são atraídas para quadrantes diferentes.

Embora dinheiro seja sempre a mesma coisa em todo lugar, as formas de ganhá-lo são infinitas. Se começar a olhar para os quatro diferentes rótulos de cada quadrante, é possível que se pergunte: "De que quadrante vem a maior parte da minha renda?"

Cada quadrante é diferente. Gerar renda de diferentes quadrantes exige habilidades e personalidades diferentes, mesmo que a pessoa em todos os quadrantes seja a mesma. Mudar de um quadrante para outro é como lutar de manhã e ir ao balé à noite.

Você Pode Ganhar Dinheiro nos Quatro Quadrantes

A maioria de nós tem potencial para gerar renda nos quatro quadrantes. O quadrante que você ou eu escolhemos para ganhar nossa renda principal não é aprendido na escola. É o que nós essencialmente somos — nossos valores, forças, fraquezas e interesses. São esses princípios existenciais que nos atraem para esses quatro quadrantes ou nos repelem deles.

Contudo, independentemente do trabalho que realizemos, ainda podemos trabalhar nos quatro quadrantes. Por exemplo, um médico poderia escolher obter renda na forma de um E como empregado, e entrar para a equipe de um grande hospital, trabalhar para o governo no serviço público, tornar-se militar ou entrar para uma empresa de seguros que precise de um médico em seu quadro de funcionários.

O mesmo médico poderia, igualmente, decidir se tornar um A, um autônomo, e abrir uma clínica particular, montar um consultório, contratar empregados e formar sua clientela de pacientes.

Ou o médico poderia se tornar um D e ter uma clínica ou um laboratório e ter outros médicos em seu quadro. Esse médico provavelmente contrataria um gerente para administrar a organização. Nesse caso, o médico seria o dono do negócio, mas não trabalharia nele. Esse médico também poderia optar por ter outro tipo de negócio que não tivesse nada a ver com a área médica e ainda praticar a medicina em outro lugar. Nesse caso, o médico ganharia dinheiro tanto como E quanto como D.

Como I, ele também geraria renda como investidor em negócios de terceiros ou através de veículos financeiros, como ações, títulos ou imóveis.

As palavras importantes são "gerar renda a partir de". Não importa muito o que se faça, mas sim como se gera renda.

Diferentes Métodos de Geração de Renda

Mais do que qualquer outra coisa, são as diferenças internas dos nossos valores básicos, forças, fraquezas e interesses que afetam o quadrante a partir do qual decidimos gerar nossa renda. Algumas pessoas gostam de ser empregados; outras detestam. Algumas amam ser empresárias, mas não querem administrar suas empresas. Outras adoram e também querem administrá-las. Já outras pessoas têm prazer em investir, enquanto outras só conseguem pensar no risco de perder dinheiro. A maioria de nós possui todas essas características. Ser bem-sucedido nos quatro quadrantes muitas vezes significa ter que redirecionar alguns dos nossos valores essenciais.

É Possível Ser Rico ou Pobre nos Quatro Quadrantes

Vale notar que você pode ser rico ou pobre em todos os quatro quadrantes. Há pessoas que ganham milhões e pessoas que abrem falência em todos os quadrantes. Estar em um quadrante ou no outro não garante, necessariamente, sucesso financeiro.

Nem Todos os Quadrantes São Iguais

Conhecendo os diferentes aspectos de cada quadrante, você terá uma ideia melhor de qual quadrante é o melhor para você.

Por exemplo, uma das muitas razões que me levaram a escolher trabalhar predominantemente nos quadrantes D e I foram as vantagens fiscais. Há alguns incentivos fiscais para a maioria das pessoas que trabalham do lado esquerdo. Ainda assim, os incentivos fiscais abundam do lado direito do quadrante CASHFLOW. Trabalhando para gerar renda nos quadrantes D e I, consegui ganhar dinheiro mais rapidamente e mantê-lo trabalhando para mim por mais tempo, sem perder grandes parcelas com impostos.

Diferentes Formas de Ganhar Dinheiro

Quando as pessoas perguntam por que Kim e eu ficamos sem ter onde morar, digo a elas que foi por causa do que meu pai rico me ensinou. Para mim, dinheiro é importante e, mesmo assim, não passo a vida trabalhando para ganhá-lo. Era por isso que não queria um emprego. Se iríamos nos tornar cidadãos responsáveis, Kim e eu queríamos que o dinheiro trabalhasse para nós, em vez de passarmos a vida nos esfalfando para ganhá-lo.

É por isso que o quadrante CASHFLOW é importante. Ele distingue as diferentes formas de geração de renda. Há formas de ser responsável e criar dinheiro, em vez de trabalhar para ganhá-lo.

Diferentes Pais — Diferentes Ideias sobre o Dinheiro

Meu pai instruído acreditava piamente que o apego ao dinheiro era ruim, que ter lucros excessivos significava pecar pela cobiça. Ele ficava envergonhado quando os jornais publicavam o quanto ganhava, pois achava que seu salário era muito alto em comparação com o dos outros professores que trabalhavam para ele. Ele era um homem bom, honesto, trabalhador e que deu o máximo de si para defender o ponto de vista de que o dinheiro não era importante na sua vida.

Meu pai instruído, mas pobre, frequentemente dizia:

- "Não estou interessado em dinheiro."
- "Nunca serei rico."
- "Não posso arcar com isso."
- "Investir é arriscado."

Meu pai rico era diferente. Ele ganhava cada vez mais dinheiro e pagava menos impostos. Ele também tinha gerentes de bancos e contadores, mas não aceitava os conselhos que davam.

O Principal Motivo

A força motriz que me impediu de ficar do lado esquerdo do quadrante foi o que aconteceu com meu pai instruído e pobre no ponto culminante da sua carreira.

No começo dos anos 1970, eu já havia terminado a faculdade e treinava para ser piloto da Marinha, em Pensacola, na Flórida, quando ia para o Vietnã. Meu pai instruído era, na época, secretário de educação do estado do Havaí e membro do governo. Uma noite, meu pai ligou para o meu alojamento, na base.

"Filho", disse ele, "vou me demitir do meu cargo e concorrer a vice-governador do estado do Havaí pelo Partido Republicano."

Engoli em seco, e então disse: "Você vai concorrer a um cargo contra seu chefe?"

"Isso", respondeu ele.

"Por quê?", perguntei. "Os republicanos não têm chance no Havaí. O Partido Democrata e os sindicatos são fortes demais."

"Eu sei, filho. Também sei que não temos esperança de ganhar. O juiz Samuel King vai se candidatar a governador e eu serei seu companheiro."

"Por quê?", perguntei novamente. "Por que concorrer contra seu chefe se você vai perder?"

"Porque minha consciência não me deixa escolha. Os jogos que os políticos fazem me perturbam."

"Está dizendo que eles são corruptos?", perguntei.

"Não é isso o que quero dizer", disse meu pai, com sinceridade. Ele era um homem honesto e moralista, e raramente falava mal de alguém. Sempre se mostrava diplomático. Ainda assim, eu podia notar, pelo seu tom de voz, que estava zangado e aborrecido. "Vou me limitar a dizer a você que minha consciência me incomoda quando vejo o que está acontecendo por baixo dos panos. Eu não poderia viver bem comigo mesmo se fechasse os olhos e não fizesse nada. Meu emprego e salário não são tão importantes quanto a minha consciência."

Depois de um longo silêncio, percebi que meu pai estava decidido. "Boa sorte", falei, baixinho. "Estou orgulhoso pela sua coragem e é uma honra ser seu filho."

Meu pai e os republicanos foram esmagados, como se esperava. O governador reeleito deixou claro que meu pai nunca mais iria conseguir emprego no governo do Havaí, e nunca mais conseguiu. Aos 54 anos, meu pai começou a procurar emprego, e eu estava a caminho do Vietnã.

Meu pai estava na meia-idade e procurando trabalho. Ele passava por cargos com nomes pomposos e salários baixos. Era um homem brilhante e dinâmico, e que não era bem-vindo no único mundo que conhecia, o dos funcionários públicos. Ele tentou iniciar pequenos negócios. Prestou consultoria por um período e também abriu uma franquia conhecida, mas todos seus esforços fracassaram.

À medida que envelhecia, sua energia ia diminuindo, então ele se empenhou em começar tudo de novo; sua força de vontade era mais aparente a cada falha. Ele era um E bem-sucedido tentando sobreviver como um A, em um quadrante no qual ele não tinha treinamento ou experiência, e no qual não acreditava. Adorava o universo da educação pública, mas não conseguia encontrar um meio de ser readmitido nele. O banimento por parte do governo o colocou de forma velada, mas firme, em seu lugar.

Se não fosse pela Previdência Social e pelo Medicare[1], os últimos anos da sua vida teriam sido um desastre completo. Ele morreu frustrado e um tanto zangado, mas, ainda assim, tinha a consciência limpa.

Então, o que me manteve vivo nos tempos mais sombrios? O fantasma do meu pai instruído sentado em casa, esperando o telefone tocar, tentando ter sucesso no mundo dos negócios, um mundo desconhecido para ele. Isso, junto com a lembrança boa de ver o meu pai rico cada vez mais feliz e mais bem-sucedido à medida que ficava mais velho, foi o que me inspirou. Em vez de decair aos 54 anos, o pai rico prosperava. Ele se tornara rico muitos

[1] O Medicare, bem como o Medicaid, é um programa norte-americano de assistência aos idosos. (N. E.)

anos antes disso, mas estava virando multimilionário. Estava sempre nos noticiários como o homem de negócios de Waikiki e Maui. Os anos em que se dedicou metodicamente a construir seu negócio e a investir estavam sendo recompensados, e ele estava a caminho de se tornar um dos homens mais ricos do arquipélago.

Pequenas Mudanças que Fazem a Diferença

O pai rico tinha me explicado o quadrante e por isso eu conseguia distinguir as pequenas mudanças que fazem a diferença ao longo dos anos laborais de uma pessoa. Devido ao quadrante CASHFLOW, eu descobria que era melhor decidir não o que eu seria, mas quem queria ser. Nas horas difíceis, foi essa certeza, e as lições dos meus dois pais poderosos, que me fizeram seguir em frente.

É Mais do que um Quadrante

O quadrante CASHFLOW é mais do que duas linhas cruzadas e quatro letras. Se olhar sob a superfície desse diagrama simples, encontrará realidades completamente diferentes e diversas maneiras de ver o mundo. Sendo uma pessoa que olhou o mundo tanto pelo lado esquerdo quanto pelo direito do quadrante, posso dizer honestamente que o mundo parece diferente, dependendo do lado em que está.

Um quadrante não é melhor que o outro. Cada um tem seus pontos fortes e fracos. Este livro foi escrito para lhe dar a oportunidade de olhar os quatro quadrantes e ter o desenvolvimento pessoal necessário para ser financeiramente independente em cada um deles. Espero que adquira perspectivas melhores para escolher o estilo de vida financeira que melhor se adapte a você.

Muitas das habilidades essenciais para ser bem-sucedido no lado direito do quadrante não fazem parte do ensino tradicional, o que pode explicar por que pessoas como Bill Gates, Ted Turner e Thomas Edison abandonaram a faculdade. Este livro identificará as habilidades necessárias e o temperamento essencial para você ter sucesso nos lados D e I do quadrante CASHFLOW. Primeiro, mostro um panorama dos quatro quadrantes, depois me concentro nos lados D e I.

Após ter lido este livro, alguns de vocês poderão mudar a maneira como ganham dinheiro, enquanto outros ficarão felizes por estar exatamente onde estão. Você poderá escolher operar em mais de um quadrante, talvez nos quatro. Todos somos diferentes, e um quadrante não é mais importante ou melhor do que o outro. Em todas as vilas, centros, cidades e países do mundo há necessidade de pessoas atuarem em todos os quatro quadrantes para assegurar a estabilidade financeira da comunidade.

Além disso, à medida que vamos ficando mais velhos e adquirindo mais experiência, os nossos interesses mudam. Noto, por exemplo, que muitos jovens recém-saídos da faculdade frequentemente ficam satisfeitos ao encontrar trabalho. Ainda assim, após alguns anos, alguns decidem que não estão interessados em fazer carreira na empresa ou perdem a motivação na área de negócios em que estão. Essas mudanças que ocorrem com a idade e a experiência não raro fazem a pessoa procurar novos caminhos para o crescimento, desafios, recompensa financeira e satisfação pessoal. Espero que este livro dê ideias novas para você atingi-los.

Em suma, ele não é sobre os sem-teto, mas sobre como encontrar um lar — em um ou mais quadrantes.

Capítulo 2

QUADRANTES DIFERENTES, PESSOAS DIFERENTES

Mudar de quadrantes é com frequência uma transformação crucial em quem você é.

"Não queira ensinar o padre a rezar missa", dizia sempre meu pai instruído.

Eu havia sentado com ele em diversas ocasiões, esforçando-me para explicar o quadrante CASHFLOW, em uma tentativa de lhe mostrar novos horizontes financeiros. Ele estava com quase sessenta anos, percebendo que muitos dos seus sonhos não se realizariam. A "lista negra" parecia ir além dos muros do governo estadual. Ele mesmo estava se colocando nessa lista.

"Eu tentei, mas não deu certo", disse ele.

Meu pai referia-se às suas tentativas de ser bem-sucedido no quadrante A no seu próprio negócio como consultor autônomo, e como D quando ele despejou a maior parte das economias de toda sua vida na franquia de uma sorveteria famosa que faliu.

Por ser um homem inteligente, ele compreendia, conceitualmente, as diferentes habilidades técnicas que os quatro quadrantes exigiam. Sabia que poderia aprendê-las se quisesse. Mas havia algo que o impedia.

Um dia, depois do almoço, falei com meu pai rico sobre meu pai instruído.

"Seu pai e eu não somos intimamente parecidos", disse o pai rico. "Somos ambos humanos, temos medos, dúvidas, crenças, forças e fraquezas, mas reagimos ou lidamos com essas semelhanças essenciais de maneiras diferentes."

"E pode me dizer quais são essas maneiras diferentes?", perguntei.

"Não em um almoço", disse o pai rico. "Mas como reagimos a essas diferenças é o que nos coloca em um quadrante ou em outro. Quando seu pai tentou atravessar do quadrante E para o D, conseguia entender intelectualmente o processo, mas não conseguiu lidar com isso emocionalmente. Quando as coisas deixaram de ir bem, começou a perder dinheiro, não sabia resolver problemas, então voltou para o quadrante no qual se sentia mais confortável."

"O quadrante E e, às vezes, o A", falei.

O pai rico assentiu. "Quando a dor de perder dinheiro e falhar se torna muito intensa, um medo que nós dois temos, ele escolhe a segurança, enquanto eu procuro a liberdade."

"E essa é a diferença essencial", falei, fazendo sinal para o garçom para pedir a conta.

"Apesar de sermos todos humanos", reafirmou o pai rico, "quando se trata de dinheiro e das emoções ligadas a ele, reagimos de forma diferente. E isso muitas vezes determina qual quadrante escolhemos para gerar renda."

"Quadrantes diferentes, pessoas diferentes", falei.

"É isso aí", disse o pai rico enquanto nos levantávamos e nos dirigíamos à porta. "E, para ser bem-sucedido em qualquer quadrante, é preciso ter algo a mais, além da capacidade técnica. É preciso conhecer as diferenças essenciais que fazem as pessoas procurarem quadrantes diferentes. Tenha isso em mente e a vida será bem mais fácil."

Estávamos apertando as mãos e nos despedindo quando o manobrista trouxe o carro do pai rico.

"Ah, mais uma coisa", falei, rapidamente. "Será que o meu pai consegue mudar?"

"Mas é claro", disse o pai rico, "qualquer um consegue. Mas mudar de quadrante não é a mesma coisa que mudar de emprego ou de profissão. Mudar de quadrantes é com frequência uma transformação crucial em quem você é — a maneira de pensar e de olhar o mundo. A mudança é mais fácil para algumas pessoas do que para outras porque enquanto umas a recebem bem, outras lutam contra ela. E mudar de quadrante é frequentemente uma mudança de vida. A mudança é tão profunda quanto a metamorfose da lagarta em borboleta. Não é só você quem vai mudar; seus amigos também. Você vai manter os amigos antigos, mas é difícil para uma lagarta fazer o que uma borboleta faz. As mudanças são grandes e não são muitas as pessoas que escolhem fazê-las."

O manobrista fechou a porta do carro e o pai rico foi embora, enquanto eu fiquei pensando sobre essas diferenças fundamentais.

Quais São as Diferenças Cruciais?

Como dizer às pessoas se elas são E, A, D ou I sem saber muito sobre elas? Uma das maneiras é escutando o que dizem.

Uma das grandes habilidades do pai rico era a capacidade de "ler" pessoas, mas, ainda assim, ele acreditava que não se devia julgar um livro pela capa. O pai rico, assim como Henry Ford, não tinha uma instrução elevada, mas ambos sabiam como contratar e trabalhar com as pessoas. Meu pai rico sempre me explicava que sua capacidade de reunir pessoas inteligentes e fazê-las trabalhar juntas era uma das suas principais qualidades.

Quando eu tinha nove anos, o pai rico começou a me ensinar as habilidades necessárias para ser bem-sucedido nos quadrantes D e I. Uma das qualidades era ir além da superfície de uma pessoa e começar a olhar cuidadosamente sua essência. O pai rico costumava dizer: "Ao ouvir as palavras de uma pessoa, começo a ver e sentir a alma dela."

Assim, desde cedo, passei a ficar com meu pai rico quando ele contratava pessoas. Nessas entrevistas, aprendi a ouvir não só palavras, mas também os valores essenciais — que o pai rico dizia que vinham da alma.

Palavras do Quadrante E

Uma pessoa do quadrante E (Empregado) diria: "Estou procurando um emprego seguro, sólido, com um bom salário e excelentes benefícios."

Palavras do Quadrante A

Uma pessoa do quadrante A (Autônomo) diria: "Cobro $35 por hora", "Normalmente, a minha comissão é de 6% sobre o preço total", "Não estou conseguindo encontrar pessoas que queiram trabalhar e fazer o trabalho direito" ou "Estou há mais de 20 horas neste projeto".

Palavras do Quadrante D

Uma pessoa do quadrante D (Dono de grandes negócios) diria: "Estou procurando um novo presidente para administrar a minha empresa."

Palavras do Quadrante I

Alguém que atue no I (Investidor) diria: "O meu fluxo de caixa é baseado na taxa interna ou na taxa líquida de rentabilidade?"

Palavras São Instrumentos

Quando o pai rico passava a conhecer a essência da pessoa que ele estava entrevistando, pelo menos naquele momento sabia o que aquela pessoa de fato procurava, o que essa pessoa tinha a oferecer e o que dizer ao falar com ela. O pai rico sempre dizia: "As palavras são instrumentos poderosos."

O pai rico sempre chamava a atenção do filho dele e a minha para esse fato. "Se quiser liderar pessoas, precisa ser um mestre com as palavras."

Então, uma das qualidades necessárias para ser um grande D é dominar as palavras, saber quais funcionam com determinados tipos de pessoas. Ele nos treinou para primeiro ouvir com cuidado as palavras que uma pessoa utiliza, pois só assim sabemos quais e quando usar para responder da forma mais eficaz possível.

Meu pai rico explicou: "Uma palavra pode motivar um tipo de pessoa e desligar completamente outra."

A palavra "risco", por exemplo, pode ser instigante para uma pessoa do quadrante I e, ao mesmo tempo, aterrorizar alguém do E.

Para sermos grandes líderes, o pai rico enfatizava que tínhamos que ser bons ouvintes. Se não ouve as palavras que uma pessoa utiliza, não consegue sentir sua alma. Se não alcança sua alma, nunca vai saber com quem está falando.

Diferenças Cruciais

A razão pela qual ele dizia: "Escute o que têm a dizer, sinta suas almas" é que nas palavras que uma pessoa escolhe estão seus valores e diferenças fundamentais. A seguir, encontram-se os aspectos gerais que diferenciam as pessoas de um quadrante das de outro:

1. *E (Empregado)*

Quando ouço as palavras "seguro" ou "benefícios", formo uma impressão da essência de quem as fala. A palavra "seguro" geralmente é utilizada em relação à emoção do medo.

Se uma pessoa sente medo, então a necessidade de segurança se torna uma expressão quase sempre utilizada por quem vem predominantemente do quadrante E. Quando se trata de dinheiro e emprego, há pessoas que detestam o medo que acompanha a incerteza econômica: por isso, o desejo de segurança. A palavra "benefício" está relacionada a pessoas que também gostariam de obter alguma vantagem, como uma remuneração extra definida e garantida, assistência médica ou plano de aposentadoria.

O principal para elas é se sentir seguras e ver isso no papel. Incerteza não as satisfaz; já a certeza, sim. Internamente, funcionam assim: "Eu lhe dou isso e você me promete algo em troca."

Elas querem aplacar seus medos com alguma certeza, então procuram segurança e contratos fortes quando se trata de emprego. São precisas quando dizem: "Não estou interessado em dinheiro."

Para elas, a ideia de segurança, não raro, é mais importante do que dinheiro.

Empregados podem ser tanto presidentes quanto porteiros de empresas. Não é o que fazem, mas o contrato de trabalho que têm com a pessoa ou a organização que os emprega.

2. ***A (Autônomo)***

Estas são pessoas que querem "ser seu próprio patrão" ou que gostam de "tomar conta do próprio negócio". Eu as chamo de grupo do "faça você mesmo".

Muitas vezes, quando o assunto é dinheiro, um A convicto não gosta que sua renda dependa dos outros. Em outras palavras, se os As trabalham com afinco, querem ser pagos por isso.

Os A não gostam que terceiros ou outras pessoas que não trabalham tanto quanto eles opinem sobre o dinheiro que ganham. Se trabalharem arduamente, pague-os bem.

Inversamente, eles também compreendem que, se não trabalharem com afinco, não merecerão ser bem pagos. Quando se trata de dinheiro, são, como sua classificação diz, autônomos.

A Emoção do Medo

Então, ao mesmo tempo que o E, ou empregado, frequentemente reage ao medo de não ter o dinheiro procurando segurança, o A muitas vezes se comporta de maneira diferente. As pessoas desse quadrante não lidam com o medo procurando segurança, mas assumindo o controle da situação e agindo por conta própria. É por isso que chamo os As de grupo do "faça você mesmo". No que diz respeito ao medo e ao risco financeiros, eles querem pegar o touro à unha.

Nesse grupo, encontram-se profissionais instruídos que passam anos na faculdade, como médicos, advogados e dentistas. Também no grupo dos As encontram-se pessoas dedicadas à educação, mas que se enveredam por caminhos diferentes do da educação tradicional. Nesse grupo, ainda, estão os vendedores comissionados e corretores de imóveis, bem como pequenos comerciantes, varejistas, faxineiros, donos de restaurantes, consultores, terapeutas, agentes de viagens, mecânicos de automóveis, encanadores, carpinteiros, líderes religiosos, eletricistas, cabeleireiros e artistas.

A música favorita desse grupo seria "*Nobody Does It Better*" ou "*I Did It My Way*".

Autônomos são extremamente perfeccionistas em essência. Muitas vezes, querem fazer as coisas muito bem. Na cabeça deles, acham que ninguém faz aquilo melhor do que eles, por isso não confiam em ninguém para fazer o que fazem do jeito que gostam, como acham que é o certo. Sob muitos aspectos, são verdadeiros artistas com estilo e método próprios de fazer as coisas.

E é por isso que os contratamos. Se você contrata um neurocirurgião, quer que esse profissional tenha anos de treinamento e experiência; porém, mais do que tudo, espera que ele seja um perfeccionista. E o mesmo acontece com dentista, cabeleireiro, publicitário, encanador, eletricista, advogado ou treinador. Você, na qualidade de cliente que contrata, quer que aquela pessoa seja a melhor.

Para esse grupo, dinheiro não é o mais importante do seu trabalho. Autonomia, liberdade para fazer as coisas do seu jeito e o fato de serem respeitados como especialistas no seu ramo, tudo isso é muito mais importante do que o dinheiro. Ao contratá-los, o melhor é dizer a eles o que quer que seja feito e deixá-los fazer do seu próprio jeito. Eles não precisam de supervisão nem a querem. Se você se intrometer demais, eles abandonam o trabalho e mandam você contratar outra pessoa. Dinheiro de fato não vem em primeiro lugar, mas a autossuficiência deles.

Eles muitas vezes têm dificuldades em contratar outras pessoas para fazer o que fazem porque, simplesmente, na cabeça deles, ninguém mais está à altura da tarefa. Além disso, se este grupo treina alguém para fazer o que faz, essa pessoa recém-treinada muitas vezes acaba saindo para "abrir seu próprio negócio", "ser seu próprio patrão", "fazer as coisas da sua maneira" ou "buscar uma oportunidade para expressar sua individualidade".

Muitos As hesitam em contratar e treinar outras pessoas porque, uma vez treinadas, elas terminam virando concorrentes. Isso, por sua vez, faz com que trabalhem com mais afinco e façam as coisas do seu jeito.

3. ***D (Dono de grandes negócios)***

   Esse grupo de pessoas poderia ser considerado quase o oposto do A. Os verdadeiros Ds gostam de estar cercados de pessoas de todas as quatro categorias: E, A, D e I. Diferentemente dos A, que não gostam de delegar trabalho (porque ninguém faz melhor do que eles), o D legítimo o faz. O verdadeiro *modus operandi* do D é: "Por que fazer eu mesmo se posso contratar alguém para fazer por mim, e melhor?"

   Henry Ford se encaixa nesse modelo. Há uma história conhecida: um grupo dos chamados intelectuais criticava Ford, chamando-o de ignorante. Eles diziam que ele não sabia muita coisa de fato. Então Ford os chamou a seu escritório e os desafiou a fazer qualquer pergunta. Então, essa turma se reuniu em volta do industrial mais poderoso dos Estados Unidos e começou a fazer perguntas a ele. Ford escutou as perguntas e, quando acabaram, pegou vários telefones em sua mesa e chamou alguns dos seus brilhantes assistentes, pedindo-lhes que dessem as respostas.

Ele terminou falando às pessoas que preferia contratar indivíduos espertos e formados para dar as respostas para que ele pudesse manter a mente livre para fazer coisas mais importantes, como pensar.

Uma das citações cujo crédito se atribui a Ford é: "Pensar é a coisa mais difícil que existe. É por isso que pouquíssimas pessoas se dedicam a isso."

Liderar É Trazer À Tona o Melhor das Pessoas

O ídolo do meu pai rico era Henry Ford. Ele lia para mim livros sobre pessoas como Ford e John D. Rockefeller, o fundador da *Standard Oil*. O pai rico constantemente encorajava a mim e a seu filho a aprender a essência da liderança e as habilidades técnicas de negócios. Quando olho para trás, entendo que muitas pessoas podem ter uma coisa ou outra, mas, para ser um D de sucesso, as duas são igualmente necessárias. Também percebo, agora, que ambas as habilidades podem ser aprendidas. Há uma ciência e uma arte para os negócios e a liderança. Para mim, os dois são um estudo vitalício.

Quando eu era garoto, o pai rico me deu um livro infantil chamado *Stone Soup* ("Sopa de Pedra", em tradução livre), escrito em 1947 por Marcia Brown, ainda encontrado em livrarias de renome. Ele leu esse livro para mim para começar o meu treinamento como líder de negócios.

"Liderar", dizia o pai rico, "é trazer à tona o melhor das pessoas." Assim, ele treinou a mim e a seu filho nas habilidades técnicas que considerava necessárias para sermos bem-sucedidos nos negócios — como leitura de demonstrações financeiras, marketing, vendas, contabilidade, gerência, produção e negociações, e ele realmente enfatizava que aprendêssemos a trabalhar e a liderar pessoas. O pai rico sempre dizia: "As habilidades técnicas dos negócios são fáceis. A parte difícil é gerir pessoas." Eu ainda leio *Stone Soup* hoje em dia, como um lembrete, pois, pessoalmente, tenho tendências a ser um tirano em vez de um líder quando algo não funciona do meu jeito.

Desenvolvimento Empresarial

É comum escutar: "Vou começar o meu próprio negócio." Muitas pessoas tendem a acreditar que a maneira de bancar segurança e felicidade é tendo o próprio negócio ou desenvolvendo um produto novo e único. Então elas correm e começam seu próprio negócio. Em muitos casos, é esse o caminho que seguem:

Muitos resolvem começar um tipo A de negócio e não um D. Mais uma vez, aquele não é necessariamente melhor do que este. Ambos têm diferentes forças e fraquezas, riscos e recompensas. No entanto, muitas pessoas que querem começar um tipo D de negócio resolvem começar um tipo A e adiam a busca pelo lado direito do quadrante. Muitos novos empresários querem fazer isso:

Mas mudam de direção e ficam presos nesta posição:

Muitos tentam fazer isto:

Mas pouquíssimos que tentam conseguem de fato fazê-lo. Por quê? Porque a técnica e as características existenciais necessárias para ser bem-sucedido em cada quadrante são diferentes. É preciso aprender habilidades e ter a mentalidade certa para cada tipo de quadrante a fim de encontrar o verdadeiro sucesso nele.

As Diferenças entre as Empresas do Tipo A e D

Os verdadeiros Ds podem deixar seus negócios por um ano e, ao voltarem, encontrá-lo mais lucrativo e mais bem administrado do que quando o deixaram. Em um negócio A típico, se o A deixá-lo por um ano ou mais, pode não haver mais empresa para a qual voltar.

Então, o que leva a essas diferenças? Dito de maneira simples, um A é o dono do negócio. Um D também, mas contrata pessoas competentes para conduzi-lo. Ou, em outras palavras: em muitos casos, o A é o sistema. É por isso que ele não pode largá-lo.

Tomemos o exemplo de um dentista. Ele passa anos na faculdade aprendendo a se tornar, ele mesmo, um sistema. Você, como cliente, tem uma dor de dente. Vai ao dentista. Ele trata seu dente. Você paga e vai para casa. Fica satisfeito e conta a seus amigos sobre seu dentista. Na maioria dos casos, o dentista pode fazer todo o trabalho sozinho. O problema é que, se o dentista sai de férias, sua renda também sai.

Os donos D podem sair de férias sempre porque detêm o sistema, não um emprego. Se o D sai de férias, o dinheiro ainda entra.

Para ser um D bem-sucedido, é preciso:

1. Deter ou controlar o sistema, e
2. Ter habilidades para liderar pessoas.

Para um A se transformar em um D, é preciso converter quem ele é e o que sabe em um sistema, e não são muitos os que têm capacidade para fazê-lo; ou estão muito atados ao sistema para liberá-lo ou deixar que outras pessoas o entendam.

Você Consegue Fazer um Hambúrguer Melhor que o McDonald's?

Muitas pessoas vêm a mim em busca de conselhos sobre como começar uma empresa ou como levantar dinheiro para um novo produto ou ideia.

Eu escuto, normalmente, por dez minutos, e nesse período consigo dizer o que essas pessoas estão procurando. É o produto ou o sistema de negócios? Nesses dez minutos, muitas vezes ouço coisas como: (Lembre-se da importância de ser um bom ouvinte e deixar que as palavras o guiem para conhecer a essência da alma das pessoas.)

- "Este produto é muito melhor que o da empresa XYZ."
- "Procurei por toda parte, mas ninguém tem esse produto."
- "Eu dou a você a ideia para esse produto; tudo o que quero é 25% dos lucros."
- "Venho trabalhando nisso (produto, livro, música, invenção) há anos."

Essas palavras são de alguém que atua nos lados E–A do quadrante. É importante ser gentil nesse ponto, porque estamos lidando com valores e ideias essenciais que se encontram arraigadas há anos, muitas vezes, por gerações. Se eu não for cortês ou paciente, posso prejudicar o lançamento frágil e sensível de uma ideia e, mais importante, de um ser humano prestes a partir para outro quadrante.

O Hambúrguer e a Empresa

Já que é preciso ser gentil, nesse ponto da conversa frequentemente uso o exemplo do "hambúrguer do McDonald's" para prestar esclarecimentos. Depois de ouvir suas ideias, pergunto lentamente: "Você consegue fazer um hambúrguer melhor que o McDonald's?"

Até hoje, 100% das pessoas com quem falei sobre suas novas ideias ou produtos responderam que sim. Todas elas conseguem preparar, cozinhar e servir um hambúrguer de melhor qualidade que o McDonald's.

Nesse ponto, faço a próxima pergunta: "Você consegue construir um sistema de negócio melhor que o do McDonald's?"

Algumas pessoas percebem a diferença imediatamente; outras, não. E eu diria que a diferença é se a pessoa está fixada do lado esquerdo do quadrante, que se concentra na ideia do hambúrguer melhor, ou no lado direito, que foca o sistema.

Eu me esforço para explicar que há muitos empresários lá fora oferecendo produtos ou serviços de qualidade superior à dos oferecidos pelas multinacionais multimilionárias, da mesma forma que há bilhões de pessoas que conseguem fazer um hambúrguer melhor que o McDonald's. Mas só o McDonald's tem o sistema que serve bilhões de hambúrgueres.

Ver o Outro Lado

Se as pessoas começam a olhar para o outro lado, sugiro que vão até o McDonald's, comprem um hambúrguer, sentem-se e observem o sistema que possibilitou aquele hambúrguer. Notem os caminhões que entregaram o hambúrguer cru, o fazendeiro que criou o gado, o comprador que o adquiriu e os anúncios de televisão. Notem o treinamento dos jovens inexperientes que dizem as mesmas palavras: "Oi, bem-vindo ao McDonald's", a decoração da franquia, os escritórios regionais, as padarias que assam os pães e as toneladas de batatas fritas que têm exatamente o mesmo gosto em qualquer lugar do mundo. Incluam também os corretores de ações que levantam fundos para o McDonald's em Wall Street. Se conseguem começar a compreender o quadro geral, então têm a chance de passar para os lados D–I.

A realidade é que há uma quantidade ilimitada de novas ideias, bilhões de pessoas com serviços ou produtos a oferecer e apenas poucas que sabem como construir um sistema de negócios excelente.

Bill Gates não criou um ótimo produto. Ele comprou o produto de terceiros e construiu um poderoso sistema global em torno dele.

4. ***I (Investidor)***

   Investidores fazem dinheiro com dinheiro. Eles não precisam trabalhar porque o dinheiro trabalha para eles.

   O quadrante I é o parque de diversão dos ricos. Independentemente do quadrante no qual as pessoas ganhem dinheiro, se quiserem ficar ricas algum dia, precisam, em última análise, ir para o quadrante I. É ali que o dinheiro se converte em riqueza.

O Quadrante CASHFLOW

O quadrante CASHFLOW distingue a forma pela qual a renda é gerada, se como E (Empregado), A (Autônomo), D (Dono de grandes negócios) ou I (Investidor). As diferenças estão resumidas a seguir.

TOP e DOP

Muitos de nós já ouvimos falar que o segredo da riqueza e independência financeira é:

- TOP — Tempo de Outras Pessoas
- DOP — Dinheiro de Outras Pessoas

TOP e DOP estão do lado direito do quadrante. Em sua maioria, as pessoas que trabalham do lado esquerdo estão entre as OP (Outras Pessoas) cujos tempo e dinheiro estão sendo usados.

Uma das razões principais pelas quais Kim e eu levamos um tempo para construir um negócio do tipo D, em vez de um A, é porque percebemos o benefício em longo prazo de usar o tempo dos outros. Um dos segredos para ser um A bem-sucedido é saber que o sucesso significa mais trabalho. Em outras palavras, um bom trabalho leva a mais trabalho e mais tempo despendido.

Ao projetar um negócio do tipo D, ter sucesso representa ampliar o sistema e contratar mais pessoas. Em outras palavras, você trabalha menos, ganha mais e tem mais tempo livre para usufruir.

O restante deste livro discorre sobre as habilidades e o temperamento necessários para o lado direito do quadrante CASHFLOW. De acordo com a minha experiência, ser bem-sucedido do lado direito exige temperamento e habilidade diferentes. Se as pessoas são flexíveis o bastante para mudar suas mentalidades, vão encontrar o processo para atingir a segurança e a independência financeira. Para outras pessoas, o caminho pode ser difícil demais, porque muitas estão congeladas em um quadrante e em um temperamento.

No mínimo, você vai descobrir por que algumas pessoas trabalham menos, ganham mais, pagam menos impostos e se sentem mais financeiramente seguras do que outras. O problema é saber em qual quadrante trabalhar e quando.

O Guia para a Libertação

O quadrante CASHFLOW não é um conjunto de regras. É apenas um guia para aqueles que desejam utilizá-lo. Ele levou a mim e a Kim das dificuldades financeiras à segurança, e depois à independência financeira.

A Diferença entre os Ricos e Todos os Outros

Alguns anos atrás, li um artigo que dizia que a maioria dos ricos recebia 70% da sua renda de investimentos, ou do quadrante I, e menos de 30% do salário de um emprego formal, ou do quadrante E. Se fossem E, muito provavelmente seriam empregados das suas próprias empresas.

A renda deles era assim:

Para a maior parte de todas as outras pessoas, os pobres e a classe média, pelo menos 80% da renda é proveniente dos salários dos quadrantes E ou A, e menos de 20%, de investimentos ou do quadrante I.

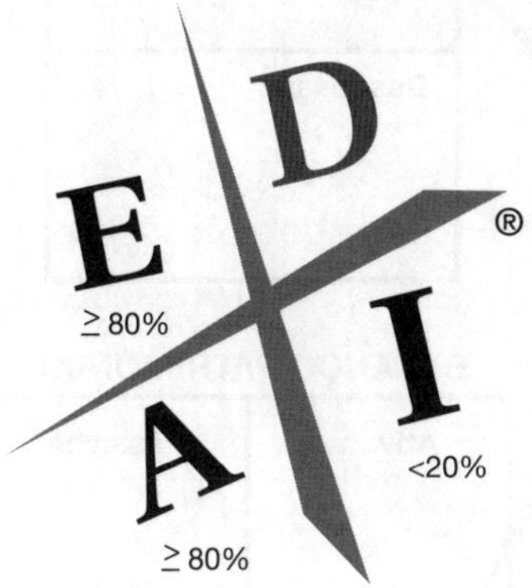

A Diferença entre Ser Rico e Financeiramente Independente

No Capítulo 1, escrevi que minha mulher e eu éramos milionários em 1989, mas não éramos financeiramente independentes até 1994. Há uma diferença entre ser rico e alcançar a independência financeira. Até 1989, nosso negócio dava muito dinheiro. Estávamos ganhando mais e trabalhando menos, porque o sistema de negócios estava crescendo sem muito esforço físico da nossa parte. Tínhamos alcançado o que a maioria das pessoas considera o sucesso econômico.

Entretanto, ainda precisávamos converter o fluxo de caixa que entrava do nosso negócio em mais ativos tangíveis que iriam gerar fluxo de caixa adicional. Tínhamos transformado nosso negócio em sucesso, e agora já era hora de nos concentrarmos em transformar nossos ativos a ponto de o fluxo de caixa deles ser maior que as nossas despesas de subsistência.

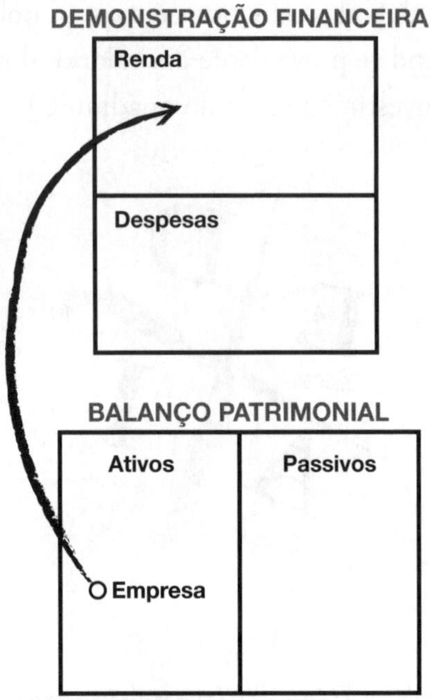

Em 1994, a renda passiva de todos os nossos ativos era maior que nossas despesas. Então, estávamos financeiramente independentes.

Na verdade, o nosso negócio também é considerado um ativo, porque gera renda e funciona sem muito esforço. De acordo com o nosso padrão de riqueza, queríamos nos assegurar de que tínhamos ativos tangíveis, como imóveis e ações, e que estávamos nos livrando de passivos, que eram as nossas despesas. Então, poderíamos dizer que tínhamos realmente alcançado a independência financeira. Depois que a renda da coluna dos ativos ficou maior que o dinheiro que entrava em nossa empresa, vendemos o negócio ao nosso sócio. Agora, éramos financeiramente independentes.

A Definição de Riqueza

A definição de riqueza é o número de dias que você (ou qualquer outra pessoa da sua casa) pode viver sem trabalhar fisicamente e ainda assim manter seu padrão de vida.

Por exemplo, se suas despesas mensais são de $5 mil por mês e você tem $20 mil em economias, sua riqueza é de aproximadamente quatro meses ou 120 dias. A riqueza é medida em tempo e não em dinheiro.

Em 1994, minha mulher e eu éramos financeiramente independentes de forma vitalícia (exceto em decorrência de grandes mudanças econômicas), pois a renda dos nossos investimentos era maior do que as nossas despesas mensais.

Em última análise, não é quanto dinheiro você ganha que importa, mas quanto conserva e por quanto tempo ele trabalha para você. Todos os dias, conheço muitas pessoas que ganham rios de dinheiro, mas vão todo para a coluna das despesas.

Cada vez que elas ganham um pouco mais, vão fazer compras. Elas, não raro, compram uma casa maior, que gera dívidas de longo prazo e mais trabalho árduo, e não sobra nada para a coluna dos ativos. O dinheiro sai tão rápido que você pensaria que elas tomaram um tipo de laxante financeiro. O padrão do fluxo de caixa dessas pessoas é assim:

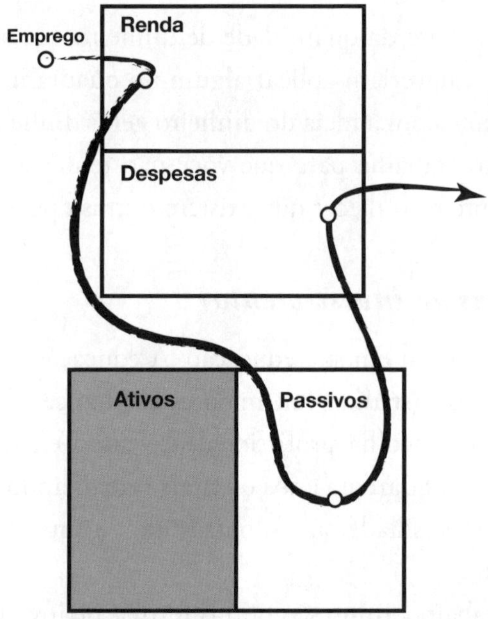

A Linha Vermelha das Finanças

No mundo dos automóveis, há um jargão: "Manter o motor na linha vermelha", que significa que as rotações do motor estão se mantendo perto do "vermelho", ou seja, do máximo da velocidade que o carro pode manter sem explodir.

Quando se trata de finanças, há muitas pessoas, ricas ou pobres, que operam quase sempre na linha vermelha financeira. Não importa quanto dinheiro ganhem, sai tão rápido quanto entra. O problema em operar o motor do carro no vermelho é que a expectativa de vida do motor diminui. O mesmo é verdadeiro em relação às suas finanças.

Vários médicos amigos meus dizem que a maioria dos problemas que encontram hoje é o estresse causado pelo trabalho árduo sem nunca haver retorno suficiente do dinheiro. Um deles diz que a maior causa das disfunções de saúde é o que chama de "câncer da carteira".

Dinheiro Fazendo Dinheiro

Independentemente da quantidade de dinheiro que as pessoas ganhem, em última análise, deveriam aplicar algum no quadrante I. Esse quadrante lida especificamente com a ideia do dinheiro gerar dinheiro. Ou com a ideia de que o dinheiro trabalha para que você não tenha que trabalhar. Ainda assim, é importante reconhecer que existem outras opções.

Outras Formas de Investimento

As pessoas investem em sua educação. A educação tradicional é importante. Quanto mais instruído for, maiores as chances de ganhar dinheiro, dependendo da sua escolha profissional. Levando em consideração que a pessoa comum passa quarenta anos ou mais trabalhando ativamente, passar quatro anos na universidade ou em outro tipo de curso superior é um excelente investimento.

Lealdade e trabalho árduo são outras formas de investimento, como trabalhar a vida inteira como empregado em uma empresa ou para o governo. Em troca, o indivíduo é recompensado, mediante um contrato, com uma pensão vitalícia. Esse tipo de investimento era popular na Era Industrial, mas obsoleto na Era da Informação.

Outras pessoas investem em famílias grandes e, em troca, fazem seus filhos cuidarem delas na velhice. Essa forma de investimento era a norma no passado, mas, devido aos apertos econômicos do presente, está se tornando difícil para as famílias lidar com as despesas de subsistência e com os gastos médicos dos pais.

Programas de aposentadoria do governo como a Previdência Social e o Medicare, que são pagos mediante desconto nos contracheques, são outra forma de investimento, obrigatória por lei. Mas, devido às grandes mudanças na população e nos custos, esses modelos não conseguirão manter algumas das promessas feitas.

E há tipos de investimentos independentes para a aposentadoria, chamados de planos de aposentadoria individuais. Frequentemente, o governo norte-americano oferece incentivos fiscais tanto para o empregado quanto para o empregador participar desses planos. Nos Estados Unidos, um plano de aposentadoria popular é o 401(k) e, em países como a Austrália, são chamados de planos *superannuation*.

Renda Advinda de Investimentos

Embora os modelos citados sejam todos formas de investimento, o quadrante I se concentra em investimentos que geram renda em uma base contínua durante o tempo de serviço. Dessa forma, para classificar uma pessoa que funciona como um I, utilize os mesmos critérios empregados em todos os outros quadrantes. Você aufere renda do quadrante I? Ou seja, seu dinheiro está trabalhando e gerando renda para você?

Vejamos uma pessoa que compra uma casa como forma de investimento e a aluga. Se o aluguel recebido for maior que as despesas para manter a casa, então a renda é proveniente do quadrante I. O mesmo é válido para pessoas que auferem renda como forma de juros de poupança ou dividendos de ações e títulos. Então, o fator que qualifica a pessoa para o quadrante I é quanta renda obtém em determinado quadrante sem ter que trabalhar para isso.

O Meu Plano de Aposentadoria É uma Forma de Investimento?

Colocar dinheiro regularmente em uma conta de aposentadoria é uma forma de investimento e algo inteligente a se fazer. Muitos de nós esperam ser considerados investidores quando nossos anos de serviço acabarem, mas, para fins deste livro, o quadrante I representa pessoas cuja renda provém dos investimentos no período de serviço ativo. Na realidade, a maioria das pessoas não está investindo em uma conta de aposentadoria. A maioria está poupando dinheiro nessa conta, esperando que, no futuro, haja mais dinheiro do que puseram lá.

Há uma diferença entre os que poupam dinheiro nas contas de aposentadoria e as pessoas que, ao investir, utilizam ativamente seu dinheiro para fazer mais dinheiro, como fonte de renda.

Corretores de Ações São Investidores?

Muitas pessoas que prestam consultoria no mundo dos investimentos não são, por definição, aquelas cuja renda é gerada no quadrante I.

Por exemplo, a maioria dos corretores de ações, corretores de imóveis, consultores financeiros, gerentes de banco e contadores são predominantemente E ou A. Em outras palavras, sua renda provém da sua profissão e não necessariamente dos ativos que possuem.

Também tenho amigos que são corretores de ações. Eles as compram a preços baixos e esperam vendê-las em alta. Na realidade, a profissão deles é o comércio, do mesmo jeito que uma pessoa que possui uma loja ou compra dos atacadistas para revender no varejo. Ainda existe um esforço prático que eles têm que fazer para gerar renda. Dessa forma, se encaixam mais no quadrante A do que no I.

Será que todas essas pessoas podem ser investidores? A resposta é sim, mas é importante reconhecer as diferenças entre alguém que recebe dinheiro de comissão, que presta consultoria por hora, em troca de salário, ou tenta comprar em baixa e vender em alta, e alguém que ganha dinheiro localizando ou criando bons investimentos.

Há uma maneira de descobrir se seus consultores são bons: pergunte a eles qual o porcentual da sua renda vem de comissões ou honorários e qual, de renda passiva, vem de rendimentos de investimentos ou outros negócios que possuam.

Tenho muitos amigos auditores públicos que me dizem, sem violar o sigilo dos clientes, que muitos consultores profissionais de investimentos têm pouca renda de investimentos. Em outras palavras, "não praticam o que pregam".

Vantagens da Renda Advinda do Quadrante I

Dessa forma, a principal diferença entre as pessoas que ganham dinheiro no quadrante I é que se concentram em fazer seu dinheiro gerar dinheiro. Se elas são boas nisso, conseguem fazê-lo trabalhar para elas e para suas famílias por centenas de anos.

Fora os privilégios óbvios de saber ganhar dinheiro com dinheiro e não ter que acordar e ir trabalhar, há ainda muitas vantagens fiscais que não estão disponíveis para as pessoas que têm que trabalhar por dinheiro.

Um dos motivos para os ricos ficarem ainda mais ricos é o fato de, às vezes, ganharem milhões e não terem que, legalmente, pagar impostos sobre o dinheiro. Isso porque eles ganham dinheiro na coluna dos ativos e não na da renda. Significa que ganham dinheiro como investidores e não como trabalhadores.

Além disso, para as pessoas que trabalham por dinheiro, os impostos são frequentemente altos e retidos dos seus salários. Elas nunca veem aquela parcela da sua renda.

Por que Não Há Mais Investidores?

O quadrante I é onde se trabalha menos, ganha-se mais dinheiro e paga-se menos impostos. Então, por que não há mais investidores? Pelas mesmas razões pelas quais as pessoas não abrem suas próprias empresas. Em uma única palavra: risco.

Muitas pessoas não gostam da ideia de entregar o dinheiro suado e não tê-lo de volta. Têm tanto medo de perder que preferem não investir ou arriscar seu dinheiro, não importa quanto o dinheiro investido possa render.

Uma celebridade de Hollywood declarou certa vez: "Não é o retorno sobre o investimento que me preocupa. É o retorno do investimento."

O medo de perder dinheiro parece dividir os investidores em quatro grandes categorias:

1. Pessoas que evitam os riscos e que só visam a segurança, mantendo seu dinheiro no banco
2. Pessoas que transferem o trabalho de investir para outras, como um consultor financeiro ou um administrador de fundos mútuos
3. Jogadores
4. Investidores

A diferença entre um jogador e um investidor é que, para o primeiro, investir é um jogo de sorte, enquanto, para o segundo, é um jogo de estratégia. E, para as pessoas que entregam seus investimentos a terceiros, investir é um jogo cujas regras não querem aprender. O importante para esses indivíduos é procurar cuidadosamente um consultor financeiro.

No Capítulo 5, vou esclarecer os cinco níveis de investidores.

O Risco Pode Ser Praticamente Eliminado

O bom de investir é que o risco pode ser bastante minimizado ou até mesmo eliminado e, se conhecer o jogo, ainda pode receber grandes margens de lucro do seu dinheiro.

Um investidor legítimo quer saber quando terá seu dinheiro de volta. As pessoas que têm contas de aposentadoria precisam esperar anos até descobrir que nunca terão esse retorno. Essa é a maior diferença entre um investidor profissional e alguém que guarda dinheiro para a aposentadoria.

É o medo de perder dinheiro que faz a maioria das pessoas buscar segurança. Ainda assim, o quadrante I não é tão incerto quanto a maioria pensa. O quadrante I é como qualquer outro. Envolve habilidades e temperamento característicos. As qualidades para ter êxito no quadrante I podem ser aprendidas se estiver disposto a dedicar seu tempo para aprendê-las.

Uma Nova Era Se Inicia

Em 1989, o Muro de Berlim caiu, junto com o comunismo. Isso, na minha opinião, marcou o fim da Era Industrial e o começo da Era da Informação.

A Diferença entre os Planos de Aposentadoria da Era Industrial e os da Era da Informação

A viagem de Colombo em 1492 coincide, aproximadamente, com o início da Era Industrial. A queda do Muro de Berlim, em 1989, foi o evento que marcou o final daquela era. Por alguma razão, parece que, a cada quinhentos anos da idade moderna, acontecem grandes cataclismos. Estamos, neste momento, em um desses períodos.

Aquela mudança ameaçou a segurança econômica de centenas de milhares de pessoas, a maioria ainda não estava consciente do seu impacto econômico, e muitas pessoas não conseguiram ao menos acompanhá-la em termos financeiros. A transformação é encontrada na diferença entre os planos de aposentadoria da Era Industrial e os da Era da Informação.

Quando garoto, o pai rico me encorajava a assumir riscos com o meu dinheiro e a aprender a investir. Ele sempre dizia: "Se quiser ser rico, precisa aprender a assumir riscos. Aprenda a ser um investidor."

Em casa, contei ao meu pai instruído sobre a sugestão do meu pai rico sobre aprendermos a investir e a administrar riscos. Meu pai instruído respondeu: "Não preciso aprender a investir. Tenho um plano de aposentadoria do governo, uma pensão do sindicato dos professores e benefícios da Previdência Social garantidos. Por que arriscar dinheiro?"

Meu pai instruído acreditava nos planos de aposentadoria da Era Industrial, como as pensões dos funcionários públicos e da Previdência Social. Ele ficou satisfeito quando me alistei nos Fuzileiros Navais dos Estados Unidos. Em vez de se preocupar com a possibilidade de eu vir a perder a vida no Vietnã, ele dizia: "Fique por vinte anos e conseguirá aposentadoria e assistência médica vitalícias."

Embora ainda sejam utilizados, esses planos de aposentadoria se tornaram oficialmente obsoletos. A ideia de uma empresa ser economicamente responsável por sua aposentadoria e o governo pagar esse saldo através de esquemas de pensão é antiga e não é mais válida.

As Pessoas Precisam Investir

Conforme passamos dos planos de aposentadoria de benefícios definidos (BD — ou que chamo de planos de aposentadoria da Era Industrial), para os planos de contribuições definidas (CD — ou planos de aposentadoria da Era da Informação), o resultado é que, agora, você como indivíduo deve ser financeiramente responsável por si mesmo. Poucas pessoas repararam na mudança.

Planos de Aposentadoria da Era Industrial

Na Era Industrial, um plano de aposentadoria de benefícios definidos significava que a empresa garantia a você, trabalhador, uma importância definida (em geral, paga mensalmente) pelo resto da sua vida. As pessoas se sentiam seguras, porque esses planos asseguravam uma renda equilibrada.

Planos de Aposentadoria da Era da Informação

Mas, em 1974, as regras mudaram com a assinatura da *Employee Retirement Income Security Act* (ERISA — "Lei de Segurança da Aposentadoria dos Empregados", em tradução livre). De repente, as empresas passaram a não assegurar mais a segurança econômica no final do período de serviço. Em vez disso, passaram a oferecer planos de aposentadoria de contribuições definidas. Com esse plano, só recebe de volta o que você e sua empresa contribuíram enquanto trabalhava. Em outras palavras, sua aposentadoria é definida unicamente pelo que contribuiu. Se você e sua empresa não contribuem, não receberá nada.

A boa notícia é que, na Era da Informação, a expectativa de vida vai subir. A notícia ruim é que você pode viver mais do que a sua aposentadoria (se tiver uma).

Planos de Aposentadoria Arriscados

O que muitas pessoas não entendem é que não importa o quanto você e seu patrão tenham contribuído para o plano, não é garantido que vá percebê-lo. Isso porque os planos como o 401(k) estão sujeitos às oscilações do mercado. Em outras palavras, um dia você pode ter US$1 milhão na conta. Mas, se houver uma crise no mercado de ações, o que ocasionalmente ocorre, seus milhões de dólares poderão ser reduzidos pela metade ou ser aniquilados. Com planos de contribuição definida, a garantia de renda vitalícia desapareceu.

Isso poderia significar que as pessoas que se aposentam aos 65 anos e começam a viver do seu plano de contribuições definidas poderiam ficar sem dinheiro aos 75 anos, digamos. O que fazer, então? Tirar o currículo da gaveta?

E quanto ao plano de aposentadoria de benefícios definidos do governo? Bem, nos Estados Unidos, prevê-se que a Previdência Social abra falência até o ano de 2037, e o Medicare entre em colapso em 2017. Mesmo hoje, a Previdência Social não provê muito em termos de renda. O que vai acontecer quando os 77 milhões de *baby boomers*[1] quiserem o dinheiro que pagaram, mas que não está lá?

Em 1998, o grito popular do Presidente Clinton: "Salve a Previdência Social" foi bem recebido. Ainda assim, o senador democrata Ernest Hollings ressaltou: "Obviamente, a primeira forma de salvar a Previdência Social é parando de saqueá-la." Durante décadas, o governo federal foi responsável por "tomar emprestado" o dinheiro das aposentadorias para as despesas: uma sanção do governo conhecida como esquema Ponzi.

Muitos políticos parecem pensar que a Previdência Social é uma renda que pode ser gasta, em vez de um ativo que deve ser guardado em confiança.

Muitas Pessoas Contam com o Governo

Escrevo os meus livros e crio os meus produtos, como o jogo de tabuleiro *CASHFLOW*®[2], porque a Era Industrial é passado, e temos que nos preparar para as oportunidades da Era da Informação.

A minha preocupação como cidadão é que, da minha geração em diante, não estejamos aptos para lidar com as diferenças entre a Era Industrial e a

[1] Depois da Segunda Guerra Mundial, a Europa (especialmente a Grã-Bretanha e a França), os Estados Unidos, o Canadá e a Austrália tiveram um aumento de natalidade repentino, que ficou conhecido como baby boom; daí pessoas nascidas nesses países, entre 1946 e 1964, serem chamadas de baby boomers. (N. E.)

[2] A Editora Alta Books não se responsabiliza pela circulação e conteúdo de jogos indicados pelo autor deste livro. (N. E.)

Era da Informação. E uma das diferenças é como nos preparamos economicamente para a nossa aposentadoria. A ideia de "ir para a escola e conseguir um trabalho seguro" era boa para as pessoas nascidas antes de 1930. Hoje em dia, todo mundo precisa ir para a escola para aprender a encontrar um bom emprego, assim como precisa saber investir — e investir não é uma matéria que se ensine na escola.

Uma das dores de cabeça da Era Industrial é que muitas pessoas se tornaram dependentes do governo para resolver seus problemas individuais. Hoje em dia, estamos enfrentando problemas ainda maiores devido à delegação das nossas responsabilidades econômicas pessoais ao governo.

Estima-se que, em 2020, haverá 275 milhões de norte-americanos, e, desse total, 100 milhões esperam receber algum tipo de ajuda do governo. Isso inclui funcionários do governo, militares aposentados, trabalhadores do serviço postal, professores e outros funcionários do governo, bem como pensionistas da Previdência Social e do Medicare. E, contratualmente, eles estão corretos ao ter essa expectativa, porque, de uma forma ou de outra, a maioria tem investido nessa promessa. Infelizmente, foram promessas demais feitas durante anos, e agora a conta está sendo cobrada.

Não acredito que as promessas econômicas possam ser mantidas. Se o nosso governo começar a aumentar ainda mais os impostos para manter essas promessas, aqueles que conseguirem escapar irão para países com menos impostos. Na Era da Informação, o termo "no exterior" não irá significar outro país ou uma realidade paralela em relação aos impostos. Esse exterior pode significar o universo digital.

Há uma Grande Mudança a Caminho

Lembro-me do ex-presidente John F. Kennedy alertando: "Há uma grande mudança a caminho." Bem, essa mudança está aqui.

Investir sem Ser Investidor

A mudança dos planos de aposentadoria de benefícios definidos para os de contribuições definidas está forçando milhões de pessoas em todo o mundo a se tornar investidores, com pouca instrução na área. Muitas pessoas que passaram a vida evitando riscos financeiros agora estão sendo forçadas a aceitá-los, riscos em relação a seu futuro, à sua velhice e ao fim dos seus dias de atividade. A maioria só vai descobrir que é um investidor inteligente ou jogador descuidado na hora de se aposentar.

Hoje em dia, a bolsa de valores é alimentada por muitas coisas, e uma delas é o fato de os não investidores tentarem se tornar investidores. Sua jornada financeira se assemelha a esta:

A maioria dessas pessoas, os E e A, por natureza, é orientada pela segurança. É por isso que buscam empregos, carreiras estáveis ou começam pequenos negócios que podem controlar. Atualmente, devido aos planos de pensão de contribuições definidas, estão migrando para o quadrante I, em que vão descobrir que acabou a esperança de encontrar segurança pelos anos de serviço. Infelizmente, o quadrante I não é conhecido pela segurança. É o quadrante dos riscos.

Como muitas pessoas do lado esquerdo do quadrante CASHFLOW estão procurando segurança, a bolsa de valores reage da mesma forma. É por isso que você muitas vezes escuta as seguintes palavras:

1. ***Diversificação***

   As pessoas que procuram segurança usam muito a palavra "diversificação". Por quê? Porque ela é uma estratégia de investimento para "não perder". Não é para ganhar. Investidores bem-sucedidos ou ricos não diversificam seus investimentos. Eles concentram seus esforços.

   Warren Buffett, possivelmente o maior investidor do mundo, diz isto sobre diversificação: "A estratégia que adotamos impede que sigamos o dogma padrão da diversificação. Muitos especialistas, entretanto, diriam que a estratégia deve ser mais arriscada que a empregada pelos investidores mais convencionais. Discordamos. Acreditamos que a política de concentração de um portfólio diminua bastante os riscos se ela aumentar, como deveria, tanto a intensidade com que o investidor pensa sobre um negócio quanto o nível de conforto que deve sentir com suas características econômicas antes de investir."

Em outras palavras, Warren Buffett está dizendo que a concentração de um portfólio ou em novos investimentos, em vez de diversificá-los, é uma estratégia melhor. Na cabeça dele, a concentração no lugar da diversificação exige mais esperteza, atos e pensamentos mais intensos. Seu artigo diz ainda que, na média, os investidores evitam a volatilidade porque a consideram arriscada. Em vez disso, Warren Buffett diz: "O investidor legítimo, de fato, recebe bem a volatilidade."

Para Kim e eu sairmos dos apuros econômicos e ficarmos financeiramente independentes, não diversificamos. Concentramos os nossos investimentos.

2. ***Ações de primeira linha***

   Investidores apegados à ideia de segurança normalmente compram empresas de primeira linha. Por quê? Porque, na cabeça deles, são mais seguras. A empresa pode ser mais segura, mas a bolsa de valores não. Essas ações não conseguem proteger seu dinheiro em uma queda de mercado.

3. ***Fundos mútuos***

   As pessoas que sabem pouco de investimentos sentem-se mais seguras ao entregar seu dinheiro a um administrador de fundos que elas esperam que faça um trabalho melhor que o delas. Essa estratégia é inteligente quando se trata de pessoas que não têm a intenção de se tornar investidores profissionais. O problema é que por mais inteligente que seja essa estratégia, não significa que os fundos mútuos são menos arriscados.

Hoje em dia, o mercado tem milhões de pessoas que, por instinto, são direcionadas à segurança, mas que, devido às mudanças na economia, são forçadas a atravessar do lado esquerdo para o direito do quadrante CASHFLOW, em que sua noção de segurança, de fato, não existe. Isso me preocupa.

A Chegada de uma Grande Revolução Econômica

O cenário para uma grande revolução econômica está montado. Tais revoluções sempre marcaram o fim de uma era e o nascimento de uma nova. No final de cada era, há pessoas que seguem adiante, enquanto outras se apegam às ideias do passado. Temo que as pessoas que esperam que sua segurança financeira seja de responsabilidade de um grande governo ou empresa fiquem decepcionadas nos próximos anos. Essas ideias eram da Era Industrial, não da Era da Informação.

Ninguém tem bola de cristal. Eu assino muitos serviços de informações sobre investimentos e cada um fala uma coisa diferente. Alguns dizem que uma crise do mercado e uma depressão vultuosa estão bem próximas. Para manter uma visão objetiva, escuto os dois lados, pois ambos têm pontos que merecem ser ouvidos. A direção que tomo não é a de quem está tentando dar uma de cartomante e adivinhar o futuro; o que faço é me manter bem informado tanto do lado D quanto do I e me preparar para o que der e vier. A pessoa que estiver preparada irá prosperar, não importa a direção que a economia tomar.

Se a história funciona como indicador, uma pessoa que viver até os 75 anos deveria esperar atravessar uma depressão e duas grandes recessões. Os meus pais atravessaram a depressão, mas os *baby boomers* não — ainda.

Hoje em dia, mais do que nos preocuparmos com segurança no trabalho, pura e simplesmente, acho que também precisamos pensar na nossa própria segurança em longo prazo e não entregar essa responsabilidade a uma empresa ou ao governo. Os tempos mudaram de verdade quando as empresas disseram que não seriam mais responsáveis pelas nossas aposentadorias. A partir do momento em que mudaram para os planos de aposentadoria de contribuições definidas, o recado é que você se tornou responsável por investir na sua própria aposentadoria. Agora, todos nós precisamos nos tornar investidores mais inteligentes, sempre de olho nas altas e baixas dos mercados econômicos. Eu aconselho a aprender a investir em vez de entregar o dinheiro a alguém para investir por você. Se entregar seu dinheiro a um fundo mútuo ou a um consultor, é possível que tenha que esperar até os 65 anos para descobrir que essa pessoa fez de fato um bom trabalho. Se tiver feito um trabalho ruim, você pode ter que trabalhar pelo resto da sua vida. Milhões de pessoas terão que fazer isso, porque será tarde demais para investir ou aprender sobre investimentos.

Aprenda a Administrar os Riscos

É possível investir com vistas a retornos elevados e riscos baixos. Tudo o que se tem a fazer é aprender como isso é feito. Não é difícil. De fato, é muito parecido com aprender a andar de bicicleta. No começo, você pode cair, mas, depois de um tempo, as quedas cessam e o investimento se torna uma segunda natureza, exatamente como andar de bicicleta para a maioria de nós.

O problema com o lado esquerdo do quadrante CASHFLOW é que a maioria das pessoas vai para lá para evitar riscos econômicos. Em vez de evitar riscos, recomendo aprender a administrá-los.

Assuma o Risco

Pessoas que assumem riscos mudam o mundo. Poucas ficam ricas sem assumi-los. Muitas passaram a depender do governo para eliminá-los. O começo da Era da Informação é o final do grande governo que conhecemos. O grande governo acabou ficando caro demais. Infelizmente, milhões de pessoas no mundo todo que passaram a depender das contribuições sociais e das pensões vitalícias ficarão para trás, economicamente falando. A Era da Informação significa que todos nós precisaremos ser mais autossuficientes e começar a crescer, para progredir e assumir a responsabilidade pelas nossas aposentadorias.

A ideia de "estude com afinco e encontrará um emprego bom e seguro" nasceu na Era Industrial. Não estamos mais nela. Os tempos estão mudando. O problema é que as mentalidades de muitas pessoas não mudaram. Ainda pensam que fazem jus a alguma coisa. Muitas pensam que o quadrante I não é responsabilidade delas e continuam a achar que o governo ou uma grande empresa, o sindicato, seu fundo mútuo ou sua família irá cuidar delas quando se aposentarem. Para o bem delas, espero que estejam certas. Esses indivíduos não precisam continuar a ler.

Independência Financeira foi escrito para ajudar as pessoas que querem passar do lado esquerdo para o direito do quadrante CASHFLOW, mas não sabem por onde começar. Qualquer um pode passar se tiver as características necessárias e determinação.

Se já encontrou a sua independência financeira, eu lhe digo: "Parabéns!" Conte aos outros o caminho que tomou e guie-os, se quiserem. Oriente-os, mas deixe-os achar seu próprio caminho, pois há muitos para a independência financeira.

Independentemente do que decidir, lembre-se: a independência financeira pode ser gratuita, mas tem seu preço. Para mim, o preço vale a pena. O grande segredo é: não é preciso nem dinheiro nem uma educação formal para ser financeiramente independente. E também não é necessário ser arriscado. Pelo contrário, a independência financeira é mensurada através de sonhos, desejo e capacidade de se recuperar das decepções que todos nós temos ao longo da vida. Você está disposto a pagar para ver?

Um dos meus pais pagou para ver. O outro, não. Mas ele pagou um preço bem diferente.

Teste do Quadrante D

Você é um empresário de verdade?

Pode se considerar um empresário se responder "sim" à seguinte pergunta:

Você consegue deixar seu negócio por um ano ou mais e encontrá-lo mais lucrativo e produtivo do que quando o deixou?

O Sim

O Não

Capítulo 3

POR QUE AS PESSOAS PREFEREM A SEGURANÇA À INDEPENDÊNCIA FINANCEIRA

Muitas pessoas procuram um trabalho seguro porque foram ensinadas assim, na escola e em casa.

Meus dois pais recomendavam que eu fosse para a faculdade e me formasse. Mas, após receber o diploma, o conselho mudava. Meu pai altamente instruído constantemente me aconselhava: "Vá para a faculdade, tire boas notas e então encontre um emprego bom e seguro."

Ele estava recomendando uma vida que se concentrava do lado esquerdo do quadrante CASHFLOW e que se parecia com isto:

O conselho deles era diferente porque um pai estava preocupado com a segurança do trabalho, e o outro, com a independência financeira.

Por que as Pessoas Procuram um Emprego Estável

Muitas pessoas procuram um trabalho seguro porque foram ensinadas assim, na escola e em casa.

Quando adultas, milhões de pessoas continuam a seguir esse conselho. Muitos de nós temos sido condicionados desde pequenos a pensar na segurança do trabalho e não na segurança ou na independência financeira. E, como a maioria de nós não aprende nada sobre dinheiro em casa e na escola, é natural que muitos se apeguem cada vez mais à ideia da segurança de um emprego em vez de buscar a libertação.

Se olhar para o quadrante CASHFLOW, vai notar que o lado esquerdo é motivado pela segurança. O lado direito, pela independência financeira.

Presos às Dívidas

A principal razão pela qual 90% da população trabalha do lado esquerdo do quadrante é porque na escola aprende-se sobre esse lado. Então, deixam a universidade e logo estão cheios de dívidas. Isso significa que precisam se apegar ainda mais ao emprego ou à segurança profissional, só para pagar as contas.

Muitas vezes, encontro jovens que recebem o diploma junto com a conta do empréstimo para a faculdade. Alguns contaram que entraram em depressão ao ver que tinham uma dívida de milhares e milhares de dólares relativa à educação superior. Se tivessem sido os pais a arcar com o curso, eles que estariam em apuros financeiros durante anos.

A maioria dos norte-americanos atualmente recebe um cartão de crédito enquanto ainda frequenta a faculdade e fica em dívida para o resto da vida. Isso ocorre porque estão seguindo o roteiro que se tornou popular na Era Industrial.

Seguindo o Roteiro

Se traçarmos a vida da média das pessoas instruídas, o roteiro econômico muitas vezes segue o padrão descrito a seguir.

A criança vai para a escola, se forma, encontra um emprego e logo tem algum dinheiro para gastar. O jovem adulto agora pode alugar um apartamento, comprar aparelhos eletrônicos, roupas novas, mobília e, claro, um carro. As contas começam a aparecer.

Um dia, o adulto encontra alguém especial e sente borboletas no estômago. Eles se apaixonam e se casam. Durante certo tempo, a vida é um mar de rosas, pois os dois conseguem viver sob o mesmo teto sem muitas despesas. Com um aluguel apenas para pagar, podem se dar o luxo de guardar alguns dólares para materializar o sonho de todos os jovens casais — a casa própria.

Eles encontram a casa dos seus sonhos, tiram o dinheiro da poupança e o utilizam para dar entrada na casa. Agora, têm um financiamento. Como têm uma casa nova, precisam de móveis novos; encontram uma loja de móveis que faz propaganda com as seguintes palavras mágicas: "Sem entrada. Pagamento facilitado."

A vida é maravilhosa, e eles dão uma festa para convidar os amigos para conhecer a casa nova, o carro novo, os móveis novos, os brinquedos novos. Agora estão no buraco pelo resto da vida. Aí vem o primeiro filho.

Depois de deixar o filho na creche, o casal mediano instruído e trabalhador tem que colocar o pé na estrada e ir para o trabalho. Estão presos à necessidade de procurar a segurança no emprego porque, em média, estão a menos de três meses da insolvência. É frequente ouvirmos essas pessoas dizerem: "Eu não posso me dar o luxo de pedir demissão. Tenho contas a pagar."

A Próxima Armadilha

Um dos motivos para eu ter aprendido tanto com o pai rico é que ele tinha tempo livre para me ensinar. Conforme ia se tornando mais bem-sucedido, tinha cada vez mais tempo e dinheiro. Se os negócios melhoravam, não tinha que trabalhar mais. Ele fazia o presidente da empresa expandir os negócios e contratar mais pessoas para fazer o trabalho. Se seus investimentos progrediam, reinvestia e ganhava mais dinheiro. Devido ao sucesso, tinha mais tempo livre e passava horas com o filho e comigo, explicando tudo o que estava fazendo nos negócios e em que investia. Eu estava aprendendo mais com ele do que na escola. É isso o que acontece quando você se dedica ao lado direito do quadrante CASHFLOW, os lados D–I.

Meu pai instruído também se esforçava, mas do lado esquerdo do quadrante. Por se esforçar, ser promovido e ter mais responsabilidades, tinha cada vez menos tempo para passar com os filhos. Ele saía para trabalhar às 7h e, muitas vezes, não o víamos, porque íamos para a cama antes dele chegar em casa. Isso é o que acontece quando você se dedica e se torna bem-sucedido dos lados E–A do quadrante CASHFLOW. O sucesso oferece cada vez menos tempo a você, mesmo que lhe dê mais dinheiro.

A Armadilha do Dinheiro

O sucesso dos lados D–I do quadrante exige conhecimento sobre dinheiro, chamado de "inteligência financeira". O que o pai rico dizia sobre inteligência financeira era que não importa quanto você ganha, mas quanto conserva — e por quantas gerações.

O sucesso do lado direito a exige. Se as pessoas não tiverem a inteligência financeira básica necessária, na maioria dos casos não sobreviverão do lado direito do quadrante CASHFLOW.

Meu pai rico era bom com dinheiro e com as pessoas no trabalho. Tinha que ser. Ele era responsável por criar dinheiro, administrar o mínimo de pessoas possível, manter custos baixos e lucros elevados. Essas são as qualidades necessárias para o sucesso do lado direito.

Foi o pai rico quem me chamou a atenção para o fato de que a casa não é um ativo, mas um passivo. Ele podia provar isso apenas lendo os números.

Meu pai instruído não administrava dinheiro e pessoas no trabalho, apesar de pensar que sim. Como secretário estadual de educação, era um funcionário do governo com um orçamento multimilionário e milhares de empregados. Mas o dinheiro não havia sido gerado por ele. Era dinheiro dos contribuintes e seu trabalho era gastar tudo. Se não gastasse, o governo lhe daria menos dinheiro no ano seguinte. Então, ao final de cada ano fiscal, ficava buscando um jeito de gastar tudo, o que significava que, muitas vezes, contratava mais pessoas para justificar o próximo orçamento. O engraçado é que, quanto mais pessoas contratava, mais problemas tinha.

Quando eu era garoto e observava os meus dois pais, comecei a tomar nota, mentalmente, de que tipo de vida eu queria ter.

Meu pai instruído era um leitor voraz e sábio no mundo das letras, mas não era financeiramente instruído. Por não conseguir ler os números, tinha que se aconselhar com seu gerente do banco e com seu contador, e ambos diziam que a casa era um ativo, seu maior investimento.

Devido a esse conselho financeiro, meu pai instruído não só trabalhou mais, como também ficou mais endividado. Toda vez que era promovido, também tinha um aumento de salário, e, a cada aumento, ia para uma nova faixa de impostos. Como estava em uma faixa de impostos mais elevada, e eles eram extremamente altos nas décadas de 1960 e 1970, seu contador e o gerente do seu banco diziam para ele comprar uma casa mais cara para poder abater os juros. Ele ganhava mais dinheiro, mas os impostos e as dívidas aumentavam. Quanto maior o sucesso financeiro dele, mais tinha que trabalhar e menos tempo tinha para passar com as pessoas que amava. Logo, todos os filhos haviam saído de casa e ele ainda estava se esfalfando para poder pagar as contas.

Ele sempre pensava que a próxima promoção e o aumento resolveriam seus problemas. Mas, quanto mais dinheiro ganhava, mais as mesmas coisas se repetiam. Ficava mais endividado e pagava mais impostos.

Quanto mais cansado ficava, tanto no trabalho quanto em casa, mais parecia depender da segurança do emprego. Quanto mais emocionalmente dependente do trabalho e do salário para pagar as contas, mais encorajava os filhos a "encontrar um trabalho bom e estável".

Quanto mais inseguro ficava, mais segurança procurava.

Suas Duas Maiores Despesas

Como meu pai não era capaz de ler demonstrações financeiras, não conseguia ver a armadilha na qual estava entrando à medida que melhorava de vida. É a mesma arapuca financeira na qual vejo milhões de outras pessoas bem-sucedidas e trabalhadoras caírem.

Muitas pessoas travam batalhas financeiras porque, toda vez que ganham mais dinheiro, também aumentam duas outras despesas: impostos e juros sobre a dívida.

E, para completar, o governo ainda oferece incentivos fiscais para você se encalacrar mais. Você não desconfia de nada?

No fim da vida de trabalho árduo do meu pai altamente instruído, o pouco dinheiro que ele deixou foi gasto com os impostos devidos com o inventário.

A Busca pela Independência Financeira

Sei que muitas pessoas procuram liberdade e felicidade. O problema é que a maioria não foi treinada para trabalhar nos quadrantes D e I. Em vez disso, foram treinadas para encontrar um emprego estável. Devido a essa falta de preparo e às crescentes dívidas, a maioria das pessoas limita sua busca pela independência financeira ao lado esquerdo do quadrante CASHFLOW. É raro encontrar segurança ou independência financeira nos quadrantes E ou A, infelizmente. A verdadeira segurança e a independência estão do lado direito.

De Emprego em Emprego Buscando a Independência Financeira

O quadrante CASHFLOW é útil para traçar e observar o padrão da vida de uma pessoa. Muitas pessoas passam a vida procurando segurança e independência, mas acabam pulando de emprego em emprego.

Por exemplo, tenho um amigo dos tempos da escola de que tenho notícias a cada cinco anos. Ele está sempre em êxtase porque encontrou o emprego perfeito e a empresa dos seus sonhos. Adora a empresa. Está fazendo coisas excitantes. Ama seu trabalho, tem um cargo importante, o salário, os benefícios e as pessoas são ótimos e as chances de promoção também são excelentes.

Cerca de quatro anos e meio depois, tive notícias dele de novo. Dessa vez, insatisfeito. Agora, em sua opinião, a empresa para a qual trabalha é corrupta e desonesta, não trata os funcionários com respeito. Detesta o chefe, foi deixado de lado em uma promoção e o salário não é lá grandes coisas. Seis meses depois, está feliz de novo, porque encontrou o emprego perfeito. E o ciclo se reinicia.

O padrão de vida dele mais se parece com um cachorro correndo atrás do próprio rabo. Assim:

O padrão de vida dele é pular de um emprego para o outro. Por enquanto, vive bem porque é esperto, atraente e carismático. Mas os anos passam e pessoas mais jovens estão conquistando os empregos que ele costumava conseguir. Ele tem alguns milhares de dólares em economias, nada guardado para a aposentadoria, uma casa que nunca será dele, despesas com os filhos e a faculdade para pagar. Seu filho mais novo, de oito anos, vive com a ex-mulher, e o mais velho, de catorze, com ele.

Ele costumava me dizer: "Não tenho que me preocupar. Ainda sou jovem. Tenho tempo."

Pergunto-me se ele ainda diz isso.

Na minha opinião, ele precisa, depressa, se esforçar seriamente para começar a se mexer para o lado D ou I do quadrante. É preciso começar a ter um comportamento e um processo educacional novos. A menos que tenha sorte e ganhe na loteria, ou se case com uma mulher rica, ele está a caminho de ter que ralar pelo resto da sua vida.

Toque Seu Próprio Negócio

Outro padrão comum é alguém ir do quadrante E para o A. No período de redução de custos em massa e desemprego, muitas pessoas entendem o recado. Em vez de procurar por outro emprego, decidem começar seu próprio negócio.

Há uma explosão dos chamados negócios caseiros. Muitas pessoas decidiram começá-lo, fazer do seu jeito e ser o próprio patrão. A carreira delas se parece com isso:

De todas as sinas, é essa a que mais me dói. Em minha opinião, ser um A pode ser o mais gratificante — porém o mais arriscado. Acho que o quadrante A é o mais difícil. As taxas de fracasso são elevadas. E, ainda que não falhe, ser bem-sucedido pode ser pior que fracassar. Isso ocorre porque, se for bem-sucedido como A, terá que trabalhar mais do que se estivesse nos outros quadrantes, mais e por mais tempo. Pelo tempo que você for bem-sucedido.

O motivo pelo qual os As trabalham mais arduamente é porque são o que se pode chamar de "pau para toda obra". Eles têm que fazer ou ser responsáveis por todo o trabalho que em uma empresa é feito por gerentes e empregados. Um A no começo de carreira muitas vezes atende o telefone, paga contas, faz compras, tenta fazer propaganda com um orçamento apertado, lida com os clientes, contrata e demite empregados, tapa buracos quando os empregados não aparecem, conversa com os fiscais da Fazenda, briga com os fiscais do governo, e por aí vai.

Pessoalmente, me encolho sempre que escuto alguém dizer que vai começar o próprio negócio. Desejo-lhe boa sorte, mas, ainda assim, fico muito preocupado. Já vi muitos E usarem as economias de uma vida inteira ou pegar dinheiro emprestado com os amigos e com a família para começar seu próprio negócio. Depois de mais ou menos três anos de luta e muito trabalho, a empresa vai para o brejo e eles ficam cheios de dívidas para pagar.

Em termos nacionais, nove em cada dez desses tipos de negócios fracassam depois de cinco anos. Dos que restam, nove em cada dez fecham nos cinco anos seguintes. Em outras palavras, 99 em 100 pequenos negócios desaparecem em dez anos.

Acho que a razão pela qual a maioria falha nos cinco primeiros anos é a falta de experiência e de capital. O motivo pelo qual o único sobrevivente muitas vezes fracassa não é a ausência de capital, mas de energia. As longas horas de trabalho puxado finalmente arrasaram com a pessoa. Muitos As se acabam.

Para os que sobrevivem, parecem ter se acostumado à ideia de acordar, ir para o trabalho e se esfalfar para sempre. Isso parece ser tudo o que sabem.

Eu tenho um amigo cujos pais passaram os últimos 45 anos trabalhando longas horas em sua loja de bebidas. À medida que o crime ia aumentando no bairro, tiveram que colocar barras de aço nas portas e janelas. Hoje em dia, o dinheiro é passado por um entalhe, muito parecido com o que se faz nos bancos. De vez em quando, vou visitá-los. São pessoas maravilhosas e delicadas, me entristece vê-los como verdadeiros prisioneiros do seu próprio negócio das 10h às 2h da manhã seguinte, olhando por trás das barras.

Muitos As sagazes vendem seus negócios no ápice, antes que eles mesmos percam o ânimo, para alguém com energia e dinheiro suficientes. Eles dão um tempo e, então, começam algo novo. Continuam a ter seu negócio e a fazer o que gostam. Mas têm que saber quando cair fora.

O Pior Conselho para Dar a Seu Filho

Se nasceu antes de 1930, "vá para a escola, tire boas notas e então procure um emprego seguro" era um bom conselho. Mas, se nasceu depois, esse é o pior conselho.

Por quê? A resposta é impostos e dívidas.

Para as pessoas que ganham dinheiro no quadrante E, não há praticamente nenhum incentivo fiscal. Hoje em dia, nos Estados Unidos, ser empregado representa ser sócio do governo em uma proporção de 50/50. Isso significa, em última instância, que o governo vai tomar 50% ou mais dos vencimentos do empregado, muitas vezes antes de ele ver seu contracheque.

Se considerar que o governo oferece incentivos fiscais para você se afundar mais ainda nas dívidas, o caminho para a independência financeira fica impossível para a maioria das pessoas nos quadrantes E e A. Muitas vezes, ouço contadores aconselhando as pessoas que começaram a ganhar mais dinheiro no quadrante E a comprar uma casa maior para ter um incentivo fiscal maior. Isso pode fazer sentido para alguém no lado esquerdo do quadrante CASHFLOW, mas não faz sentido para quem está do lado direito.

Quem Paga a Maior Parte dos Impostos?

Os ricos pagam menos imposto de renda. Por quê? Simplesmente porque eles não ganham dinheiro como empregados. Os ultrarricos sabem que a melhor maneira de evitar impostos legalmente é ganhar dinheiro nos quadrantes D e I.

Se as pessoas ganham dinheiro no quadrante E, o único incentivo fiscal que lhes é oferecido é comprar uma casa maior e se endividar ainda mais. Do lado direito do quadrante CASHFLOW, isso não é muito inteligente financeiramente. Para as pessoas do lado direito, é o mesmo que dizer: "Dê-me um dólar e eu lhe devolvo cinquenta centavos."

Os Impostos Não São Justos

Muitas vezes, ouço as pessoas dizerem: "É antiamericano não pagar impostos." Os norte-americanos que dizem isso parecem ter esquecido sua história. Os Estados Unidos surgiram por causa de um protesto contra os impostos. Será que eles se esqueceram do emblemático episódio do Chá de Boston, de 1773? Esta rebelião desencadeou a Guerra Revolucionária e tratou de impostos — sem representação.

Ela foi seguida da Rebelião de Shay, da Rebelião do Whiskey, da Rebelião de Fries, da Guerra das Tarifas e de muitas outras através da história dos Estados Unidos.

Há duas outras revoltas fiscais que não são norte-americanas, mas que também demonstram a paixão inflamada das pessoas contrárias aos impostos.

A história de Guilherme Tell é de protesto contra os impostos. Por isso a flecha foi atirada na cabeça do seu filho. Ele estava com raiva e se recusou a se curvar ao cobrador de impostos. Seu castigo foi colocar a vida do seu filho em risco com um alvo em sua cabeça.

E também houve Lady Godiva. Ela implorou a seu marido, o conde de Mercia, para baixar os impostos em sua cidade. Seu marido disse que os diminuiria se ela cavalgasse nua pela cidade. Ela aceitou sua oferta audaciosa.

Vantagens Fiscais

Impostos são uma necessidade da civilização moderna, mas os problemas surgem quando se tornam abusivos e mal administrados. Nos próximos anos, milhões de *baby boomers* começarão a se aposentar, e passarão da condição de contribuintes para a de aposentados e pensionistas da Previdência Social. Será necessário recolher cada vez mais impostos para sustentar essa mudança. Os Estados Unidos e outras grandes nações sofrerão um declínio financeiro. Indivíduos com dinheiro partirão em busca de países que recebam seu dinheiro, em vez de penalizá-los por tê-lo.

Um Grande Erro

Certa vez, um jornalista me perguntou quanto eu ganhara no ano anterior. Respondi: "Aproximadamente US$1 milhão de dólares."

"E quanto o senhor pagou de impostos?", perguntou ele.

"Nada", respondi. "O dinheiro recebido correspondeu a ganho de capital, e eu pude adiar indefinidamente o pagamento dos impostos. Vendi três imóveis e os ganhos estão sujeitos às disposições da Seção 1.031 do Código da Receita Federal, que permite a um vendedor adiar o pagamento dos impostos sobre o ganho de capital resultante da venda de um imóvel, se este for trocado por um mais caro. Eu nunca toquei no dinheiro. Simplesmente o reinvesti em um imóvel maior." Dias depois, o jornal publicou a seguinte chamada:

"Homem rico ganha US$1 milhão e admite não pagar impostos."

Eu disse algo parecido com isso, mas algumas palavras escolhidas foram omitidas, distorcendo a mensagem. Não sabia se o repórter estava agindo de má-fé ou se não sabia o que era a Seção 1.031. Independentemente da razão, esse é um perfeito exemplo de pontos de vista distintos vindos de diferentes quadrantes. Como eu disse, nem toda renda é igual. Algumas rendas são menos tributadas que outras.

A Maioria das Pessoas Foca a Renda, Não os Ativos

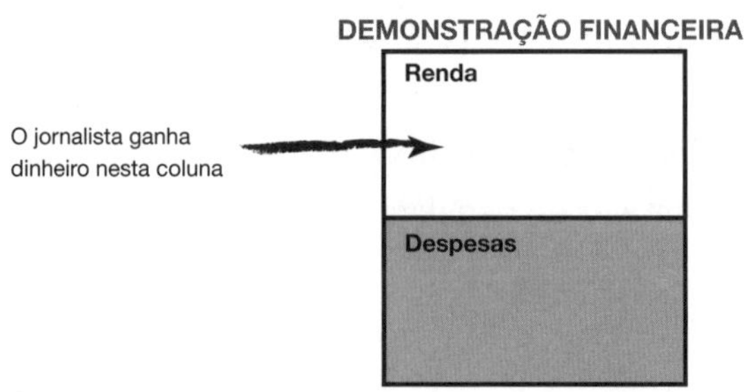

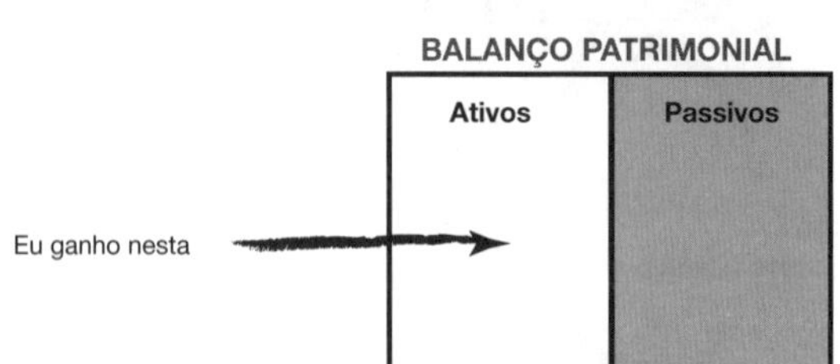

Ainda hoje escuto as pessoas dizerem coisas do tipo: "Vou voltar para a faculdade para ver se consigo um aumento" ou "Estou trabalhando com afinco para conseguir uma promoção".

Estas palavras são de uma pessoa que está se concentrando na coluna da renda da demonstração financeira ou no quadrante E. São palavras de uma pessoa que vai dar a metade do seu aumento para o governo e que, por esse motivo, vai trabalhar arduamente por mais tempo.

Em um capítulo posterior, vou explicar como as pessoas no lado direito do quadrante CASHFLOW utilizam os impostos como ativos, em vez do passivo que representam para a maioria das pessoas do lado esquerdo. Não se trata de ser antipatriota. Trata-se de ser uma pessoa que protesta e luta legalmente para defender o direito de manter tanto dinheiro quanto possível. Pessoas e países que não protestam contra seus impostos incorrem, muitas vezes, em depressão econômica.

Enriqueça Rapidamente

Para que Kim e eu passássemos de sem-teto a financeiramente independentes, foi preciso ganhar dinheiro dos lados D e I. Nos quadrantes do lado direito, você pode enriquecer rapidamente, porque, legalmente, tem condições de evitar o pagamento de impostos. E, sendo capazes de manter mais dinheiro e fazê-lo trabalhar para nós, encontramos a independência financeira rapidamente.

Como Se Libertar

As dívidas e os impostos são as duas principais razões pelas quais as pessoas nunca se sentem seguras ou atingem a independência financeira. Encontra-se o caminho da segurança e independência do lado direito do quadrante CASHFLOW. Você precisa ir além da segurança de um emprego formal e entender a diferença entre segurança econômica e segurança financeira.

Como você sabe, o meu pai altamente instruído tinha ideia fixa em segurança no emprego, como têm todas as pessoas da sua geração. Ele supunha que a segurança no trabalho significava independência financeira — e significava, até ele perder o emprego e não conseguir encontrar outro. O pai rico nunca falava de segurança no trabalho. Ele falava de independência financeira.

A resposta para encontrar segurança no trabalho ou a independência que deseja pode estar em observar os padrões presentes no quadrante CASHFLOW.

O Padrão de um Emprego Estável

Pessoas com esse padrão são, muitas vezes, profissionais competentes. Foram muitos os anos passados na universidade para ganhar experiência no trabalho. O problema é que sabem pouco sobre os quadrantes D–I, mesmo que tenham um plano de aposentadoria. Eles se sentem economicamente inseguros porque foram treinados somente para o trabalho ou para a segurança profissional.

Conhecimento É Poder

Para se tornar mais seguro economicamente, sugiro que, além de trabalhar nos quadrantes E e A, as pessoas se instruam, também, nos quadrantes

D e I. Confiantes em suas habilidades em ambos os lados do quadrante, vão se sentir naturalmente mais seguras, mesmo que tenham pouco dinheiro. Conhecimento é poder, e, quando uma oportunidade se apresenta, tudo o que têm que fazer é estar preparadas para agarrá-la com confiança.

É por isso que o Criador nos deu a lateralidade. A parcialidade sempre nos faz sentir claudicantes e inseguros. Conhecendo os dois lados do quadrante, esquerdo e direito, tendemos a nos sentir mais seguros. As pessoas que só conhecem seu trabalho ou sua profissão têm uma visão unilateral. Cada vez que o vento econômico sopra, tendem a tropeçar mais do que as que têm uma visão global.

O Padrão da Segurança Financeira

Este é o padrão da segurança financeira de um E:

Em vez de só depositar dinheiro em uma conta de aposentadoria e esperar o melhor, essa volta significa que as pessoas se sentem confiantes com seus conhecimentos tanto de investidor quanto de empregado. Da mesma forma como estudamos na faculdade para aprender uma profissão, aconselho vocês a aprender a ser um investidor profissional.

O jornalista que estava aborrecido por eu ter ganhado $1 milhão na coluna dos ativos e não pagar impostos nunca me perguntou: "Como o senhor ganhou $1 milhão?"

Para mim, essa é a verdadeira questão. Evitar os impostos legalmente é fácil. Ganhar $1 milhão, por outro lado, não é tão fácil assim.

Um segundo caminho para a segurança financeira seria:

E é assim que a segurança financeira se apresenta para um A:

A média dos norte-americanos milionários é constituída de autônomos, que vivem frugalmente e fazem investimentos de longo prazo. O padrão acima reflete esse caminho financeiro.

Esse caminho, o do A ou do D, é, muitas vezes, o que grandes empresários, como Bill Gates, tomam. Não é o mais fácil, mas entendo que é um dos melhores.

Dois São Melhores do que Um

No Capítulo 2, eu me referi ao fato de que, na média, as pessoas ricas ganham 70% da sua renda do lado direito, e 30%, do lado esquerdo do quadrante. Descobri que, não importa quanto dinheiro as pessoas ganhem, sentem-se mais seguras quando se dedicam a mais de um quadrante. Independência financeira é compreender os dois lados do quadrante CASHFLOW.

Bombeiros Milionários

Tenho dois amigos que são exemplos de sucesso em ambos os lados do quadrante CASHFLOW. Eles têm uma grande segurança no emprego, com benefícios, e também alcançaram uma enorme riqueza do lado direito do quadrante. Ambos são bombeiros que trabalham para o governo municipal. Eles têm um bom salário fixo, excelentes benefícios e planos de aposentadoria, e trabalham apenas dois dias por semana. Três dias por semana trabalham como investidores profissionais. Nos outros dois dias, descansam e passam junto com a família.

Um compra casas velhas, as reforma e aluga. Ele tinha 45 casas que rendem a ele US$10 mil líquidos por mês, após deduções, impostos, manutenção, administração e seguros. Ele ganha US$3.500 por mês como bombeiro, com uma renda mensal total maior que US$13 mil e uma renda anual de cerca de US$150 mil, que está aumentando. Ainda faltam cinco anos para se aposentar e seu objetivo é ganhar US$200 mil por ano aos 56 anos. Nada mal para um funcionário do governo com quatro filhos.

O outro amigo passa o tempo analisando empresas e fazendo aplicações em longo prazo em ações e opções. Atualmente, seu portfólio é superior a US$3 milhões. Se ele sacasse esse dinheiro e ganhasse 10% de juros ao ano, teria uma renda de US$300 mil por ano pelo resto da vida (desconsiderando as oscilações do mercado). Mais uma vez, nada mal para um funcionário do governo com dois filhos.

Esses meus dois amigos têm uma renda passiva obtida em seus vinte anos de investimentos, suficiente para eles se aposentarem aos quarenta, mas ambos gostam do seu trabalho e querem se aposentar com os benefícios integrais do governo local. Então, estarão livres, porque vão gozar dos benefícios do sucesso de ambos os lados do quadrante CASHFLOW.

O Dinheiro Não Garante a Segurança

Conheci muitas pessoas que têm milhões em sua conta de aposentadoria e, ainda assim, sentem-se inseguras. Por quê? Porque é dinheiro gerado a partir do seu trabalho ou negócio. Elas, muitas vezes, têm o dinheiro investido na conta de aposentadoria, mas sabem pouco ou quase nada sobre investimentos. Se aquele dinheiro desaparecer e o período de atividade acabar, o que vão fazer?

Em épocas de grandes mudanças econômicas, há sempre grandes transferências de fortunas. Mesmo que não tenha muito dinheiro, é importante investir em sua educação, pois, quando as mudanças vierem, estará mais bem preparado para elas. Não seja pego desprevenido e temeroso. Como eu disse, ninguém consegue predizer o que vai acontecer, mas, ainda assim, é melhor estar preparado para o que der e vier. E isso significa educar-se agora.

O Padrão da Independência Financeira

Esse é o padrão de estudo que o pai rico recomendava. É o caminho para a independência financeira. Essa independência financeira é real, porque, no quadrante D, as pessoas trabalham para você e, no quadrante I, quem trabalha para você é o dinheiro. Você está livre para trabalhar ou não. Seu conhecimento nesses dois quadrantes lhe garante liberdade física completa do trabalho.

Se der uma olhada nos ultrarricos, o padrão do quadrante é esse. O salto em volta do D e do I simboliza o padrão de renda de Bill Gates, Rupert Murdoch e Warren Buffett.

Só uma palavrinha de advertência: o quadrante D é muito diferente do I. Já vi muitos Ds bem-sucedidos venderem seus negócios por milhões e sua nova fortuna voar pela janela. Eles tendem a achar que seus dólares são a medida do seu QI, então borboleteiam pelo quadrante I e perdem tudo. Os jogos e as regras são diferentes em todos os quadrantes, por isso recomendo a educação em vez do ego.

Da mesma forma que, no caso da segurança financeira, ter dois quadrantes lhe dá a grande estabilidade no mundo da independência financeira.

A Escolha dos Caminhos

Estes são os diferentes caminhos financeiros que as pessoas podem escolher. Infelizmente, mais pessoas escolhem o caminho da segurança no trabalho. Quando a economia começa a claudicar, se apegam desesperadamente à segurança no emprego, e resolvem passar a vida lá.

Recomendei, no mínimo, adquirir conhecimentos sobre segurança financeira, que é sentir-se confiante em relação ao trabalho e à sua habilidade de investir, na tempestade ou na bonança. O grande segredo é que os verdadeiros investidores fazem mais dinheiro em mercados ruins. Ganham dinheiro porque os não investidores entram em pânico e vendem, quando deveriam comprar. Por isso não tenho medo das possíveis mudanças econômicas, porque significam que fortunas estão sendo transferidas.

Seu Chefe Não Pode Torná-lo Rico

Um amigo meu vendeu sua empresa e depositou mais de US$15 milhões na sua conta no dia da venda. Seus empregados, por outro lado, tiveram que procurar novos empregos.

Na festa de despedida, que foi um mar de lágrimas, também havia extrema raiva e um ressentimento oculto. Embora tenha pago a eles um bom salário durante anos, muitos empregados estavam tão bem financeiramente no último dia de trabalho quanto no primeiro. Muitas pessoas perceberam que o dono da empresa havia ficado rico, ao passo que eles passaram a vida recebendo seus salários e pagando contas.

A verdade é que não é obrigação do seu chefe torná-lo rico. A obrigação dele é certificar-se de que você receba seu salário. Ficar rico, se assim quiser, é obrigação sua. E o trabalho começa a partir do momento em que recebe seu salário. Se tem poucas habilidades para administrar o dinheiro, então nem todo o dinheiro do mundo poderá salvá-lo. Se trata seu dinheiro com discernimento e aprende sobre os lados D e I do quadrante, então está no caminho das grandes fortunas e, mais importante, da liberdade.

Meu pai rico dizia para o filho dele e para mim que a única diferença entre uma pessoa rica e uma pobre é o que faz no seu tempo livre.

Concordo com essa afirmativa. Percebo que as pessoas estão mais ocupadas do que nunca, e tempo livre é cada vez mais precioso. Ainda assim, gostaria de sugerir que, se vão ficar cada vez mais ocupados, ocupem-se dos dois lados do quadrante CASHFLOW. Se fizer isso, terá uma chance melhor de, no fim das contas, encontrar cada vez mais tempo e independência financeira. Quando estiver trabalhando, trabalhe com afinco. Mas lembre-se de que o que fizer com seu salário e com seu tempo livre vai determinar seu futuro. Se você trabalhar arduamente do lado esquerdo do quadrante, será assim para sempre. Se o fizer do lado direito, terá a oportunidade de se tornar independente.

O Caminho que Recomendo

Frequentemente, pessoas do lado esquerdo do quadrante me perguntam: "O que você aconselha?" Recomendo o mesmo caminho que o meu pai rico me aconselhou — o mesmo que pessoas como Ross Perot e Bill Gates seguiram. O caminho é assim:

De vez em quando, as pessoas retrucam: "Mas eu devia ser investidor."

Ao que respondo: "Então vá para o quadrante I. Se tem bastante dinheiro e tempo livre, vá direto para o quadrante I. Mas, se não tem tempo nem dinheiro em abundância, o caminho que recomendo é mais seguro."

I Investe em D

Na maioria dos casos, as pessoas não têm tempo e dinheiro para dar e vender, então fazem outra pergunta: "Por quê? Por que você recomenda o quadrante D em primeiro lugar?"

Essa discussão geralmente leva uma hora ou mais, mas vou resumir meus motivos nas próximas linhas.

1. ***Experiência e educação***

   Se for bem-sucedido primeiramente como D, terá melhores oportunidades de se transformar em um I poderoso. Se desenvolver um sólido sentido para os negócios, pode se tornar um investidor melhor. Será mais capaz de identificar outros bons Ds. Verdadeiros investidores investem em Ds bem-sucedidos com um sistema empresarial estável. É arriscado investir em um E ou A que não sabe a diferença entre um sistema e um produto ou que não tenha uma excelente capacidade de liderança.

2. ***Fluxo de caixa***

   Se tem um negócio que está indo de vento em popa, então deveria ter tempo livre e fluxo de caixa para suportar os altos e baixos do quadrante I.

   Muitas vezes, conheço pessoas dos quadrantes E e A que estão tão apertadas financeiramente que não podem se dar o luxo de sofrer qualquer tipo de perda. Qualquer oscilação do mercado e elas serão arruinadas financeiramente, porque operam no limite.

   A realidade é que investir requer tanto capital quanto conhecimento profundo. Às vezes, é preciso muito capital e tempo para adquirir conhecimento. Muitos investidores bem-sucedidos perderam muitas vezes antes de ganhar. Pessoas bem-sucedidas sabem que o sucesso é um mau professor. O aprendizado vem com os erros e, no quadrante I, saem caro. Se não tem nem o conhecimento nem o capital, é suicídio tentar se tornar um investidor.

Ao desenvolver a habilidade de se tornar um bom D em primeiro lugar, também estará provendo o fluxo de caixa necessário para se tornar um bom investidor. O negócio que explora como um D irá fornecer o dinheiro para sustentá-lo à medida que for se instruindo para se tornar um bom investidor. Uma vez que tiver estudado para se tornar um investidor bem-sucedido, irá compreender por que digo que "nem sempre é preciso dinheiro para ganhar dinheiro".

Boas Notícias

A boa-nova é que agora está mais fácil do que nunca ser bem-sucedido no quadrante D, por causa da tecnologia. Embora não seja tão fácil quanto arranjar um emprego para ganhar um salário mínimo, os sistemas agora são ideais para que cada vez mais pessoas possam encontrar sucesso financeiro como D.

Capítulo 4

OS TRÊS TIPOS DE SISTEMA EMPRESARIAL

Seu objetivo é possuir um sistema em que as pessoas trabalhem para você.

Ao passar para o quadrante D, lembre-se de que seu objetivo é possuir um sistema em que as pessoas trabalhem para você. Você mesmo pode desenvolver o sistema empresarial ou procurar um para comprar. Pense nele como uma ponte que permitirá que atravesse com segurança do lado esquerdo do quadrante CASHFLOW para o direito. É sua ponte para a independência financeira.

Existem três tipos principais de sistema empresarial normalmente utilizados nos dias de hoje. São eles:

1. Sociedades anônimas — você desenvolve seu próprio sistema
2. Franquias — você adquire um sistema já existente
3. Marketing de rede — você compra e participa de um sistema já existente

Cada um deles tem seus pontos fortes e fracos; ainda assim, em última análise, todos fazem a mesma coisa. Quando operados adequadamente, cada um gerará uma fonte estável de renda sem que o proprietário faça muito esforço físico, já que o negócio está a todo vapor. A dificuldade maior é fazer o negócio engrenar.

Em 1985, quando as pessoas perguntavam a mim e a Kim por que não tínhamos onde morar, simplesmente respondíamos: "Estamos construindo um sistema de negócios."

Era um sistema empresarial híbrido entre uma sociedade anônima e uma franquia. Conforme já dito, o quadrante D exige o conhecimento tanto de sistemas quanto de pessoas.

A nossa decisão de desenvolver nosso próprio sistema acarretou um bocado de trabalho árduo. Eu já tinha seguido esse caminho antes e minha empresa havia afundado. Embora tenha sido bem-sucedida durante anos, ela, de repente, quebrou no quinto ano. Quando o sucesso veio, não estávamos preparados com um sistema adequado. O nosso sistema começou a se romper, apesar de termos, em nossa empresa, pessoas dedicadas ao negócio. Sentíamo-nos como se estivéssemos em um iate de grandes proporções com um vazamento que não conseguíamos encontrar.

Talvez Você Perca Duas ou Três Empresas

Quando eu estava no colegial, o pai rico contou para mim e para seu filho que tinha perdido uma empresa quando tinha por volta de vinte anos. "Essa foi a pior experiência da minha vida e também a melhor", disse ele. "Embora tenha detestado passar por isso, adquiri mais conhecimentos ao tentar consertar as coisas e, no final, transformei-a em um estrondoso sucesso."

Como sabia que pretendia começar o meu próprio negócio, o pai rico me disse: "É possível que você perca umas duas ou três empresas antes de construir uma de sucesso duradouro."

Ele estava treinando Mike, seu filho, para assumir seu império. Meu pai pobre era funcionário do governo e, assim, eu não iria herdar um. Eu mesmo teria que construí-lo.

O Sucesso É um Mau Professor

"O sucesso é um mau professor", dizia-me sempre o pai rico. "Aprendemos mais sobre nós mesmos quando erramos, por isso você não deve ter medo de errar. Faz parte do processo de vencer. Não existe sucesso sem fracasso."

As previsões se tornam reais. Em 1984, minha empresa de número três estava indo para o brejo. Eu ganhara e perdera milhões de dólares e estava começando tudo de novo quando conheci Kim. Eu sei que ela não se casou comigo por dinheiro, pois eu não tinha. Quando eu disse a ela que iria começar a minha quarta empresa, ela não se afastou.

"Vou construí-la com você", respondeu ela, com verdade. Juntamente com outro sócio, construímos um sistema empresarial com onze escritórios no mundo todo, capaz de gerar renda sem que precisássemos trabalhar. Sair do zero e construir onze escritórios nos custou cinco anos de sangue, suor e lágrimas, mas funcionou. Meus dois pais ficaram felizes e me cumprimentaram com fervor.

A Parte Difícil

Mike, o filho do meu pai rico, sempre me diz: "Nunca vou saber se sou capaz de fazer o que você ou meu pai fizeram. O sistema foi entregue a mim e eu só tive que aprender a administrá-lo."

Estou certo de que ele poderia ter desenvolvido seu próprio sistema, porque aprendeu muito bem com seu pai, mas eu o compreendo. A dificuldade em começar o próprio negócio é que você tem duas grandes variáveis: o sistema e as pessoas que trabalham nele. Se tanto as pessoas quanto o sistema forem fracos, as chances de fracasso são grandes. Às vezes, é difícil saber se o problema está na pessoa ou no sistema que está falhando.

Antes das Franquias

Quando o meu pai rico começou a me ensinar como me tornar um D, só havia um tipo de negócio — um tipo grande, uma grande empresa que, em geral, dominava a cidade. Em nossa cidade no Havaí, era a plantação de cana-de-açúcar que dominava praticamente tudo, inclusive os outros grandes negócios. Assim, havia dois grandes negócios e os negócios familiares do tipo A, com pouca coisa entre eles dois.

Trabalhar no primeiro escalão daquelas grandes empresas de cana-de--açúcar não era muito provável para o pai rico e para mim. As minorias, como os japoneses, os chineses e os havaianos, trabalhavam nos campos e nunca éramos admitidos na diretoria. Por isso, o pai rico aprendeu tudo o que sabia através de tentativas e erros.

Quando entrei no colegial, começamos a escutar sobre uma coisa chamada "franquia", mas nenhuma tinha ido para a nossa cidadezinha. Não tínhamos ouvido falar em McDonald's, Kentucky Fried Chicken (KFC) ou Taco Bell. Elas não faziam parte do nosso vocabulário quando eu estudava com o pai rico. Quando começamos a ouvir rumores sobre as franquias, escutamos que eram ilegais, fraudulentas e perigosas. Naturalmente, ao escutar esses rumores, o pai rico voou para a Califórnia para começar a verificar tudo o que podia sobre franquias, em vez de acreditar nos boatos. Quando voltou, tudo o que disse foi: "As franquias são a onda do futuro", e comprou os direitos de duas delas. Sua fortuna deu um salto quando a ideia das franquias pegou e ele começou a vender seus direitos aos outros para que essas pessoas pudessem ter a oportunidade de construir seus próprios negócios.

Quando perguntei a ele se deveria comprar uma franquia dele, respondeu: "Não. Você chegou a esse ponto e aprendeu como construir seu próprio sistema de negócios, não pare agora. Franquias são para pessoas que não querem ou não sabem como construir os próprios sistemas. Além disso, você não tem os $250 mil para comprar a franquia de mim."

Hoje em dia, é difícil imaginar uma cidade sem um McDonald's, Burger King ou Pizza Hut em cada esquina. Ainda assim, houve uma época, e não faz muito tempo, em que eles não existiam. E tenho idade suficiente para me lembrar desses dias.

Como Aprender a Se Tornar um D

Eu aprendi a ser um D como discípulo do meu pai rico. Seu filho e eu éramos ambos E aprendendo a ser D. E é assim que muitas pessoas aprendem. É o chamado "treinamento no trabalho". É assim que muitas empresas familiares são passadas de geração em geração.

O problema é que não há muitas pessoas privilegiadas ou com sorte o bastante para aprender o que está por trás de se tornar um D. A maioria dos programas de treinamento empresariais não é mais do que isso — a empresa treina você para ser só um gerente. Poucas ensinam o que é preciso para ser um D.

As pessoas frequentemente ficam estagnadas no quadrante A. Isso acontece principalmente porque não desenvolvem um sistema forte o bastante, então acabam se tornando parte integrante dele. Os Ds bem-sucedidos desenvolvem sistemas que funcionam sem seu envolvimento. Há três formas de passar para o lado D rapidamente:

1. ***Encontre um mentor.***

   Meu pai rico era meu mentor. Um mentor é alguém que já fez o que você quer fazer e logrou êxito. Não procure um consultor. Um consultor é alguém que lhe diz o que fazer, mas nunca realizou nada do que aconselha. Muitos consultores estão no quadrante A. O mundo está cheio de A tentando dizer-lhe como se tornar um D ou um I. Meu pai rico foi um mentor, não um consultor. Uma das melhores dicas que meu pai rico me deu foi esta: "Tenha cuidado com os conselhos que lhe são dados. Você precisa ter a mente aberta e, ao mesmo tempo, estar atento, em primeiro lugar, ao quadrante de onde vem a pessoa que o aconselha."

   O pai rico ensinou-me sobre os sistemas e sobre como liderar pessoas, não geri-las. Gerentes frequentemente encaram seus subordinados como inferiores. Muitas vezes, os líderes devem dirigir pessoas que são mais espertas.

   Uma maneira tradicional de aprender sobre sistemas é fazer um MBA em uma instituição de renome e iniciar uma carreira meteórica em uma empresa. O MBA é importante porque nele você aprende os princípios da contabilidade e como os números se relacionam aos sistemas de um negócio. Mesmo assim, só porque tem um MBA, não significa que tenha competência para administrar todos os subsistemas que, em última instância, compõem um sistema empresarial completo.

Para aprender sobre todos os sistemas necessários em uma grande empresa, você vai precisar ficar de dez a quinze anos lá, aprendendo todos os diferentes aspectos do negócio. Assim, então, você deverá estar preparado para sair e começar seu próprio negócio. Trabalhar para uma empresa importante e de sucesso é como ser pago pelo seu mentor.

Mesmo tendo um mentor e/ou anos de experiência, esse primeiro método exige muito trabalho. Criar seu próprio sistema exige muita tentativa e erro, despesas legais imediatas e papelada. Tudo isso acontece ao mesmo tempo que se está tentando desenvolver seu pessoal.

2. ***Compre uma franquia.***

Outra forma de aprender sobre sistemas é comprar uma franquia. Quando adquire uma, está comprando um sistema operacional testado e aprovado.

Comprando o sistema de franquias em vez de criar o seu, você pode concentrar-se em desenvolver seu pessoal. A compra do sistema exclui uma grande variável quando está tentando se tornar um D. A razão pela qual muitos bancos emprestam dinheiro para franquias e não para pequenos negócios é que reconhecem a importância dos sistemas e sabem que começar com um bom diminui os riscos.

Um aviso: franquias são difíceis para pessoas com uma mentalidade A, que querem fazer as coisas do seu próprio jeito. Se comprar um sistema de franquia, seja um E. Faça exatamente do jeito que disserem a você para fazer. Não há nada mais trágico do que brigas no tribunal entre franqueados e proprietários. As brigas geralmente ocorrem porque quem compra o sistema quer fazer as coisas do seu jeito e não do jeito que a pessoa que criou o sistema quer que ele funcione. Se quiser que as coisas sejam do seu jeito, então faça assim depois que dominar o sistema e as pessoas.

Meu pai altamente instruído errou, mesmo tendo comprado uma franquia de sorvetes famosa e cara. Embora o sistema fosse excelente, o negócio faliu. Na minha opinião, a franquia não deu certo porque seus sócios eram todos E ou A, que não sabiam o que fazer quando as coisas ficaram ruins, e não pediram apoio da matriz. No fim, os sócios brigaram entre si e o negócio degringolou. Eles se esqueceram de que um verdadeiro D é mais que um sistema. Também é preciso ter boas pessoas para operá-lo.

Os Bancos Não Emprestam Dinheiro para Pessoas que Não Têm um Sistema

Se um banco não quer emprestar dinheiro para um pequeno negócio sem um sistema, por que você o faria? Quase todos os dias, pessoas vêm a mim com planos de negócios esperando levantar fundos para sua ideia ou projeto.

Na maioria das vezes, eu as afasto por uma razão muito especial: as pessoas em busca de financiamento não sabem a diferença entre um produto e um sistema. Tive amigos que me pediram para investir dinheiro em um novo CD e outros que queriam que os ajudasse a formar uma nova entidade sem fins lucrativos para mudar o mundo. Não importa quanto eu goste do projeto, do produto ou da ideia, afasto essas pessoas se tiverem pouca ou nenhuma experiência na criação ou na operação de sistemas empresariais.

Só porque você sabe cantar, não significa que entenda o sistema de marketing, de finanças e contabilidade, de vendas, de empregar e demitir pessoas, jurídico e os muitos outros sistemas necessários para manter um negócio e torná-lo um sucesso.

Para que um negócio sobreviva e prospere, o sistema deve ser 100% funcional e responsável. Um avião, por exemplo, é um sistema composto de sistemas. Se um avião decolar e, digamos, o sistema de combustível falhar, geralmente acontece uma queda. O corpo humano é um sistema constituído de sistemas. Muitos de nós temos uma pessoa querida que morreu porque um dos sistemas do corpo falhou. O mesmo ocorre no plano dos negócios.

Então, não é fácil construir um sistema testado e aprovado. São os sistemas que você esquece ou aos quais não presta atenção que fazem uma pessoa cair e se queimar. Por isso, raramente invisto em um E ou D com um novo produto ou ideia. Investidores profissionais tendem a investir em sistemas comprovados, com pessoas que sabem como operá-los.

Assim, se os bancos fazem empréstimos com base apenas em sistemas testados e aprovados, e prestam atenção na pessoa que vai operá-los, então você deveria fazer o mesmo, se quiser ser um investidor sagaz.

3. ***Envolva-se com o marketing de rede*** *(também chamado de marketing multinível ou sistema de distribuição direta).*

   Da mesma forma que as franquias, o sistema legal norte-americano tentou proibir o marketing de rede. E ele foi banido ou restringido em alguns países. Qualquer novo sistema ou ideia geralmente passa por essa fase em que é classificado como estranho e suspeito. A princípio, também pensei que o marketing de rede fosse uma farsa. Mas, com o passar dos anos, estudei os diversos sistemas existentes através do marketing de rede e presenciei diversos amigos serem bem-sucedidos nessa forma D, então mudei de ideia.

   Depois que deixei de lado meus preconceitos e comecei a pesquisar sobre o marketing de rede, descobri que havia muitas pessoas que estavam se dedicando sincera e diligentemente a construir empresas bem-sucedidas de marketing de rede. Quando conheci essas pessoas, vi o impacto que o negócio delas tinha na vida e no futuro financeiro de terceiros. Então, comecei a realmente analisar o valor do sistema de marketing de rede. Por uma taxa de inscrição de valor razoável (em geral, cerca de $200), uma pessoa pode se incorporar a um sistema existente e começar a construir seu negócio imediatamente. Devido aos avanços tecnológicos da indústria de computadores, essas organizações são totalmente automatizadas, e as dores de cabeça decorrentes de papelada, processamento de pedidos, distribuição, contabilidade e acompanhamento são quase inteiramente administradas pelos sistemas de software de marketing de rede. Novos distribuidores podem concentrar todos seus esforços na construção dos seus negócios através do compartilhamento dessa oportunidade de negócio automatizada, em vez de se preocupar com as dores de cabeça normais no início de um novo pequeno negócio.

Um dos meus amigos de longa data, que ganhou mais de US$1 bilhão em um ano com um negócio de imóveis, recentemente se registrou como distribuidor de marketing de rede e começou a construir seu negócio. Eu me surpreendi ao vê-lo construir um negócio tão diligentemente, pois ele não precisa absolutamente do dinheiro. Quando perguntei a ele o porquê, me explicou da seguinte forma: "Frequentei a faculdade para ser auditor público e tenho MBA em finanças. Quando as pessoas me perguntam como fiquei tão rico, conto a elas sobre as transações multimilionárias que faço com imóveis e sobre os milhares de renda passiva que recebo anualmente deles. Então, percebo que algumas delas se retraem ou ficam sem graça. Ambos sabemos que as chances de elas realizarem investimentos multimilionários com imóveis são quase nulas. Além de não terem instrução, não têm o capital adicional para investir. Então comecei a procurar um meio de ajudá-las a obter o mesmo nível de renda passiva que eu desenvolvi a partir dos imóveis, sem ter que voltar para a faculdade por seis anos e passar doze investindo em imóveis. Acredito que o marketing de rede dá a elas as oportunidades para que construam a renda passiva necessária, a fim de se sustentarem enquanto aprendem a se tornar investidores. Por isso eu lhes recomendo o marketing de rede. Mesmo que as pessoas tenham pouco dinheiro, ainda poderão investir o 'patrimônio suado' por cinco anos e começar a gerar cada vez mais renda passiva para começar a investir. Ao desenvolverem o próprio negócio, elas têm tempo livre para aprender e capital para investir comigo nos meus grandes negócios."

Após pesquisar várias empresas, meu amigo aderiu a uma de marketing de rede como distribuidor e começou um negócio com pessoas que algum dia iriam querer investir com ele. Está se dando bem em seu negócio e também em seus investimentos. Ele me contou:

"Inicialmente, fiz isso porque queria ajudar as pessoas a ter dinheiro para investir e estou enriquecendo com um negócio totalmente novo."

Ele dá aulas aos sábados, duas vezes por mês. Na primeira aula, ensina sobre os sistemas de negócios e sobre as pessoas ou como se tornar um D bem-sucedido. Na segunda, ensina sobre proficiência e inteligência financeiras. Ele agora está ensinando essas pessoas a serem I na prática. O tamanho das suas turmas está crescendo exponencialmente.

O padrão que ele recomenda é o mesmo que eu.

Uma Franquia Própria

E é por isso que, hoje em dia, aconselho as pessoas a levar em consideração o marketing de rede. É como comprar uma franquia pessoal, e normalmente sai por menos de US$200.

Sei que a maior parte do marketing de rede exige trabalho árduo. Mas o sucesso em qualquer quadrante também. Pessoalmente, não gero nenhuma renda como distribuidor de marketing de rede. Pesquisei várias empresas de marketing de rede e seus planos de remuneração. Enquanto fazia minha pesquisa, aderi a várias empresas só porque os produtos são bons e eu os utilizo como consumidor.

Ainda assim, se eu pudesse dar um conselho para ajudá-lo a passar para o lado direito do quadrante, não me concentraria tanto no produto, mas na educação que a organização oferece. Há organizações de marketing de rede que estão interessadas apenas em fazê-lo vender o sistema a seus amigos. E existem organizações que estão interessadas principalmente em instruí-lo e ajudá-lo a ter êxito.

A partir das minhas pesquisas sobre marketing de rede, descobri duas coisas importantes que você pode aprender através dos seus programas e que são essenciais para se tornar um D de sucesso:

1. Para ser bem-sucedido, precisa aprender a superar o medo de ser rejeitado e a parar de pensar no que as pessoas vão dizer de você. Conheci pessoas que se resignaram porque se preocupam com o que seus amigos diriam se soubessem que estavam fazendo alguma coisa diferente. Sei disso porque eu também era desse jeito. Como era de uma cidade pequena, todo mundo sabia o que todo mundo estava fazendo. Se alguém não gostasse do que fazia, a cidade inteira ficava sabendo e seu negócio virava pauta.

   Uma das expressões que eu repetia para mim mesmo era: "O que pensam de mim não é da minha conta. O essencial é o que penso sobre mim mesmo."

   Um dos motivos pelos quais meu pai rico me encorajou a trabalhar com vendas na Xerox por quatro anos não foi porque gostava de copiadoras, mas porque queria que eu superasse a minha timidez e o medo da rejeição.

2. Aprenda a liderar pessoas. Trabalhar com diferentes tipos de pessoas é a coisa mais difícil nos negócios. As que conheci e que são bem-sucedidas em qualquer tipo de negócios são líderes natas. A capacidade de se dar bem com as pessoas e de inspirá-las é inestimável. Mas é uma qualidade que se pode aprender.

Como eu disse, a transição do lado esquerdo do quadrante CASHFLOW para o direito não envolve tanto o que você faz, mas quem se torna. Aprenda a lidar com a rejeição, a não se deixar afetar pelo que os outros pensam de você e a liderar pessoas, e você encontrará a prosperidade. Por isso endosso qualquer organização de marketing de rede que esteja, em primeiro lugar, comprometida em desenvolver o ser humano mais do que o vendedor. Eu buscaria organizações que:

1. São aprovadas, têm registros de um caminho de sucesso e contam com um sistema de distribuição e um plano de remuneração bem--sucedido há anos.
2. Tenham uma oportunidade de negócios com que possa ser bem-sucedido, na qual acredite e compartilhe com os outros com toda a confiança.
3. Tenham programas educacionais contínuos e de longo prazo para desenvolvê-lo como ser humano. A autoconfiança é vital do lado direito do quadrante CASHFLOW.
4. Tenham um mentor forte. Você quer aprender com líderes, não com consultores. Pessoas que já são líderes do lado direito do quadrante CASHFLOW e querem que tenha sucesso.
5. Estejam com pessoas que você respeite e com quem goste de estar.

Se a organização atender a esses cinco critérios, então, e somente depois disso, preste atenção ao produto. Muitas pessoas prestam atenção ao produto e não ao sistema empresarial e à organização por trás dele. Uma das organizações que pesquisei tinha o seguinte bordão: "O produto se vende. É fácil." Se quiser ser vendedor, um A, então o produto é o mais importante. Mas se quiser se tornar um D em longo prazo, então o mais importante é o sistema, a educação para a vida toda e as pessoas.

Um amigo meu, notável neste setor, lembrou-me do valor do tempo, um dos nossos ativos mais preciosos.

Uma verdadeira história de sucesso em uma empresa de marketing de rede acontece quando o seu compromisso de dedicação e trabalho árduo em curto prazo leva a uma renda passiva significativa em longo prazo. Uma vez construída uma sólida organização sob você, é possível parar de trabalhar e seu fluxo de renda continuará a partir dos esforços da organização que construir. A chave mais importante para o sucesso com uma empresa de marketing de rede é o compromisso de longo prazo, tanto do seu lado quanto por parte da organização, para que você se transforme no líder empresarial que quer ser.

Um Sistema É a Ponte para a Independência Financeira

Não ter onde morar não é o tipo de experiência que eu gostaria de repetir. Mesmo assim, foi inestimável para Kim e para mim. Hoje em dia, liberdade e segurança não são encontradas no que se tem, mas no que sabemos que podemos criar com confiança.

Desde aquela época, criamos ou ajudamos a desenvolver uma empresa imobiliária, uma companhia de petróleo e duas empresas educacionais. Assim, o processo de aprender a criar um sistema bem-sucedido foi benéfico para nós. Ainda assim, não recomendo esse processo a ninguém, a menos que se queira realmente passar por isso.

Alguns anos atrás, a possibilidade de uma pessoa ser bem-sucedida no quadrante D só estava disponível para os que eram corajosos ou ricos. Kim e eu devemos ter sido corajosos, pois certamente não éramos ricos. O motivo pelo qual tantas pessoas ficam estagnadas do lado esquerdo do quadrante é porque sentem que os riscos envolvidos na construção do seu próprio sistema são muito grandes. Para elas, é mais inteligente permanecer em um emprego seguro.

Hoje em dia, sobretudo devido às mudanças tecnológicas, os riscos envolvidos diminuíram sensivelmente, e a oportunidade de ter o próprio sistema empresarial está disponível praticamente a todos.

Franquias e marketing de rede afastaram a parte difícil de se desenvolver o próprio sistema. Você adquire os direitos de um sistema comprovado e, a partir daí, seu único trabalho será o de desenvolver seu pessoal.

Pense nesses sistemas empresariais como pontes, que lhe darão o caminho para atravessar com segurança do lado esquerdo para o direito do quadrante CASHFLOW.

Capítulo 5

OS CINCO NÍVEIS DE INVESTIDORES

Investir é a chave para a independência financeira.

Meu pai pobre costumava dizer: "Investir é arriscado."

Meu pai rico sempre dizia: "Não ser financeiramente educado é arriscado."

Hoje, a maioria das pessoas sabe que precisa investir. O problema é que a maioria das pessoas, como meu pai pobre, acredita que investir é arriscado — e investir é realmente arriscado se você não tem educação financeira, experiência e orientação.

Aprender a investir é importante porque o investimento é a chave para a liberdade financeira. Cinco coisas que acontecem com pessoas que não investem ou investem mal:

1. Trabalham arduamente durante toda a vida.
2. Elas se preocupam com dinheiro a vida toda.
3. Dependem de outros, como a família ou da aposentadoria do governo para cuidar delas.
4. Os limites de sua vida são definidos pelo dinheiro.
5. Nunca conhecerão a verdadeira liberdade.

O pai rico costumava dizer: "Você nunca saberá o que é a verdadeira liberdade até que consiga a liberdade financeira." Com isso, ele queria dizer que aprender a investir é mais importante do que aprender uma profissão. "Quando você aprende uma profissão, digamos médico, aprende a trabalhar por dinheiro. Aprender a investir é aprender como fazer o dinheiro trabalhar para você. No momento em que o dinheiro estiver trabalhando para você, então terá adquirido sua carta de alforria." Ele também dizia: "Quanto mais dinheiro tem trabalhando para você, menos paga em impostos — se você for um verdadeiro investidor."

Aprenda a Investir

Meu pai rico começou a me preparar para o quadrante I, aos nove anos, usando o *Banco Imobiliário* como ferramenta de ensino. Repetidas vezes, ele dizia: "Uma das grandes fórmulas para enriquecer encontra-se nesse jogo. Lembre-se sempre dessa fórmula: quatro casas, um hotel."

O *Banco Imobiliário* é um jogo de fluxo de caixa. Por exemplo, se você tem uma casa em uma propriedade no tabuleiro e recebe $10, esse valor equivale ao fluxo de caixa mensal. Duas casas, $20. Três casas, $30. E o hotel, $50. Quanto mais casas e mais hotéis, maior o fluxo de caixa, menos trabalho, menos impostos e mais liberdade.

Um jogo simples, mas uma lição importante.

O pai rico jogava *Banco Imobiliário* na vida real. Ele costumava nos levar — seu filho e eu — para visitar suas casas que um dia se tornariam um grande hotel, na praia de Waikiki.

Enquanto eu crescia e assistia ao meu pai rico jogando *Banco Imobiliário* na vida real, aprendi muitas lições valiosas sobre como investir. Algumas dessas lições são:

- Investir não é arriscado.
- Investir é divertido.
- Investir pode torná-lo muitíssimo rico.
- Mais importante: o investimento pode libertá-lo da luta de ganhar para se sustentar e de se preocupar com dinheiro.

Em outras palavras, se for inteligente, você pode construir um imenso fluxo de caixa vitalício — para produzir dinheiro em bons e maus momentos, com o mercado em alta ou em baixa.

Não estou dizendo que o mercado imobiliário seja a única maneira de investir. Eu uso o *Banco Imobiliário* como exemplo de como os ricos ficam mais ricos. Uma pessoa pode ter uma renda proveniente de ações por meio de dividendos; de títulos, por meio de juros; ou de petróleo, livros e patentes, por meio de royalties.

"Especialistas" Financeiros

Infelizmente, devido à falta de educação financeira nas escolas, a maioria das pessoas entrega cegamente seu dinheiro a outras que acreditam ser peritos financeiros: gerentes de banco, planejadores financeiros e corretores. Infelizmente, a maioria desses "especialistas" não é, de fato, investidor no quadrante I. A maioria é composta de empregados no quadrante E, que trabalha por um salário ou é consultor financeiro independente no quadrante A, trabalhando por honorários e comissões. A maioria dos "especialistas" não pode se dar ao luxo de parar de trabalhar, porque não têm investimentos trabalhando para eles.

Warren Buffett costuma dizer: "Wall Street é o único lugar para onde as pessoas vão de Rolls-Royce pedir conselhos a quem pega metrô." Se as pessoas não têm educação financeira sólida, não conseguem saber se um conselheiro financeiro é um vendedor ou um vigarista, um tolo ou um gênio. Lembre-se: todos os trapaceiros são pessoas legais. Se eles não fossem agradáveis, dizendo o que você quer ouvir, você não iria ouvi-los.

Não há nada de errado em ser um vendedor. Todos nós temos algo para vender. No entanto, como Warren Buffett diz: "Nunca pergunte a um vendedor de seguros se você precisa de seguro." Quando se trata de dinheiro, há muitas pessoas suficientemente desesperadas para lhe dizer e lhe vender qualquer coisa, apenas para pegar seu dinheiro. Curiosamente, a maioria dos investidores nem sequer conhece a pessoa que está tomando seu dinheiro. Em boa parte do mundo ocidental, os funcionários têm seu dinheiro automaticamente deduzido dos salários, na forma de recolhimento de impostos, pagamentos de assistência social e seguros, previdência social e outros.

Muitos trabalhadores nos Estados Unidos permitem que seus empregadores deduzam de sua folha de pagamento uma quantia para ser colocada em um plano de aposentadoria privada, possivelmente a pior maneira de investir para a aposentadoria. *Esses planos atendem por nomes diferentes em países diferentes: na Austrália, são chamados de superannuation, nos Estados Unidos e no Japão eles são chamados de 401(k), no Canadá são conhecidos como RRSPs.*

Digo que esses planos podem ser a pior maneira de investir para a aposentadoria, pelos seguintes motivos:

1. ***A revista* Time *está do meu lado.***

   A *Time* tem feito uma série de artigos ao longo dos anos, questionando se é inteligente colocar a aposentadoria de tantas pessoas em risco. Ela vem prevendo que milhões de pessoas não terão dinheiro suficiente para se aposentar após entregar seu dinheiro a estranhos durante uma vida inteira.

   Um típico plano dessa natureza fica com 80% dos lucros. O investidor poderá vir a receber apenas 20% dos rendimentos, se tiver sorte. O investidor coloca 100% do dinheiro e assume 100% do risco. Os administradores do plano colocam 0% do dinheiro e assumem 0% do risco. O fundo ganha dinheiro, mesmo quando você perde.

2. ***As alíquotas de imposto trabalham contra você em um plano de previdência privada.***

   Ganhos de capital de longo prazo são tributados a uma alíquota mais baixa de cerca de 15% a 17,5%. Mas a previdência privada trata os ganhos como renda auferida que é tributada a alíquotas mais elevadas, às vezes as mais altas possíveis, sobre o capital total. E se você quiser resgatar o dinheiro antes do prazo, terá que pagar um imposto adicional.

3. ***Não há seguro para o caso de uma quebra do mercado de ações.***

   Para dirigir um carro, tenho que pagar pelo menos o seguro obrigatório, para o caso de acidentes. Quando invisto em imóveis, tenho seguro em caso de incêndio ou outras perdas e danos. No entanto, o investidor em previdência privada não tem seguro para prevenir perdas de quebras do mercado.

4. ***Esses planos servem para as pessoas que estão planejando ser pobres quando se aposentarem.***

   É por isso que os planejadores financeiros costumam dizer: "Quando se aposentar, você será menos tributado." Eles assumem que sua renda vai cair na aposentadoria, se enquadrando em uma faixa de incidência menor. Se, por outro lado, você for rico ao se aposentar e tiver um plano de aposentadoria, pagaria impostos ainda mais altos ao se aposentar. Investidores inteligentes entendem tudo sobre os tributos antes de investir.

A triste verdade sobre a maioria dos consultores financeiros e gestores de fundos de pensão é que eles não são investidores. A maioria é composta por empregados que estão no quadrante E e não têm qualquer tipo de educação financeira da vida real.

Para piorar a situação, a maioria dos "especialistas" aconselha os investidores incultos a "investir em longo prazo em uma carteira bem diversificada de ações, papéis e fundos mútuos".

Por que esses ditos "especialistas" financeiros, empregados do quadrante E ou vendedores do quadrante A, disfarçados de investidores do quadrante I, o aconselham a fazer isso? É porque eles são pagos não pelo dinheiro que ganham para você, mas por quanto você entrega a eles em longo prazo. Quanto mais tempo seu dinheiro fica parado com eles, mais eles recebem.

A realidade é que os investidores verdadeiros não imobilizam seu dinheiro; eles o movimentam. É uma estratégia conhecida como "velocidade do dinheiro". O dinheiro de um investidor verdadeiro está sempre em movimento, na aquisição de novos ativos e, depois, voltando a se mover em busca de mais ativos. Só os amadores estacionam o dinheiro.

Não estou dizendo que todo tipo de plano de previdência privada seja ruim, embora eu nunca pensasse em ter um. Para mim, eles são muito caros, demasiadamente arriscados, fiscalmente ineficientes e não são justos com o investidor.

O que estou dizendo é que há melhores maneiras de investir, mas elas exigem educação financeira.

Qual É o Melhor Investimento?

O investidor mediano não reconhece a diferença entre investir para fluxo de caixa e investir para obter ganhos de capital. A maioria dos investidores investe para obter ganhos de capital, rezando e esperando que o preço de suas ações ou de casa suba. Contanto que você tenha mais dinheiro entrando do que saindo, seu investimento é um bom investimento.

Tenha em mente que não é a classe de ativo que faz uma pessoa enriquecer ou empobrecer. Por exemplo, quando uma pessoa pergunta: "Imóvel é um bom investimento?" Eu respondo: "Não sei. Você é um bom investidor?" Ou se me perguntam: "Ações são bons investimentos?" Novamente minha resposta é: "Não sei. Você é um bom investidor?"

O que quero dizer é que nunca é a classe de investimento ou ativo que importa. Sucesso ou fracasso, riqueza ou pobreza, depende unicamente da inteligência do investidor. Um investidor inteligente fará milhões no mercado de ações. Um amador perderá milhões.

Tragicamente, a maioria das pessoas não acredita que aprender a investir é importante. É por isso que a maioria das pessoas acredita que investir é arriscado e entrega seu dinheiro a "especialistas", a maioria dos quais não é realmente investidor, mas vendedor, que ganha dinheiro, perca o investidor ou ganhe.

Existem cinco tipos ou níveis de investidores no quadrante I.

Os Cinco Níveis Diferentes de Investidores

Existem cinco níveis de investidores encontrados no quadrante I.

Nível 1: Nível Zero de Inteligência Financeira

Infelizmente, nos Estados Unidos, outrora o país mais rico do mundo, mais de 50% da população está no nível inferior do quadrante I. Resumindo, eles nada têm para investir.

Há muitas pessoas que ganham um monte de dinheiro que se enquadram nesta categoria. Eles ganham muito — e gastam mais do que ganham.

Eu tenho um amigo que parece ser muito rico. Ele tem um bom emprego como corretor de imóveis, uma bela esposa e três filhos em escola particular. Eles vivem em uma bela casa com vista para o Oceano Pacífico, em San Diego. Ele e a esposa dirigem carros europeus caros. Quando seu filho e as filhas atingiram idade suficiente, também passaram a dirigir carros caros. Pareciam ricos, mas, na verdade, estavam bastante endividados. Aparentavam ser ricos, mas eram mais pobres do que a maioria das pessoas pobres.

Agora, eles estão sem casa. Quando o mercado imobiliário ruiu, eles quebraram. Não foram mais capazes de pagar os juros sobre toda a dívida que haviam acumulado.

Quando éramos mais jovens, esse mesmo amigo ganhou muito dinheiro. Infelizmente, foi sua inteligência financeira — nível zero — que o tornou um fracasso em longo prazo. Na verdade, ele está tão cheio de dívidas que é realmente um investidor abaixo de zero.

Como muitas pessoas, tudo o que ele compra perde valor ou lhe custa dinheiro. Nada do que compra o torna mais rico.

Nível 2: Nível Poupadores São Perdedores

Muitas pessoas acreditam que é inteligente poupar. O problema é que hoje o dinheiro não é mais dinheiro. Hoje, as pessoas estão poupando dinheiro de mentira, dinheiro que pode ser criado na velocidade da luz.

Em 1971, o Presidente Nixon desatrelou o dólar do padrão-ouro, e o dinheiro se tornou uma dívida. A principal razão dos preços nos Estados Unidos começarem a subir desde 1971 é simplesmente porque a partir deste momento o governo passou a ter o poder de imprimir mais dinheiro para pagar suas contas.

Hoje, os poupadores são os maiores perdedores. Desde 1971, o dólar americano perdeu 95% de seu valor em comparação com o ouro. E não precisará de mais quarenta anos para perder os 5% restantes.

Lembre-se, em 1971, o ouro custava US$35 a onça. Quarenta anos depois, o ouro está acima de US$1.400 a onça. Isso representa uma gigantesca perda do poder de compra do dólar. O problema fica cada vez pior conforme a dívida nacional americana atinge trilhões de dólares e os Estados Unidos continuam a "imprimir" mais dinheiro de mentira.

Na medida em que os bancos centrais, em todo o mundo, emitem trilhões em alta velocidade, cada centavo impresso significa mais impostos e mais inflação. Apesar disso, milhões de pessoas continuam a acreditar que guardar dinheiro na poupança é inteligente. Era, quando o dinheiro era dinheiro.

O maior mercado do mundo é o dos títulos. "Títulos" é outra palavra para "poupança". Existem muitos tipos diferentes de títulos para os diferentes tipos de poupadores.

Durante anos, assumiu-se que os títulos da dívida pública eram seguros. Mas veio a crise financeira de 2007, causada, especialmente, pelos títulos do financiamento imobiliário, títulos lastreados em garantia real, também conhecidos como derivativos. Milhões desses títulos eram compostos pelo chamado crédito de risco, ou *subprime*, que eram empréstimos para tomadores de alto risco. Alguns desses tomadores não tinham renda nem emprego. E mesmo assim, compravam casas que nunca conseguiriam pagar.

Os banqueiros de Wall Street pegaram esses empréstimos de alto risco e criaram títulos, magicamente denominando-os de títulos de baixo risco, ou *prime*, e venderam para instituições, bancos, governos e investidores individuais. Para mim, o nome disso é fraude. Mas é assim que funciona o sistema bancário.

Hoje, muitas pessoas culpam os grandes bancos como o *Goldman Sachs* e o *JP Morgan* pela crise. No entanto, se alguém deve ser responsabilizado por essa crise, deveria ser Warren Buffett. Ele é um homem inteligente e sabia perfeitamente o que estava fazendo. A empresa dele, a *Moody's*, estava recomendando carne podre como carne nobre. Isso é criminoso.

O problema é que esses títulos *subprime* estão provocando, agora, um efeito cascata em todo o mundo. Hoje, países como Irlanda e Grécia estão em sérios problemas, incapazes de pagar os juros sobre seus títulos. Nos Estados Unidos, governos e municípios vão quebrar, incapazes de pagar os juros sobre seus títulos.

Em 2011, milhões de pessoas, muitas delas aposentadas, fundos de pensão, governos e bancos estavam em sérios apuros e o mercado de títulos deixou bastante claro como os títulos podiam ser inseguros.

Além disso, a inflação crescente torna os títulos um investimento ainda mais arriscado, e é por isso que poupadores que só sabem poupar são perdedores. Por exemplo, se um título está pagando 3% de juros e a inflação está em 5%, o valor de um título a 3% desaba aniquilando todo o montante investido.

A China pode vir a ser o maior perdedor de todos. Ela detém US$1 trilhão em títulos dos Estados Unidos. Toda vez que o governo dos Estados Unidos desvaloriza o dólar ao imprimir mais dinheiro e emitir mais títulos, o valor do investimento chinês nos EUA cai. Se a China parar de comprar títulos do governo americano, a economia mundial vai parar e quebrar.

Milhões de aposentados são como a China. Justamente aqueles que precisam de uma renda estável depois da aposentadoria acreditaram que títulos do governo eram seguros. Hoje, conforme os governos, grandes ou pequenos, quebram e a inflação aumenta, aposentados estão descobrindo que quem poupa dinheiro em títulos são perdedores.

O mercado de títulos é o maior do mundo, maior do que o mercado de ações ou que o mercado imobiliário. A principal razão disso é que a maioria das pessoas é poupadora, investidores Nível 2. Infelizmente, depois de 1971, quando as regras monetárias mudaram, poupadores se tornaram os maiores perdedores, mesmo quando poupam dinheiro investindo em títulos.

Lembre-se que quem investe em poupança e títulos, e a maioria das pessoas que guarda dinheiro em planos de aposentadoria, são pessoas que "estacionam" seu dinheiro em longo prazo, enquanto os investidores profissionais movimentam seu dinheiro. Eles investem em um ativo, recebem o que investiram de volta sem vendê-lo e movimentam seu dinheiro para comprar mais ativos. É por isso que poupadores, que "estacionam" seu dinheiro, são os maiores perdedores.

Nível 3: Nível Sem Tempo para Nada

Este é o investidor que está ocupado demais para aprender sobre como investir. Muitos investidores deste nível são pessoas muito instruídas que estão demasiadamente ocupadas com suas carreiras, famílias, outros interesses e férias. Por isso, preferem manter-se financeiramente alienadas e entregam seu dinheiro para outra pessoa administrar.

Este é o nível em que está a maioria dos investidores em previdência privada e até alguns investidores muito ricos. Eles entregam seu dinheiro a um "especialista" e, então, rezam e esperam que ele, ou ela, seja realmente um craque.

Logo após o início da crise financeira de 2007, muitas pessoas ricas descobriram que seu dito "especialista" não era exatamente um experto e, pior ainda, não era confiável.

Em questão de meses, trilhões de dólares de riqueza evaporaram à medida que os mercados imobiliários e de ações começaram a ruir. Em pânico, esses investidores chamaram seus consultores de confiança e imploraram por salvação.

Alguns investidores ricos descobriram que seus consultores de confiança eram vigaristas extremamente sofisticados, que estavam executando esquemas Ponzi elaborados. Um esquema Ponzi é um sistema de investimento no qual os investidores são pagos com o dinheiro de novos investidores. O esquema funciona, desde que haja novos investidores acrescentando dinheiro novo para pagar aos investidores antigos. Nos Estados Unidos, Bernie Madoff ficou famoso ao fugir com bilhões de dólares em dinheiro dos ricos.

Existem esquemas Ponzi legais e ilegais. A seguridade social é um esquema Ponzi legal, assim como é o mercado de ações. Em ambos os casos, o esquema funciona, desde que novos fluxos de dinheiro não parem de entrar. Se o dinheiro parar de fluir em novas aplicações, o esquema — seja ele o esquema de Madoff, o da Seguridade Social ou da Bolsa de Valores — entra em colapso.

O problema com o investidor Nível 3, do tipo "estou muito ocupado", é que a pessoa nada aprende caso venha a perder dinheiro. Tudo que faz é responsabilizar seu consultor financeiro, o mercado ou o governo. É difícil aprender com os próprios erros, se a pessoa não sabe quais erros foram cometidos.

Nível 4: Nível Sou-um-Profissional

Este é o investidor "faça você mesmo". Quando você olha para o quadrante CASHFLOW, ele está no quadrante A como um investidor.

Muitos aposentados se tornam investidores Nível 4 no momento em que deixam de trabalhar.

Esse investidor usa muito as ordens diretas ou home broker, comprando e vendendo em casa, do seu computador. Afinal, por que ele pagaria comissões mais elevadas a um corretor da bolsa especializado quando faz sua própria pesquisa e toma suas próprias decisões?

Caso invista em imóveis, o "faça você mesmo" encontrará, consertará e gerenciará os próprios imóveis. E, se gosta de ouro, ele comprará e armazenará seu tesouro em ouro e prata.

Na maioria dos casos, o "faça você mesmo" tem pouquíssimo, ou nada, de educação financeira formal. Afinal, se podem fazer por si próprios, por que deveriam aprender alguma coisa?

Se vierem a fazer um curso ou dois, geralmente o fazem em áreas bem específicas. Por exemplo, se gostam de negociação de ações, acabarão se concentrando apenas nela. O mesmo é verdade para o pequeno investidor imobiliário.

Aos nove anos, quando o pai rico começou a minha educação financeira com o *Banco Imobiliário*, ele queria que eu entendesse o mundo dos investimentos de maneira ampla. A seguir, estão as grandes classes de ativos sobre as quais ele julgava que eu deveria passar a vida aprendendo.

Ativos	Passivos
Negócios **Imóveis** **Ativos de Papel** **Commodities**	

Quando cada vez mais pessoas perceberem a necessidade de investir, milhões se tornarão pequenos investidores nesse Nível 4, em todas as quatro classes de ativos.

Depois da quebra do mercado em 2007, milhões de pessoas se tornaram empreendedoras, começando pequenos negócios, e muitos passaram a investir em imóveis uma vez que os preços haviam caído. A maior parte, porém, passou a experimentar no mercado de ações e a usar a estratégia de escolha de ações (Stock picking). Conforme o dólar perdia valor, milhões de pessoas começaram a investir em ouro e prata.

Obviamente, aqueles que também investiram em sua contínua educação financeira, frequentando cursos e contratando um *coach* para aumentar seu desempenho, irão ultrapassar aqueles que estão por conta própria.

Com uma sólida educação financeira, alguns dos investidores Nível 4 passarão para o próximo nível, o Nível 5 de investidor — o capitalista.

Nível 5: Nível Capitalista

Este é o nível das pessoas mais ricas do mundo.

Um investidor Nível 5, um capitalista, é qualificado como um empresário do quadrante D, investindo no quadrante I.

Como disse anteriormente, o investidor de Nível 4 é o "faça você mesmo" do quadrante A, investindo no quadrante I.

A seguir estão alguns exemplos das diferenças entre um investidor de Nível 4 e um de Nível 5, o investidor capitalista.

1. O investidor do quadrante A geralmente usa o próprio dinheiro para investir.

   O investidor do quadrante D geralmente usa DOP (dinheiro de outras pessoas) para investir.

   Esta é uma das principais diferenças entre o investidor do Nível 4 e o do Nível 5.

2. O investidor do quadrante A, muitas vezes, é um investidor solo (ele costuma ser um investidor muito inteligente).

   O investidor do quadrante D investe com uma equipe e não precisa ser muito esperto. Só é necessário ter a equipe mais inteligente.

   A maioria das pessoas sabe que duas cabeças pensam melhor que uma. No entanto, muitos investidores do quadrante A acreditam que são as pessoas mais inteligentes do mundo.

3. O investidor do quadrante A ganha menos do que o investidor do quadrante D.

4. O investidor do quadrante A muitas vezes paga impostos mais elevados do que o investidor do quadrante D.
5. Pessoas do quadrante A normalmente são consideradas egoístas. Quanto mais egoístas são, mais dinheiro ganham.

   O investidor do quadrante D deve ser generoso. Quanto mais generosos são, mais dinheiro ganham.
6. É difícil levantar dinheiro como um investidor do quadrante A e é fácil para um investidor do quadrante D. Quando uma pessoa sabe como construir um negócio no quadrante D, o sucesso atrai dinheiro. É fácil levantar dinheiro no quadrante I se você é bem-sucedido no quadrante D. Esse é o grande diferencial.

A facilidade de levantar capital é uma das maiores diferenças entre ser bem-sucedido no quadrante A versus ser bem-sucedido no quadrante D. Quando uma pessoa é bem-sucedida no quadrante D, a vida é fácil. O desafio é tornar-se bem-sucedido.

O problema com o sucesso no quadrante A é que levantar capital é sempre difícil.

Por exemplo, é fácil fazer abrir o capital de um negócio do quadrante D, vendendo ações no mercado de ações. A história do Facebook é um exemplo moderno de como é fácil levantar capital para uma empresa do quadrante D. Se o Facebook tivesse permanecido apenas como uma pequena empresa de consultoria de internet, teria sido muito difícil levantar capital de investidores.

Outro exemplo é o McDonald's. Se ele tivesse permanecido como uma loja de hambúrgueres simples, uma operação do quadrante A, ninguém teria investido nele. Uma vez que começou a se expandir para o quadrante D, através de um sistema de franquia, foi listado na bolsa de valores e o dinheiro jorrou em grande quantidade.

A razão pela qual uma empresa vende "participação" nos negócios é porque quanto mais participação tiverem, mais rico o empresário se torna. Uma empresa do quadrante A tem dificuldade de abrir capital porque o negócio é muito pequeno para ser compartilhado.

O mesmo é verdade para o setor imobiliário. Quando eu era um investidor de poucos imóveis, era difícil obter empréstimos.

No momento em que Kim e eu começamos a investir em prédios de apartamentos com mais de 100 unidades, os bancos ficaram mais dispostos a nos emprestar muito mais dinheiro. O motivo: em propriedades com preços na casa dos milhões, os bancos não financiam o investidor; financiam o investimento. O investimento é mais importante do que o investidor. Em outras palavras, em propriedades acima de 100 unidades, os bancos analisam mais o investimento do que o investidor.

Além disso, banqueiros preferem emprestar $10 milhões a $10 mil, pois demora o mesmo tempo para emprestar milhares ou milhões, mesmo durante uma crise. Lembrem-se: os bancos amam os devedores porque eles os enriquecem.

Uma vez que os banqueiros estejam satisfeitos com nossa capacidade de possuir e administrar lucrativamente, eles, muitas vezes, fazem fila para nos oferecer dinheiro, mesmo durante uma crise.

Então, a pergunta é: de quem os investidores do Nível 5 recebem seu dinheiro? A resposta é: recebem seu dinheiro dos investidores de Nível 2 e Nível 3 que poupam seu dinheiro em bancos e planos de pensão.

Começando com Nada

A razão pela qual comecei este livro com a história de Kim e eu termos ficado sem onde morar é para que você saiba que não ter dinheiro não é uma desculpa para não se tornar mais instruído e mais rico.

Não tive dinheiro suficiente durante boa parte da vida. Se eu tivesse deixado que isso se tornasse uma desculpa, nunca teria me tornado um capitalista. Isto é importante, porque um capitalista de verdade nunca tem dinheiro. É por isso que eles devem saber como levantar capital e como usar o dinheiro de outras pessoas para ganhar um monte de dinheiro para um monte de gente.

Como Se Tornar um Capitalista

Minha mãe e meu pai queriam que eu fosse bem-sucedido nos quadrantes E e A. Meu pai sugeriu que eu fosse para a universidade, buscasse meu doutoramento — ele próprio tinha um — e trabalhasse para o governo ou subisse a escada corporativa no quadrante E. Minha mãe, enfermeira, queria que eu me tornasse um médico no quadrante A.

Meu pai rico me sugeriu que eu me tornasse um capitalista. Isso significava que eu tinha de estudar e desenvolver as habilidades necessárias para o sucesso nos quadrantes D e I.

Minha mãe e meu pai acreditavam nas escolas tradicionais, nas faculdades de Direito e de Medicina. Eles valorizavam boas notas, diplomas e credenciais, tais como se tornar advogado ou médico.

Meu pai rico acreditava na educação, mas não no tipo de educação encontrada nas escolas tradicionais. Em vez de ir para a escola, meu pai rico se inscreveu em seminários e cursos para melhorar suas habilidades nos negócios e nos investimentos. Também fez cursos de desenvolvimento pessoal. Ele não estava interessado em notas ou credenciais. Queria competências reais que lhe dessem resistência e habilidades operacionais nos quadrantes D e I.

Quando eu estava no ensino médio, meu pai rico voava frequentemente para Honolulu, a fim de participar de seminários sobre empreendedorismo e investimentos. Um dia, quando eu disse a meu pai pobre que o pai rico estava fazendo um curso sobre vendas, ele riu. Ele não conseguia entender por que alguém iria querer aprender a vender, especialmente se o horário das aulas não fosse utilizado como crédito para um grau universitário avançado. Meu pai pobre também menosprezava meu pai rico por ele não ter concluído o ensino médio.

Ter dois pais com diferentes atitudes em relação à educação, me deu plena consciência de que havia mais de um tipo de educação. Escolas tradicionais eram para aqueles que queriam ser bem-sucedidos nos quadrantes E e A, e outro tipo de educação era para quem queria ser bem-sucedido nos quadrantes D e I.

Em 1973, voltei do Vietnã. Era hora de me decidir sobre qual pai seguir. Eu seguiria os passos do meu pai pobre e voltaria para a escola para me tornar um E ou um A ou tomaria o caminho do meu pai rico e me tornaria um D ou um I, me tornando um capitalista?

Em 1973, meu pai rico me sugeriu fazer cursos de investimento imobiliário. Ele me disse: "Se você quer ser um capitalista bem-sucedido, deve saber levantar capital e usar dívida para ganhar dinheiro."

Naquele ano, eu fiz um workshop de três dias sobre investimento imobiliário. Foi o início da minha educação para entrar no mundo capitalista.

Alguns meses mais tarde, depois de visitar mais de 100 imóveis, comprei minha primeira propriedade para alugar na ilha de Maui, usando 100% de financiamento da dívida e ainda colocando fluxo de caixa de US$25 no bolso todo mês. Minha educação da vida real havia começado. Eu estava aprendendo a usar o dinheiro dos outros para ganhar dinheiro, uma habilidade que um capitalista de verdade precisa conhecer.

Em 1974, meu contrato com o Corpo de Fuzileiros Navais acabou e eu assumi um posto na Xerox, no Havaí, não porque quisesse subir a escada corporativa, mas porque a Xerox tinha o melhor programa de treinamento de vendas. Repito: tudo isso foi parte do programa de educação de meu pai rico para me treinar para ser um capitalista.

Em 1994, Kim e eu éramos financeiramente livres, sem precisar de um emprego, de uma empresa ou de um plano de aposentadoria do governo. Meu pai rico estava correto: minha educação poderia me libertar — mas não a educação das escolas tradicionais.

Quando os mercados começaram a quebrar em 2007, ao invés de afundar, como o resto da economia, nossa riqueza disparou. Como o mercado de ações e o mercado imobiliário despencaram, grandes promoções apareceram e os bancos ficaram mais do que ansiosos para nos emprestar milhões de dólares para comprarmos e assumirmos seus investimentos que estavam na pior. Só em 2010, Kim e eu adquirimos mais de US$87 milhões em imóveis, utilizando empréstimos de bancos e de fundos de pensão. Esse foi nosso melhor ano até agora.

Como o pai rico costumava dizer: "Se você é um verdadeiro investidor, não importa se os mercados estão subindo ou descendo. Um verdadeiro investidor é bem-sucedido em qualquer condição de mercado."

Onde Você Está?

Reserve alguns instantes para avaliar onde você está hoje.

Você É um Investidor do Nível 1?

Se não há nada em sua coluna de ativos que lhe dê rendimentos oriundos de seus investimentos e você tem passivos demais, então está começando no nível mais baixo, do zero.

Se você está cheio de dívidas ruins, seu melhor investimento talvez seja sair desse tipo de endividamento. Não há nada de errado em estar cheio de dívidas ruins, a não ser que você não faça nada. Depois que minha primeira empresa faliu, fiquei com quase US$1 milhão em dívidas. Levei quase cinco anos para zerar essa situação. Em muitos aspectos, aprender com meus erros e assumir a responsabilidade por eles foi a melhor educação que pude ter. Se não tivesse aprendido com meus erros, não estaria onde estou hoje.

Kim e eu montamos um programa simples e um livro, "How We Got Out of Bad Debt" ("Como Saímos da Dívidas", em tradução livre — conteúdo em inglês), explicando o processo que usamos para sair de centenas de milhares de dólares de dívidas ruins. Você pode adquiri-lo online em www.richdad.com (conteúdo em inglês). É um processo simples, quase indolor. É preciso apenas disciplina e vontade de aprender.

Você É um Investidor do Nível 2?

Se você é um poupador, tenha muito cuidado, especialmente se está guardando dinheiro em um banco ou em um plano de aposentadoria. Em geral, os poupadores são perdedores.

Poupança é muitas vezes uma estratégia para as pessoas que não querem aprender alguma coisa. Veja: não é necessário ter inteligência financeira para poupar. Você pode treinar um macaco para poupar dinheiro.

O risco da poupança é que você aprende pouco. E, se algo acontece com suas economias, seja pelo declínio do mercado ou pela desvalorização da moeda, você acaba sem dinheiro e sem educação.

Lembre-se de que o dólar americano perdeu 95% de seu valor desde 1971. E não vai demorar muito para perder o resto de seu valor. Isso pode acontecer com qualquer moeda.

Como dissemos, uma pessoa pode até mesmo perder com o ouro se comprá-lo ao preço errado.

Por isso, sugiro fazer alguns cursos sobre investimento, seja em ações ou imóveis, e ver se você se interessa por alguma coisa. Se nada lhe interessar, então continue a poupar.

Lembre-se de que o mercado de títulos é o maior do mundo porque a maioria das pessoas e das empresas é poupadora, e não investidora. Isso pode soar estranho aos poupadores, mas o mercado de títulos e os bancos precisam de tomadores de empréstimos.

Você É um Investidor do Nível 3?

Este nível é semelhante ao Nível 2, exceto que aqui as pessoas investem em instrumentos mais arriscados, como ações, títulos, fundos mútuos, seguros e fundos negociados em bolsa.

Novamente, o risco neste nível é que, se houver uma crise, o investidor perde tudo — e não aprende nada.

Se está pronto para sair do Nível 3, investir em sua educação financeira e assumir o controle de seu dinheiro, então o Nível 4 é um bom nível para você.

Você É um Investidor do Nível 4?

Se você está aqui, no Nível 4, como investidor profissional, parabéns! Pouquíssimas pessoas investem tempo para aprender e gerenciar o próprio dinheiro. A chave do sucesso no Nível 4 é a aprendizagem contínua ao longo da vida, grandes professores, grandes mentores e amigos que pensam como você.

Os investidores de Nível 4 assumem o controle de sua vida, sabendo que seus erros são oportunidades de aprender e crescer.

O medo de investir não os assusta; ao contrário, representa um desafio.

Você É um Investidor do Nível 5?

Para mim, ser um investidor capitalista de Nível 5 é como estar no topo do mundo. Literalmente, aqui, o mundo é sua casa. Ele não tem fronteiras. Neste mundo de tecnologia de alta velocidade e abundância, é mais fácil do que nunca ser capitalista.

Se você está neste nível, continue a aprender e continue sendo generoso. Lembre-se de que os capitalistas de verdade do quadrante D sabem que devem dar mais para receber mais.

A Escolha É Sua

Uma coisa fantástica sobre a liberdade é poder escolher viver da maneira que você quer.

Em 1973, com 26 anos, eu sabia que não queria viver do jeito que meus pais escolheram para eu viver. Não queria gastar menos do que eu ganhava, vivendo de salário em salário, tentando fazer frente às despesas. Para mim, isso não era viver. Pode ter sido bom para eles, mas eu sabia, do fundo do meu coração, que não era o certo para mim.

Eu também sabia que voltar para a faculdade em busca de diplomas mais avançados não era para mim. Eu sabia que a escola não tornava as pessoas ricas, porque eu havia crescido em uma família de mestres e doutores. A maioria dos meus tios e tias tinha mestrado e alguns deles tinham doutorado.

Eu também não queria ascender na escada corporativa no quadrante E, nem queria ser um superespecialista do quadrante A.

Então, peguei a rota menos viajada e decidi me tornar um empresário e um investidor profissional. Eu queria a liberdade de poder viajar pelo mundo, fazer negócios e investir.

Essa foi minha escolha. Não recomendo esse caminho para todos. Mas recomendo que a pessoa escolha. Isso é liberdade: o poder de escolha.

Encorajo você a observar os cinco níveis de investidores e fazer sua escolha. Cada nível tem seus prós e contras, suas vantagens e desvantagens. A cada nível, é preciso pagar um preço maior do que dinheiro.

Se você escolher o Nível 1, 2 ou 3, há muitas pessoas e organizações qualificadas para lhe dar apoio nesses níveis de investimento.

Em 1997, Kim e eu criamos *The Rich Dad Company* para oferecer jogos educativos, programas e treinamentos para aqueles indivíduos que buscam ser investidores dos Níveis 4 e 5.

Uma Palavra Final sobre Investimento

No mundo do dinheiro, muitas vezes você verá o termo ROI, retorno sobre investimento. Dependendo de com quem você falar, o ROI pode variar. Por exemplo, um banqueiro lhe dirá: “Pagamos 3% de juros sobre seu dinheiro.” Para muitas pessoas, isso pode parecer bom. Se você conversar com um planejador financeiro, ele pode dizer: "Você pode esperar um retorno sobre o investimento de 10% ao ano." Para muitas pessoas, isso é muito bom.

Para a maioria das pessoas, especialmente aqueles no quadrante E e A, quanto maior o retorno, maior o risco. Então, a pessoa que aceita um retorno sobre investimento de 10% já assume que haverá mais risco neste investimento do que no que rende 3%. E certamente há.

Ironicamente, tanto o investimento bancário que rende 3% quanto o investimento do mercado de ações que rende 10% são extremamente arriscados. O dinheiro no banco está em risco por causa da inflação e dos altos impostos decorrentes da impressão de dinheiro. O investimento de 10% de retorno do mercado de ações é arriscado por causa da volatilidade da Negociação de Alta Frequência e devido ao fato de que o investidor novato está investindo sem seguro.

No meu mundo, um ROI representa Retorno sobre Informação. Isso significa que, quanto mais informação eu tenho, maior será meu retorno — e menor meu risco.

Alerto você, porque o que estou prestes a afirmar poderá soar insano ou, então, muito bom para ser verdade. No entanto, eu lhe asseguro, é verdade.

Um retorno infinito — e de baixo risco — é o esperado em meu mundo, o mundo de um investidor Nível 4 e 5. Um retorno infinito significa: dinheiro sem esforço. Em outras palavras, o investidor recebe uma renda sem investir o próprio dinheiro.

Em uma seção anterior, escrevi que fiz um curso de imóveis em 1973. Depois de olhar mais de 100 imóveis, comprei um apartamento em Maui com 100% de financiamento, o que significa que não usei meu próprio dinheiro e, ainda, consegui US$25 mensais de fluxo de caixa. Esses US$25 foram um retorno infinito do meu investimento, dado que eu havia investido zero. Repetindo o que disse anteriormente: "Minha educação da vida real havia começado. Eu estava aprendendo a usar o dinheiro dos outros para ganhar dinheiro, uma habilidade que um capitalista de verdade precisa conhecer."

Sei que US$25 por mês não é muito. No entanto, o importante para mim não era o dinheiro, e sim o aprendizado de uma nova maneira de pensar, uma maneira de processar a informação e produzir um resultado.

Uma das razões pela qual tenho muito dinheiro hoje é porque fui educado e treinado para pensar diferente. Se você leu *Pai Rico, Pai Pobre*, deve se lembrar que o título de um dos capítulos do livro é: "*Os Ricos Não Trabalham por Dinheiro*". Uma das razões pelas quais as pessoas dos quadrantes E e A têm problemas com essa afirmação é porque a maioria foi para a escola para aprender a trabalhar por dinheiro. Elas não foram à escola para aprender a fazer o dinheiro de outras pessoas trabalharem para elas.

Quando Kim e eu começamos *The Rich Dad Company*, emprestamos US$250 mil de investidores. Pagamos o dinheiro de volta assim que a empresa decolou. Hoje, a empresa já rendeu milhões de dólares, não só para mim e Kim, mas para as empresas e os indivíduos associados à *Rich Dad*. Como eu disse, os capitalistas são generosos.

Minha opinião é que, no momento em que uma pessoa aprende a ganhar dinheiro a partir do nada, com dinheiro de outras pessoas ou com o dinheiro de um banco, elas entram em um mundo diferente. É um mundo quase oposto ao mundo daqueles que atuam nos quadrantes E e A, de trabalho árduo, impostos altos e retornos baixos.

O motivo pelo qual as pessoas acreditam que poupar é inteligente e um retorno de 10% no mercado de ações vale a pena é, simplesmente, a falta de educação financeira.

Seu melhor ROI não é um retorno de seu investimento, mas um retorno sobre suas informações. É por isso que a educação financeira é essencial, especialmente para as incertezas à frente.

Lembre-se do seguinte sobre a palavra "educação": ela nos dá o poder de transformar a informação em significado. Na Era da Informação, estamos abarrotados de informações financeiras. No entanto, sem educação financeira, não podemos transformar a informação em algo útil para nossa vida.

Concluindo: o quadrante I é o mais importante para seu futuro. Não importa o que você faz para viver, o quão bem se sai no quadrante I é que vai determinar seu futuro. Em outras palavras, mesmo que você ganhe pouquíssimo dinheiro no quadrante E ou A, a educação financeira no quadrante I é seu bilhete para a liberdade e a segurança financeira.

Por exemplo, minha irmã é uma monja budista. Ela ganha quase zero no quadrante A. No entanto, ela frequenta nossos cursos de investimento e tem aumentado sua educação financeira de maneira constante. Hoje, seu futuro é brilhante porque ela deixou de poupar dinheiro no banco e de investir em fundos mútuos e começou a investir no mercado imobiliário e em prata. Nos dez anos entre 2000 e 2010, ela fez muito mais dinheiro no quadrante I do que poderia fazer em uma vida inteira como religiosa no quadrante A.

Estou muito orgulhoso de minha irmã. Ela pode ser uma monja de profissão, mas não tem de ser uma monja pobre.

Antes de Seguir Adiante

Isso conclui a explicação da parte do quadrante CASHFLOW. Antes de prosseguirmos, aqui está a grande pergunta:

1. *Que tipo de investidor é você?*

Se você está realmente a fim de ser rico rapidamente, leia e releia sobre os cinco níveis. Cada vez que leio sobre eles, eu me reconheço um pouco em cada um. Percebo não apenas as forças, mas também as fraquezas que me limitam. O caminho para grandes fortunas é o fortalecimento de seus pontos fortes e o enfrentamento de seus pontos fracos. E a maneira de fazer isso é, em primeiro lugar, reconhecê-los, em vez de fingir que você é perfeito.

Nós todos queremos achar que somos bons. Eu sonhava ser um capitalista de Nível 5 durante boa parte de minha vida. Sabia que isso era o que eu queria desde o momento que meu pai rico explicou as semelhanças entre um investidor em ações e uma pessoa que aposta em cavalos. Mas só depois de estudar os diferentes níveis dessa lista, pude ver os pontos fracos que me impediam de seguir adiante. Encontrei pontos fracos no Nível 4, que muitas vezes surgem em momentos de pressão. O jogador em mim era bom, mas, ao mesmo tempo, não era tão bom assim. Dessa forma, com a orientação de Kim, meus amigos e cursos adicionais, passei a tratar meus pontos fracos para transformá-los em pontos fortes. Minha eficácia como investidor Nível 5 melhorou imediatamente.

Embora eu opere, hoje, como um investidor Nível 5, continuo a ler e reler os cinco níveis e trabalho para sempre me aprimorar.

Aqui está outra pergunta para você:

2. *Que tipo de investidor você deseja ou precisa ser no futuro próximo?*

____

Aviso:

Qualquer pessoa com o objetivo de se tornar um investidor Nível 5 deve, em PRIMEIRO LUGAR, desenvolver suas habilidades como um investidor de Nível 4. O Nível 4 não pode ser ignorado em seu caminho para o Nível 5. Qualquer um que tentar fazer isso é, na verdade, um investidor do Nível 3 — um jogador!

Se sua resposta à segunda pergunta é a mesma da primeira, então você está onde quer estar. Se você está feliz onde está, em relação a ser um tipo de investidor, então não há muita necessidade de continuar a ler este livro. Uma das maiores alegrias da vida é ser feliz onde se está. Parabéns!

No entanto, se ainda deseja e precisa ampliar seus conhecimentos financeiros e continua interessado em alçar sua independência financeira, prossiga a leitura. Os capítulos restantes se concentrarão precipuamente nas características daqueles nos quadrantes D e I. Nesses capítulos, você aprenderá como se mover do lado esquerdo do quadrante CASHFLOW para o direito de maneira fácil e com baixo risco. A mudança do lado esquerdo para o direito permanece focando ativos intangíveis, que tornam os tangíveis possíveis.

Antes de seguir, tenho mais uma pergunta:

3. *Para passarmos de sem-teto a milionários em menos de dez anos, qual nível de investidor acha que Kim e eu tivemos que ser?*

____

A resposta está no próximo capítulo, em que compartilho algumas experiências de aprendizado na nossa jornada pessoal para a independência financeira.

Capítulo 6

VOCÊ NÃO VÊ O DINHEIRO COM SEUS OLHOS

O dinheiro é uma ideia mais clara de ser vista com sua mente.

No final de 1974, comprei um pequeno apartamento na costa de Waikiki, que foi um dos meus primeiros investimentos em imóveis. O preço foi de US$56 mil por um dois quartos com banheiro que era uma graça e ficava em um edifício mediano. Era uma unidade perfeita para locação, e eu sabia que iria alugá-lo rapidamente.

Eu me dirigi ao escritório do meu pai rico, pois estava ansioso para lhe mostrar o negócio. Ele deu uma olhada rápida nos documentos e, em menos de um minuto, olhou para cima e perguntou: "Quanto dinheiro está perdendo por mês?"

"Cerca de US$100 mensais", respondi.

"Não seja bobo", disse o pai rico. "Eu nem olhei os números, mas posso dizer, de acordo com os documentos, que você está perdendo muito mais do que isso. Além do mais, por que você iria investir conscientemente em algo que o faz perder dinheiro?"

"Bem, o apartamento me pareceu legal, e pensei que seria um bom negócio. Um pouco de tinta e o lugar vai parecer novo", falei.

"Isso não justifica perder dinheiro conscientemente", sorriu o pai rico, com ar de reprovação.

"Bem, o corretor de imóveis disse que eu não deveria me preocupar em perder dinheiro todo mês. Ele disse que, em alguns anos, o preço dessa unidade vai dobrar. Além disso, o governo dá um incentivo fiscal sobre o dinheiro perdido. E, mais, o negócio era tão bom que eu tive medo que alguém o comprasse se eu não o fizesse."

O pai rico levantou-se e fechou a porta do seu escritório. Quando fez isso, eu sabia que estava prestes a ser posto para fora e também a aprender uma importante lição. Já havia passado por esse tipo de sessão de aprendizado.

"Então, quanto dinheiro está perdendo por mês?", perguntou de novo o pai rico.

"Cerca de US$100 mensais", repeti já nervoso.

Meu pai rico balançou a cabeça enquanto examinava os documentos. A lição estava prestes a começar. Naquele dia, aprendi mais sobre dinheiro e investimentos do que havia aprendido em meus 27 anos de vida. O pai rico estava satisfeito por eu ter tomado a iniciativa e investido em um imóvel, mas eu tinha cometido alguns erros graves que poderiam ter sido um desastre financeiro. Contudo, as lições que aprendi a partir daquele investimento me fizeram ganhar milhões com o passar dos anos.

O Dinheiro É Visto com Sua Mente

"Não é o que seus olhos veem", disse o pai rico. "Um imóvel é um imóvel. Um certificado de ações de uma empresa é um certificado de ações. Mas é o que você não vê que importa. É o negócio, o acordo financeiro, o mercado, a administração, os fatores de risco, o fluxo de caixa, a estruturação corporativa, as leis fiscais e milhares de outras coisas que tornam o investimento bom ou não."

Então continuou a destruir o negócio com perguntas. "Por que quis pagar taxas de juros tão altas? Quanto você calcula que terá de retorno? Como esse investimento se encaixa em sua estratégia financeira em longo prazo? Qual o fator de vacância que você está utilizando? Qual é sua taxa limite? Você verificou o histórico de lançamentos da associação? Você incluiu despesas de administração? Que porcentual utilizou para computar reformas? Você sabia que a cidade acabou de anunciar que vai acabar com as estradas e mudar o trânsito na área? Vai haver uma importante via pública bem em frente a seu edifício. Os moradores estão se mudando para evitar o projeto, que vai durar o ano todo. Você sabia disso? Sei que a tendência do mercado hoje é de alta, mas você sabe o que move essa tendência? Economia empresarial ou cobiça? Quanto tempo você acha que a tendência será de alta? O que acontecerá se o apartamento não for alugado? E, se não for, por quanto tempo você poderá se manter e manter o apartamento? E, novamente, o que passa pela sua mente que o faz pensar que perder dinheiro é um bom negócio? Isso de fato me chateia."

"Parecia um bom negócio", argumentei, sentindo-me diminuído.

O pai rico sorriu e apertou minha mão. "Fico feliz que você tenha agido", disse ele. "A maioria das pessoas pensa, mas nunca age. Se faz alguma coisa, acaba cometendo erros, e é com nossos erros que aprendemos mais. Lembre-se de que não se aprende nada realmente importante nas salas de aula. Coisas importantes devem ser aprendidas quando tomamos decisões, cometemos erros e então os corrigimos. É aí que a sabedoria se instala."

Eu me senti um pouco melhor e, agora, estava preparado para aprender.

O pai rico continuou a explicar que as pessoas olham para o imóvel ou para o nome de uma ação, e, frequentemente, tomam decisões baseadas no que seus olhos veem ou no que o corretor diz a elas ou em uma dica quente de um colega de trabalho. Muitas vezes compram emocionalmente em vez de racionalmente.

"É por isso que nove em cada dez investidores não ganham dinheiro", disse o pai rico. "Embora necessariamente não percam, não lucram. Parece que apenas se mantêm em equilíbrio, ganhando e perdendo. É por isso que eles investem com seus olhos e emoções, e não com sua mente. Muitas pessoas investem porque querem ficar ricas rapidamente. Assim, em vez de se tornarem investidores, acabam virando sonhadores, encostados, jogadores e impostores. O mundo está repleto de pessoas assim. Então vamos nos sentar, rever esse prejuízo que acabou de comprar e eu vou ensinar a você como transformá-lo em uma vitória; vou começar a ensinar sua mente a ver o que seus olhos não conseguem."

Passando do Ruim para o Bom

Na manhã seguinte, voltei ao corretor imobiliário, recusei o contrato e reabri as negociações. Não foi um processo agradável, mas aprendi um bocado.

Três dias depois, fui ver meu pai rico de novo. O preço era o mesmo, e o corretor ganhara sua comissão integral, porque fez por merecê-la. Ele tinha se esforçado para consegui-la. Mas, embora o preço tivesse continuado o mesmo, os termos do investimento eram agora amplamente diferentes. Ao renegociar taxa de juros, prazos de pagamento e período de amortização, em vez de perder dinheiro, agora estava tendo um lucro líquido de US$80 por mês, mesmo após a taxa de administração e o bônus de vacância serem fatorados. Poderia até mesmo diminuir o aluguel e ainda ganhar dinheiro se o mercado ficasse ruim. Se melhorasse, sem dúvida aumentaria o aluguel.

"Calculava que você iria perder no mínimo US$150 por mês", disse o pai rico. "Provavelmente mais. Se tivesse continuado a perder US$150 por mês, quantos desses negócios poderia fazer, baseado em seu salário e despesas?"

"Apenas um", respondi. "Na maioria dos meses, não tenho US$150 adicionais. Se tivesse fechado o acordo original, ficaria em dificuldades financeiras todos os meses. Mesmo com os incentivos fiscais. Teria até mesmo de conseguir um trabalho extra para pagar esse investimento."

"E agora, quantos desses acordos com um fluxo de caixa de US$80 positivos você pode bancar?", perguntou o pai rico.

Sorri e disse: "Todos que eu conseguir arranjar."

O pai rico assentiu em sinal de aprovação: "Agora vá e arranje outros."

Alguns anos mais tarde, o preço dos imóveis no Havaí subiu astronomicamente. Mas, em vez de ter apenas um imóvel valorizado, eu tinha sete que dobraram de valor. Esse é o poder de se ter um pouco de inteligência financeira.

Você Não Pode Fazer Isso

Apenas uma pequena ressalva em relação ao meu primeiro investimento imobiliário. Quando retirei minha oferta junto ao corretor imobiliário, tudo que ele me disse foi: "Você não pode fazer isso."

O que levou mais tempo foi convencer o corretor a começar a pensar como poderíamos fazer o que eu queria que fosse feito. De qualquer forma, foram muitas as lições aprendidas nesse primeiro investimento, e uma delas foi perceber que, quando alguém diz "Você não pode fazer isso", pode ser que um dedo esteja apontado para você, mas três dedos apontam de volta.

O pai rico ensinou-me que "você não pode fazer isso" não significa necessariamente que você não pode, mas muitas vezes, que eles não podem.

Um exemplo clássico ocorreu há muitos anos, quando disseram aos irmãos Wright: "Vocês não podem fazer isso." Graças a Deus, os irmãos Wright não deram atenção.

US$1,4 Trilhão Procurando por uma Casa

Todos os dias, o valor de US$1,4 trilhão circula no planeta por meios eletrônicos, e esse valor está aumentando. Há mais dinheiro do que nunca sendo criado e que está à disposição atualmente. O problema é que o dinheiro é invisível. Assim, quando as pessoas procuram dinheiro com os olhos, não conseguem ver nada. Muitas pessoas batalham para viver do salário e, mesmo assim, a soma de US$1,4 trilhão voa ao redor do mundo todos os dias, à procura de alguém que o queira. À procura de alguém que saiba como cuidar dele, que o alimente e faça crescer. Se você sabe como cuidar de dinheiro, o dinheiro vai afluir, ser atirado para você. As pessoas vão implorar para que você fique com ele.

Mas, se você não sabe tomar conta de dinheiro, ele vai ficar longe de você. Lembre-se da definição de inteligência financeira dada pelo pai rico: "Não é quanto dinheiro ganha, mas quanto guarda, o quanto ele trabalha arduamente para você e por quantas gerações o mantém."

Um Cego Guiando o Outro

"A pessoa, em média, é composta de 95% olhos e somente 5% mente quando investe", disse o pai rico. "Se quiser ser um profissional dos lados D–I do quadrante, precisa treinar sua mente para ver os outros 95%." O pai rico continuou a explicar que as pessoas que treinam sua mente para ver dinheiro têm um grande poder sobre aquelas que não treinam.

Ele era inflexível sobre quem deveria dar-me conselhos financeiros. "A maioria das pessoas passa por dificuldades financeiras porque aceita conselhos de pessoas que também são cegas em relação ao dinheiro. É a lenda clássica do cego guiando outro cego. Se quiser que o dinheiro vá até você, precisa saber como cuidar dele. Se ele não estiver em primeiro lugar na sua mente, não vai se manter nas suas mãos. Se não se mantém nas suas mãos, então o dinheiro e as pessoas que o têm vão ficar longe de você."

Treine Sua Mente para Ver o Dinheiro

Então, qual é o primeiro passo para treinar sua mente para ver o dinheiro? A resposta é fácil: proficiência financeira. Começa com a habilidade de entender palavras e sistemas numéricos do capitalismo. Se não entender essas palavras ou números, será como falar uma língua estrangeira. E, em muitos casos, cada quadrante representa mesmo uma língua desconhecida.

Se olhar o quadrante CASHFLOW, verá que cada quadrante é como um país diferente. Eles não utilizam as mesmas palavras e, se você não compreender essas palavras, não entenderá os números.

Por exemplo, se um médico disser: "Sua sístole é 120 e sua diástole é 80", isso é bom ou ruim? Isso é tudo o que você precisa saber sobre sua saúde? A resposta é obviamente "não". Mesmo assim, é um começo.

Seria como perguntar: "O P/L da minha ação é doze e a taxa de juros máxima do meu apartamento é doze. Isso é tudo que preciso saber para ficar bem de vida?" Novamente, a resposta é não, mas é um começo. Pelo menos estamos começando a falar as mesmas palavras e usar os mesmos números. E aí começa a proficiência financeira, que é a base da inteligência financeira. Começa com o conhecimento das palavras e dos números.

O médico está falando do quadrante A e a outra pessoa, com palavras e números do quadrante I. Esses também podem ser idiomas diferentes.

Discordo quando alguém diz para mim: "Dinheiro chama dinheiro." Na minha opinião, a habilidade de ganhar dinheiro com dinheiro começa com a habilidade de compreender palavras e números. Como meu pai rico sempre dizia: "Se o dinheiro não estiver em primeiro lugar na sua mente, não vai se manter nas suas mãos."

Saiba que o Risco É Real

O segundo passo para treinar sua mente para ver dinheiro é aprender a reconhecer o que é risco real. Quando as pessoas dizem para mim que investir é arriscado, digo: "Investir não é arriscado. Arriscado é não ser instruído."

Investir é mais ou menos como voar. Se você frequentou uma escola de voo e passou alguns anos adquirindo experiência, então voar é divertido e emocionante. Mas, se você nunca frequentou uma escola especializada, aconselho a deixar o voo para os outros.

Maus Conselhos São Arriscados

O pai rico acreditava piamente que qualquer conselho financeiro era melhor que nenhum. Ele era um homem de mente aberta. Ele era cortês e escutava muitas pessoas. Mas, em última instância, acreditava em sua própria inteligência financeira para tomar suas decisões. "Se não sabe nada, então qualquer conselho é melhor do que nenhum. Mas, se não souber distinguir o bom do mau conselho, então investir é arriscado."

Meu pai rico acreditava que a maioria das pessoas enfrenta dificuldades financeiras porque lida com informações financeiras passadas de pai para filho. E muitas pessoas não vêm de famílias financeiramente boas. "Maus conselhos são arriscados e a maior parte dos maus conselhos é dada em casa — não pelo que se diz, mas pelo que é feito. Crianças aprendem mais pelo exemplo do que com palavras."

Seus Consultores São Tão Espertos Quanto Você

O pai rico dizia: "Seus conselheiros podem ser tão espertos quanto você. Se não for esperto, eles não terão muito a contar a você. Se for bem instruído financeiramente, consultores competentes poderão lhe dar conselhos financeiros mais sofisticados. Se for financeiramente ingênuo, pela lei, eles devem oferecer somente estratégias financeiras seguras. Se não for um investidor sofisticado, eles só vão poder oferecer riscos e rentabilidade baixos. Vão recomendar muitas vezes diversificação para investidores não sofisticados. Poucos consultores decidem dedicar seu tempo a ensinar a você. O tempo deles também é dinheiro. Então, se assumir consigo o compromisso de se tornar instruído financeiramente e administrar bem seu dinheiro, então um consultor competente poderá colocar você a par dos investimentos e estratégias que apenas uns poucos verão. Mas primeiro precisa fazer sua parte e se instruir. Lembre-se sempre: seu consultor não pode ser mais esperto que você."

O Gerente do Seu Banco Está Mentindo?

O pai rico fazia negócios com muitos bancos. Seus gerentes eram uma parte importante de seu time financeiro. Embora fossem bons amigos e ele os respeitasse, sempre entendeu que tinha que cuidar de seus interesses, assim como esperava que os banqueiros zelassem pelos interesses deles.

Depois da minha experiência com investimentos em 1974, ele me perguntou: "Quando um gerente de banco diz que sua casa é um ativo, está dizendo a verdade?"

Já que a maioria das pessoas não é proficiente em termos financeiros e não conhece o jogo do dinheiro, precisa de opiniões e conselhos de pessoas em quem tendem a confiar. Se você não é financeiramente proficiente, então precisa confiar em alguém que espera ser proficiente em termos de finanças. Muitas pessoas investem ou administram seu dinheiro confiando mais nas recomendações de terceiros que em suas próprias. E isso é arriscado.

Não É Mentira... Só Não É Toda a Verdade

O fato é que, quando um gerente de banco disser que uma casa é um ativo, ele não está mentindo para você. Só não está contando toda a verdade. Embora sua casa seja um ativo, eles não dizem a quem esse ativo pertence. Se souber ler demonstrações financeiras, fica fácil ver que sua casa não é um ativo. É um ativo do banco. Lembre-se da definição de ativo e passivo em *Pai Rico, Pai Pobre*: "Um ativo coloca dinheiro no meu bolso. Um passivo o tira."

As pessoas do lado esquerdo do quadrante não precisam realmente saber a diferença. A maioria está satisfeita por se sentir segura em seu emprego e ter uma bela casa que pensa possuir, da qual se orgulha e que pensa controlar. Ninguém vai tirá-la dela enquanto fizer os pagamentos.

Mas as pessoas do lado direito do quadrante precisam saber a diferença. Ser proficiente e inteligente em termos financeiros significa ser capaz de entender os aspectos gerais do dinheiro. Pessoas financeiramente astutas sabem que um financiamento não aparece como um ativo, mas como um passivo em seus balanços patrimoniais. Seu financiamento aparece como ativo no balanço patrimonial, mas do lado oposto. Aparece como ativo no balanço patrimonial do seu banco.

SEU BALANÇO PATRIMONIAL

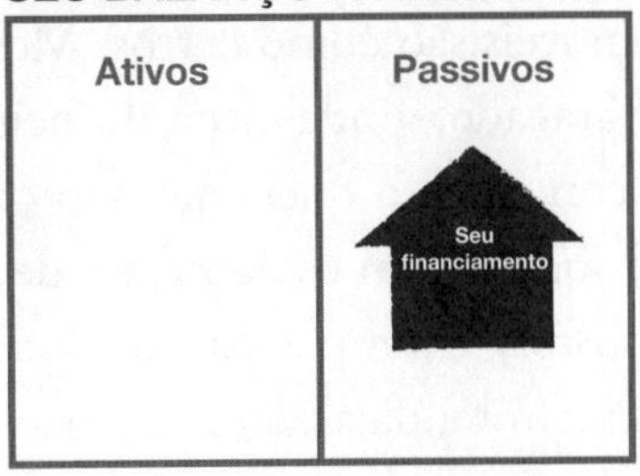

Qualquer um que tenha estudado contabilidade sabe que um balanço patrimonial deve ser balanceado. Mas em que ele se equilibra? Na verdade, o equilíbrio não está no seu balanço patrimonial.

BALANÇO PATRIMONIAL DO SEU BANCO

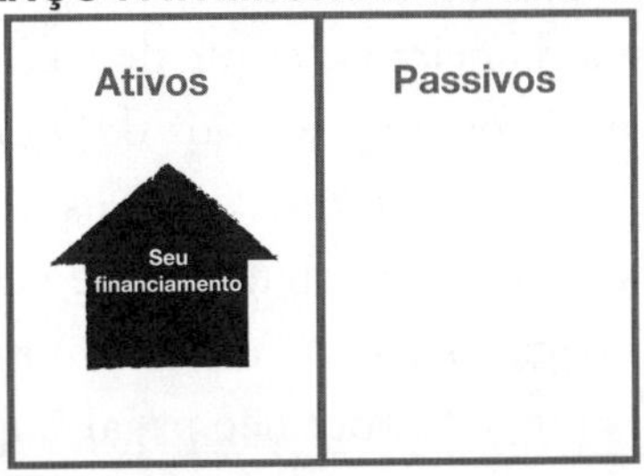

Se olhar para o balanço patrimonial do seu banco, ele está balanceado. Agora faz sentido. Essa é a contabilidade do D e do I. Mas não é assim que se ensina em contabilidade básica. Na contabilidade, você colocaria o valor da sua casa como ativo e o financiamento como um passivo. Além disso, um ponto que também vale a pena notar é que o valor da sua casa é uma opinião que flutua com o mercado, ao passo que o seu financiamento é um passivo definido que não é afetado pelo mercado. Para um D e I, contudo, o valor da sua casa não é considerado um ativo porque não gera fluxo de caixa.

O que Acontece Se Quitar o Financiamento?

Muitas pessoas me perguntam: “O que acontece se eu quitar o meu financiamento? A casa passa a ser um ativo?”

E a minha resposta é: “Na maioria dos casos, a resposta ainda é não. Ainda é um passivo.”

Há muitas razões que validam a minha resposta. Uma é a manutenção e a conservação geral. Imóveis são como carros. Mesmo que você saiba que ele é seu, livre e desembaraçado, ainda custa dinheiro para fazer funcionar, e, depois que as coisas começam a quebrar, tudo começa a quebrar. E, na maioria dos casos, as pessoas pagam os consertos de suas casas e carros com dólares líquidos de impostos. Uma pessoa dos quadrantes D e I só inclui imóveis nos ativos se gerarem renda através de fluxo de caixa positivo.

Mas a razão principal pela qual uma casa, mesmo sem o financiamento, ainda é um passivo é porque você não a possui realmente. O governo ainda tributa a casa se você a possuir. Pare de pagar seu imposto predial e, de novo, você vai descobrir quem de fato a possui.

É daí que vêm os certificados de gravame de impostos sobre os quais escrevi em *Pai Rico, Pai Pobre.* Nos Estados Unidos, certificados de gravames de impostos são uma maneira excelente de receber pelo menos 16% de juros sobre seu dinheiro. Se os proprietários de imóveis não pagarem seus impostos prediais, o governo cobra juros sobre os impostos devidos a taxas que variam de 10% a 50%. Juros exorbitantes. Se não pagar o imposto predial, e alguém como eu pagar por você, então, em muitos estados, você me deve os impostos mais os juros. Se você não pagar impostos e os juros dentro de certo período, posso tomar sua casa pelo dinheiro que desembolsei. E na maioria dos estados norte-americanos, o imposto predial tem prioridade na amortização, mesmo sobre o financiamento. Eu tive a oportunidade de comprar casas de cujos impostos paguei por milhares de dólares a menos.

A Definição de Imóvel

Novamente, para poder ver seu dinheiro, você precisa vê-lo com sua mente, não com os olhos. Para treinar sua mente, é preciso conhecer as definições verdadeiras das palavras e os sistemas numéricos.

Você deveria, até este momento, saber a diferença entre um ativo e um passivo, e que a definição da palavra "penhor" veio de "pignus", derivada de "pangere", que, em latim, significa fazer um tratado. Você agora vai conhecer a origem da palavra "imóvel" e do popular veículo financeiro chamado "derivativos". Muitas pessoas pensam que os "derivativos" são novos, mas, na realidade, eles têm literalmente eras de existência.

Uma definição simples de "derivado" é "algo que vem de outra coisa". Um exemplo de derivado é o suco de laranja. Suco de laranja é um derivado da laranja.

Eu costumava pensar que imóvel significasse algo tangível. O pai rico explicou que, na verdade, "imóvel" vem da ideia da ausência de movimento. Assim, imóveis significam literalmente o que não se move. Isso porque durante a Era Agrícola realmente havia apenas duas classes de pessoas, a realeza e os camponeses. Os reis possuíam a terra e nela se estabilizavam, enquanto os camponeses vagavam por ela o dia inteiro por conta do trabalho.

Depois que a Idade Média chegou ao fim e a Revolução Industrial começou, por volta do ano 1500, o poder não se baseava na terra e na agricultura. Os monarcas perceberam que tinham de mudar em resposta aos atos de reforma agrária que permitiram aos camponeses ser donos de terras. Então, a realeza criou derivativos. Derivativos como os "impostos" sobre a titularidade de terras e "financiamentos" como forma de permitir que os plebeus as financiassem. Impostos e financiamentos são derivativos porque derivam da terra. O gerente do seu banco não chamaria financiamento de derivativo; ele diria que o financiamento está garantido pela terra — palavras diferentes, significados semelhantes. Então, assim que a realeza percebeu que o dinheiro não estava mais na terra, e sim nos "derivativos", que vinham da terra, os monarcas criaram bancos para tratar dos negócios crescentes. Hoje em dia, terras ainda são chamadas de "imóvel" porque, não importa o quanto você pague por ela, nunca pertence a você realmente. Ela pertence ainda à realeza, ou seja, ao governo, que detém o poder sobre todo o território.

Qual É Sua Taxa de Juros... De Fato?

O pai rico lutava e negociava cada parcela mínima de juros que pagava. Ele me perguntava: "Quando um gerente de banco fala que sua taxa de juros é de 8% ao ano, o valor é esse mesmo?" Descobri que não basta aprender a ler os números.

Digamos que você compre uma casa por $100 mil, dá uma entrada de $20 mil e financia junto ao banco os $80 mil restantes a juros de 8%, no prazo de trinta anos.

Dentro de cinco anos, você terá pago ao banco um total de $35.220: $31.276 de juros e apenas $3.944 de amortização da dívida.

Se você pagar integralmente o empréstimo, ou por trinta anos, terá pago $211.323 no total, contando o principal e os juros, menos o que você tomou emprestado originalmente — $80 mil. O total de juros pago terá sido $131.323.

Aliás, os $211.323 não incluem impostos sobre propriedade e o seguro do empréstimo.

Engraçado, $131.323 parecem um pouco mais do que 8% de $80 mil. Parece mais 160% de juros em trinta anos. Como disse, eles não estão mentindo, só não estão falando toda a verdade. E, se você não souber ler números, nunca vai saber realmente. E, se está satisfeito com sua casa, nunca vai se importar realmente. Mas, é claro, a indústria sabe que em poucos anos você vai querer uma casa nova, uma casa maior, uma casa de férias ou o refinanciamento. Eles sabem disso e, na verdade, contam com isso.

A Média do Setor

No setor bancário, uma média de sete anos é utilizada como expectativa de vida para um financiamento. Isso significa que o banco espera que uma pessoa comum compre uma casa nova ou refinancie a cada sete anos. E, nesse exemplo, eles esperam receber os $80 mil a cada sete anos, mais $43.291 de juros.

É por isso que esse sistema é chamado de "financiamento", como um penhor, que, conforme visto em sua etimologia, representa um "compromisso inextinguível". A realidade é que a maioria das pessoas vai continuar a trabalhar com afinco, receber aumentos de salário e comprar casas novas, com novos financiamentos. Na frente de tudo isso, o governo dá um incentivo fiscal para encorajar os contribuintes a comprar casas mais caras, o que significa impostos prediais mais altos para o governo.

Toda vez que assisto à televisão, vejo comerciais em que belos profissionais do beisebol e do basquete sorriem e dizem a você para pegar a dívida de seus cartões de crédito e transformá-la em um "empréstimo de consolidação de conta". Dessa forma, você pode quitar todos os cartões de crédito e tomar um novo empréstimo a uma taxa de juros mais baixa. E aí eles dizem a você por que é financeiramente inteligente fazer isso: "Um empréstimo de consolidação de conta é um ato de esperteza porque o governo dará uma redução de impostos para o pagamento de juros que você faz sobre o financiamento da sua casa."

Visionários, acreditando que enxergaram uma luz no fim do túnel, correm para a financeira, refinanciam suas casas, quitam seus cartões de crédito e sentem-se inteligentes.

Algumas semanas mais tarde, estão fazendo compras e veem um vestido novo, um novo cortador de grama, percebem que seus filhos precisam de uma bicicleta nova ou que precisam de uma nova casa de férias porque estão exaustos. Seu crédito é excelente, eles pagam suas contas, seus coraçõezinhos palpitam e eles dizem para si mesmos: "Ei, vamos lá! Você merece isso. Dá para pagar um pouquinho todo mês."

As emoções sobrepujam a razão, e o cartão de crédito novo sai da obscuridade. Como eu disse, quando os gerentes de banco dizem que sua casa é um ativo, não estão mentindo. Quando o governo dá um incentivo fiscal por você estar com dívidas, não é porque está preocupado com seu futuro financeiro. O governo está preocupado com o próprio futuro financeiro. Então, quando seu gerente de banco, contador, advogado e professores disserem que sua casa é um ativo, eles só não disseram de quem é o ativo.

E a Poupança? É um Ativo?

Bem, as poupanças, essas são realmente ativos. Essa é a parte boa da história. Mas, novamente, se você souber ler demonstrações financeiras, terá uma ideia geral. Ao mesmo tempo que é verdade que suas economias são ativos, quando você olha para o outro lado, para o balanço patrimonial do banco, suas economias aparecem como passivo. É por isso que suas poupanças e seu saldo bancário aparecem em sua coluna de ativos:

SEU BALANÇO PATRIMONIAL

Ativos	Passivos
Sua poupança Seu saldo bancário	

E é assim que suas poupanças e seu saldo bancário são transportados para o balanço patrimonial do seu banco:

BALANÇO PATRIMONIAL DO SEU BANCO

Ativos	Passivos
	Sua poupança Seu saldo bancário

Por que suas poupanças e seu saldo bancário são um passivo para os bancos? Eles têm de pagar juros por seu dinheiro, e custa dinheiro a eles para guardá-lo.

Se entender o significado desses desenhos e palavras, talvez comece a entender melhor o que seus olhos não conseguem ver sobre o jogo do dinheiro.

Por que Você Não Tem Incentivos Fiscais para Guardar Dinheiro?

Se notar, tem incentivos fiscais para comprar uma casa e se endividar, mas não tem para economizar dinheiro. Alguma vez já se perguntou por quê?

Eu não tenho a resposta exata, mas posso especular que uma boa razão é o fato de suas poupanças serem um passivo para os bancos. Por que eles pediriam ao governo para aprovar uma lei que encorajasse as pessoas a depositar dinheiro em seus bancos, dinheiro que seria um passivo para eles?

Eles Não Precisam da Sua Poupança

Além disso, os bancos não precisam de suas economias. Eles não precisam de muito dinheiro depositado porque podem multiplicar o dinheiro em pelo menos 10 vezes. Nos Estados Unidos, se você colocar uma única nota de US$1 no banco, por lei, o banco pode emprestar US$10 e, dependendo dos limites de reservas impostos pelo banco central, possivelmente até US$20. Isso significa que sua única nota de US$1 se transformou repentinamente em US$10 ou mais. É mágica! Quando meu pai rico me mostrou isso, eu me apaixonei pela ideia. Na época, eu sabia que queria ter um banco, e não ir à escola para me tornar um banqueiro.

No final das contas, o banco paga menos de 1% de juros sobre o US$1. Você, como consumidor, sente-se seguro porque o banco paga a você algum dinheiro sobre seu dinheiro. Os bancos encaram isso como um bom relacionamento com o cliente porque, se você tem poupanças com eles, poderá vir a tomar empréstimos junto a eles. Querem que você faça empréstimos porque eles podem cobrar 9% ou mais sobre o que você pegar emprestado. Da mesma forma que você ganha 5% sobre seu US$1, o banco pode ganhar 9% ou mais sobre os US$10 da dívida que seu único dólar gerou. Recentemente, recebi um novo cartão de crédito que anunciava 8,9% de juros. Mas, se você compreendesse o jargão legal nas letrinhas miúdas, os juros eram de 23%. Não precisa nem dizer que o cartão foi partido ao meio e enviado de volta.

Eles Ficam com Sua Poupança de Qualquer Maneira

A outra razão pela qual não oferecem incentivos fiscais para suas economias é mais óbvia. Se você souber ler os números e ver qual caminho o fluxo de caixa está tomando, irá notar que vão ficar com suas poupanças de qualquer maneira. O dinheiro que você poderia estar economizando em sua coluna de ativos está, em vez disso, saindo dela e fluindo pela coluna de passivos na forma de pagamento dos juros do financiamento. Ele termina na coluna de ativos do banco. O padrão do fluxo de caixa se parece com esse:

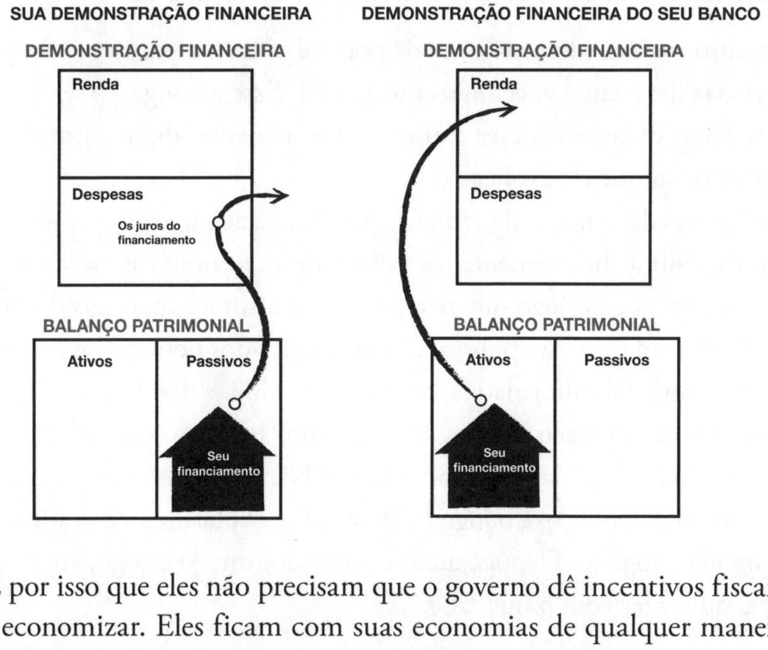

É por isso que eles não precisam que o governo dê incentivos fiscais para você economizar. Eles ficam com suas economias de qualquer maneira, na forma de juros sobre o pagamento de dívidas.

Os políticos não mexem com o sistema porque os bancos, companhias de seguros, o setor de construções, corretoras e outros contribuem com muito dinheiro para as campanhas políticas, e os políticos conhecem o jogo.

O Nome do Jogo

Em 1974, meu pai rico ficou aborrecido porque o jogo estava sendo jogado contra mim, e eu não sabia. Se tivesse comprado esse imóvel para investimento e tivesse assumido a posição de perdedor, ainda assim, teria sido levado a crer que estava em posição de sair ganhando.

"Estou feliz por você ter entrado no jogo", disse o pai rico. "Mas, como ninguém nunca lhe contou como é o jogo, você acabou sendo sugado para o time dos perdedores."

O pai rico então explicou os princípios do jogo. "O nome do jogo do capitalismo é 'Quem deve a quem?'" Assim que eu conhecesse o jogo, ele dizia, então poderia ser melhor jogador, em vez de ser alguém que foi atropelado pelo jogo.

Quanto Mais Credores Tem, Mais Pobre Você É

"Quanto mais credores tem, mais pobre é", dizia o pai rico. "E, quanto mais pessoas deverem a você, mais próspero é. Esse é o jogo."

Conforme disse, eu lutava para manter a mente aberta. Então ficava quieto e deixava que ele explicasse.

"Todos nós devemos a alguém. Os problemas acontecem quando a dívida se desequilibra. Infelizmente, os pobres deste mundo foram atropelados com tanta dureza pelo jogo que não podem se afundar mais nas dívidas. O mesmo se dá com os países pobres. O mundo tira dos pobres, dos fracos, dos financeiramente não informados. Se você tem muitas dívidas, o mundo tira tudo o que você tem, seu tempo, seu trabalho, sua casa, sua vida, sua confiança — até sua dignidade, se você deixar. Não criei esse jogo, não faço as regras, mas eu o conheço, e o jogo bem. Vou lhe explicar como é. Quero que você aprenda a jogá-lo. Depois, quando tiver dominado o jogo, você poderá decidir o que fazer com o que sabe."

Dinheiro É Dívida

O pai rico continuou a explicar que mesmo a moeda norte-americana não é um instrumento de justiça, mas um instrumento de dívida. Cada nota de dólar era lastreada por ouro e prata, mas agora é um vale cujo pagamento é garantido pelos contribuintes do país emitente. Enquanto o resto do mundo confiar que os contribuintes norte-americanos vão trabalhar e pagar esse vale chamado dinheiro, o mundo terá confiança no dólar. Se o elemento-chave do dinheiro, que é a confiança, desaparecer de repente, a economia desaba como um castelo de cartas.

Tomemos, por exemplo, os marcos da República de Weimar, que se tornaram completamente sem valor pouco antes da Segunda Guerra Mundial. Há uma história que conta que uma senhora estava empurrando um carrinho de mão cheio de marcos para comprar uma bisnaga. Quando deu as costas, alguém roubara o carrinho e tinha deixado a pilha de dinheiro sem valor pela rua.

É por isso que, hoje em dia, a maior parte do dinheiro é conhecida como moeda fiduciária ou moeda *fiat*, que é o dinheiro que não pode ser convertido em algo tangível, como ouro ou prata. O dinheiro só é bom quando as pessoas têm confiança no governo que está por trás dele.

Hoje em dia, grande parte da economia mundial se baseia em dívida e confiança. Contanto que todos nós fiquemos de mãos dadas e ninguém quebre a hierarquia, tudo fica bem. Aliás, a palavra "bem" é um bom acrônimo para "Bem Emocionalmente Maluco".

Quem Deve a Você?

De volta a 1974, quando eu estava aprendendo como comprar aquele apartamento de US$56 mil, meu pai rico me ensinou uma importante lição sobre como estruturar acordos.

"'Quem deve a quem?', esse é o nome do jogo", disse o pai rico. "E alguém acabou de passar a dívida para você. É como sair para jantar com dez amigos. Você vai ao banheiro e, quando volta, a conta está lá, mas todos os dez amigos se foram. Se você vai jogar, então é melhor aprender o jogo, conhecer as regras, falar a mesma língua e saber com quem está jogando. Caso contrário, em vez de jogar o jogo, ele será jogado com você."

É Só um Jogo

Primeiro, fiquei furioso com o que o pai rico me dissera, mas escutei e esforcei-me para entender. Finalmente, ele colocou o exemplo em um contexto que eu pudesse entender. "Você adora jogar futebol, não é?", perguntou.

Balancei a cabeça assentindo. "Eu adoro o jogo", disse.

"Bem, dinheiro é o meu jogo", disse o pai rico. "Eu adoro o jogo do dinheiro."

"Mas, para muitas pessoas, dinheiro não é um jogo", retruquei.

"É verdade", disse meu pai rico. "Para a maioria das pessoas, é sobrevivência. Para elas, o dinheiro é um jogo onde são forçadas a jogar, e o odeiam. Infelizmente, quanto mais civilizados ficamos, mais o dinheiro se torna parte da nossa vida."

O pai rico desenhou o quadrante CASHFLOW.

"Dê só uma olhada nessa quadra de tênis, no campo de futebol americano ou no campo de futebol. Se você vai jogar o jogo do dinheiro, em qual time quer ficar? No E, A, D ou I? Em que lado da quadra quer ficar, do lado esquerdo ou do direito?"

Apontei para o lado direito do quadrante.

Se Assume a Dívida e o Risco, Você Deveria Ser Pago

"Bom", disse o pai rico. "É por isso que você não pode sair por aí para jogar e acreditar no que os vendedores dizem para você quando falam que perder US$150 por mês durante trinta anos é um bom negócio, porque o governo vai dar a você um incentivo fiscal para perder dinheiro, e espera que o preço do imóvel suba. Você não pode jogar com essa mentalidade. Da mesma forma que essas opiniões podem vir a se tornar realidade, não é assim que se joga o jogo do lado direito do quadrante CASHFLOW. Alguém está dizendo a você para se endividar, assumir todos os riscos e pagar por isso. As pessoas do lado esquerdo acham isso uma boa ideia, mas não as pessoas do lado direito."

Eu estava tremendo um pouco. "Veja as coisas do jeito que eu vejo", disse o pai rico. "Você está disposto a pagar $56 mil por esse apartamento no céu. Você está assumindo a dívida. Você assume o risco. O locatário paga menos de aluguel do que custa para morar lá. Assim, você está subsidiando a moradia daquela pessoa? Isso faz sentido para você?"

Balancei a cabeça dizendo: "Não."

"É assim que eu jogo", disse o pai rico. "De agora em diante, se você for assumir dívida e risco, então tem de ser pago. Entendeu?"

Assenti.

"Ganhar dinheiro é comum", disse o pai rico. "Não é nada demais. Mas, infelizmente, quando se trata de dinheiro, o comum é incomum. Um gerente de banco diz para você assumir a dívida, diz que o governo dá um incentivo fiscal para algo que não faz muito sentido em termos financeiros e, então, uma pessoa do ramo de imóveis manda você assinar os papéis só porque pode encontrar alguém que pague menos do que você está pagando, pois acha que o preço vai subir. Se isso faz sentido para você, então não compartilhamos o mesmo bom senso."

Fiquei lá, parado. Escutei tudo o que ele disse e tive de admitir que ficara tão excitado com o que achava que seria um bom negócio que mandei a lógica para o espaço. Não consegui analisar o negócio. E, como ele parecia bom, encarei as coisas com emoção, por causa da cobiça e da excitação, e não consegui mais escutar o que os números e as palavras estavam tentando me falar.

Foi então que meu pai rico me mostrou uma regra importante que ele sempre utilizava. "Seu lucro acontece quando você compra, não quando vende."

O pai rico tinha de estar certo quanto às dívidas ou aos riscos que ele assumia, tinha de fazer sentido quando ele comprava, se a economia piorasse e se a economia melhorasse. Ele nunca comprava com base em truques fiscais ou previsões miraculosas sobre o futuro. Um negócio tinha de fazer sentido em termos econômicos tanto em tempo de bonança quanto de tempestade.

Eu estava começando a entender o jogo do dinheiro do jeito que ele o via. E o jogo do dinheiro consistia em fazer os outros deverem a você e a tomar cuidado com seus credores. Hoje em dia, ainda escuto suas palavras: "Se você assume riscos e dívida, certifique-se de ser pago por isso."

O pai rico tinha dívidas, mas era cauteloso ao assumi-las. "Seja cuidadoso ao assumir dívidas. Se assumi-las pessoalmente, certifique-se de que sejam pequenas. Se forem grandes, certifique-se de que outra pessoa a esteja pagando."

Ele encarava o jogo do dinheiro e da dívida como um jogo contra você, contra mim, contra todo mundo. Ele é jogado de negócio em negócio, e de país para país. Via o jogo apenas como um jogo. O problema é que, para a maioria das pessoas, dinheiro não é um jogo. É sobrevivência. E, como ninguém nunca explicava o jogo a essas pessoas, elas ainda acreditavam nos gerentes de banco que diziam que suas casas são ativos.

A Importância dos Fatos versus as Opiniões

O pai rico continuou sua lição: "Se quer ter sucesso do lado direito, quando se tratar de dinheiro, tem de saber a diferença entre fatos e opiniões. Você não pode aceitar cegamente conselhos financeiros do jeito que as pessoas do lado esquerdo fazem. Você tem de conhecer os números. Você tem de conhecer os fatos. E os números contam a você os fatos. Sua sobrevivência econômica depende dos fatos, e não de alguns amigos e das opiniões prolixas de consultores."

"Não entendo. O que há de importante nesse negócio de fato e opinião? Um é melhor do que o outro?"

"Não", respondeu o pai rico. "Você só precisa saber quando algo é um fato e quando é uma opinião."

Ainda perplexo, fiquei lá, parado, com um olhar confuso no rosto.

"Quanto vale a casa em que você mora?", perguntou o pai rico.

"Ah, isso eu sei", respondi rapidamente. "Meus pais estão pensando em vendê-la, então chamaram um corretor de imóveis para avaliá-la. Ele disse que a casa valia US$36 mil. Isso significa que o patrimônio do meu pai aumentou US$16 mil, pois ele pagou só US$20 mil por ela há cinco anos."

"Então, a avaliação e o patrimônio líquido do seu pai são um fato ou uma opinião?", perguntou o pai rico.

Pensei no assunto por um instante e compreendi aonde ele queria chegar: "Ambos são opiniões. Não são?"

O pai rico assentiu: "Muito bem." A maioria das pessoas tem dificuldades financeiras porque passa a vida utilizando opiniões em vez de fatos ao tomarem decisões financeiras, como:

- "Sua casa é um ativo."
- "O preço dos imóveis sempre sobe."
- "Ações de primeira linha são o melhor investimento."
- "É preciso dinheiro para ganhar dinheiro."
- "Ações sempre tiveram um desempenho melhor do que os imóveis."
- "Você deveria diversificar seu portfólio."
- "Precisa ser desonesto para enriquecer."
- "Investir é arriscado."
- "Mantenha a segurança."

Fiquei lá sentado absorto nos meus pensamentos, percebendo que a maior parte das coisas que havia escutado sobre dinheiro em casa era realmente opinião de outras pessoas, e não fatos.

"O ouro é um ativo?", perguntou o pai rico, tirando-me do meu devaneio.

"Sim. Claro", respondi. "É o único dinheiro de verdade que tem resistido ao teste do tempo."

"Veja só, lá vem você de novo", sorriu o pai rico. "Tudo que você está fazendo é repetir a opinião de terceiros sobre o que é um ativo, em vez de verificar os fatos."

"O ouro só é um ativo, em minha opinião, se você comprá-lo por menos do que vendê-lo", disse o pai rico, lentamente. "Em outras palavras, se você comprou por US$100 e vendeu por US$200, então o ouro nessa operação foi um ativo. Mas, se comprou uma onça por US$200 e vendeu por US$100, então o ouro nessa operação foi um passivo. São os verdadeiros números financeiros da operação que, em última análise, revelam os fatos a você. Na realidade, a única coisa que é um ativo ou passivo é você, pois, em última análise, é você que pode tornar o ouro um ativo e um passivo. É por isso que a instrução financeira é tão importante. Já vi muitas pessoas aceitarem um negócio perfeito ou um imóvel, e transformá-lo em um pesadelo financeiro. Muitas pessoas fazem o mesmo com sua vida pessoal. Elas pegam o dinheiro suado e criam passivos para a vida toda."

Eu me sentia cada vez mais confuso, um pouco machucado por dentro, e queria argumentar. O pai rico estava brincando com a minha mente.

"Muitos homens foram sugados porque não conheciam os fatos. Todo dia, escuto histórias de terror sobre alguém que perdeu todo seu dinheiro porque pensava que uma opinião era um fato. Tudo bem em se utilizar uma opinião quando for tomar decisões financeiras, mas é melhor saber a diferença. Milhões e milhões de pessoas tomaram decisões vitais com base em opiniões passadas de geração em geração. E depois se perguntam por que têm de lutar financeiramente."

"Que tipo de opiniões?", perguntei.

Pai rico riu para si mesmo antes de responder: "Bem, vou lhe falar algumas opiniões comuns que todos nós já ouvimos."

- "Você deveria se casar com ele. Vai ser um bom marido."
- "Encontre um emprego seguro e fique lá por toda sua vida."
- "Médicos ganham muito dinheiro."
- "Eles têm uma casa grande. Devem ser ricos."
- "Ele tem músculos hipertrofiados. Deve ser saudável."
- "É um carro gracioso. Deve ser dirigido por uma velhinha."
- "Não há dinheiro suficiente para todos enriquecerem."
- "A Terra é plana."
- "Os homens nunca poderão voar."
- "Ele é mais esperto do que a irmã."
- "Títulos são mais seguros que ações."
- "Pessoas que cometem erros são estúpidas."
- "Ele nunca vai vender por esse preço tão baixo."
- "Ela nunca vai sair comigo."
- "Investir é arriscado."
- "Nunca serei rico."
- "Não me formei, por isso nunca vou progredir."
- "Você deveria diversificar seus investimentos."
- "Você não deveria diversificar seus investimentos."

O pai rico continuou até perceber que eu estava cansado de ouvir seus exemplos de opiniões.

"Ok", falei, finalmente. "Aonde quer chegar?"

"Pensei que você nunca fosse me deter", disse o pai rico, sorrindo. "A questão é que a vida da maioria das pessoas é determinada por suas opiniões em vez de fatos. Para que a vida de uma pessoa mude, primeiro ela precisa mudar de opinião, para que encare os fatos. Se souber interpretar demonstrações financeiras, poderá ver não somente os fatos em detrimento das opiniões do sucesso financeiro de uma empresa — ou de qualquer um. Como eu disse, um não é melhor do que o outro. Mas, para ser bem-sucedido na vida, especialmente financeiramente falando, você tem que saber a diferença. Se não puder verificar se algo é um fato, então é uma opinião. A cegueira financeira ocorre quando a pessoa não sabe demonstrações financeiras, aceitando, assim, a opinião de outras pessoas. A insanidade financeira é causada por opiniões usadas como fatos. Se quiser ficar do lado direito do quadrante CASHFLOW, precisa saber a diferença entre fatos e opiniões. Poucas lições são tão importantes quanto esta."

Fiquei lá sentado quieto, ouvindo e tentando o máximo possível entender o que ele estava querendo dizer. O conceito era obviamente simples, mas, ainda assim, era mais amplo do que minha mente conseguia aceitar naquele momento.

"Sabe o que significa auditoria?", perguntou o pai rico.

Sacudi a cabeça.

"Auditoria significa descobrir quais são as opiniões e quais são os fatos. Quando se trata de dinheiro, muitas pessoas são preguiçosas ou procuram atalhos, então não se empenham muito. Também há outros que têm tanto medo de cometer erros que tudo o que eles fazem é com muito empenho, e então não fazem nada. Muito empenho é chamado de 'paralisia analítica'. O problema é saber como analisar os fatos e as opiniões. Conforme falei, hoje em dia, a maioria das pessoas está em apuros financeiros porque pegou muitos atalhos e tomou decisões financeiras com base em opiniões; frequentemente, as opiniões de um E ou de um A, e não os fatos. Se quiser ser um D ou um I, você deve estar profundamente ciente dessa diferença."

Não gostei inteiramente da lição do pai rico naquele dia, contudo, poucas lições me foram tão úteis.

Anos depois, no começo dos anos 1990, meu pai rico assistiu ao mercado de ações disparar. Seu único comentário foi: "Isso é o que acontece quando empregados bem pagos ou autônomos com altos salários e que pagam muitos impostos, que estão com grandes dívidas e com ativos apenas na forma de papéis em suas carteiras, começam a dar consultoria de investimentos. Milhões estão prestes a se dar mal seguindo as opiniões de pessoas que pensam que conhecem os fatos."

Warren Buffett, um dos maiores investidores dos Estados Unidos, disse uma vez: "Se você está em um jogo de pôquer e, depois de vinte minutos, não sabe quem é o pato, então o pato é você."

Por que as Pessoas Têm Dificuldades Financeiras

Você acreditaria que a maioria das pessoas está em dívida desde que saem da escola até a morte? É verdade. Esse é o aspecto financeiro da classe média norte-americana:

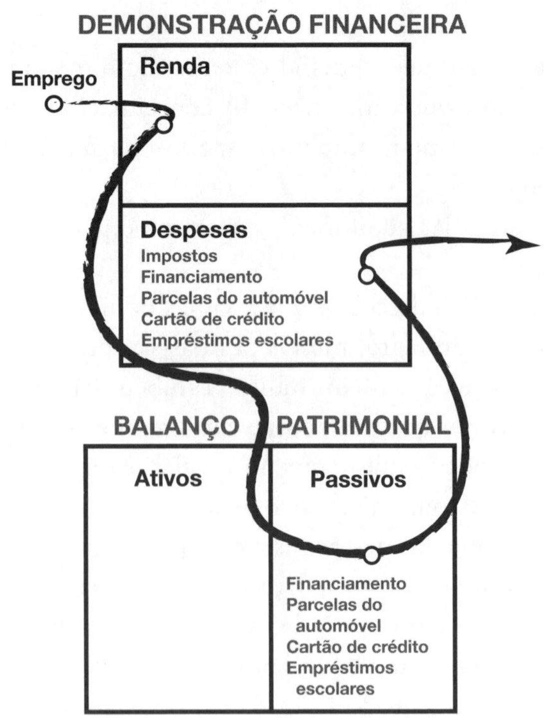

O Balanço Patrimonial dos Outros

Se agora entende o jogo, então perceberá que aqueles passivos listados podem refletir o balanço patrimonial de outra pessoa, como esse:

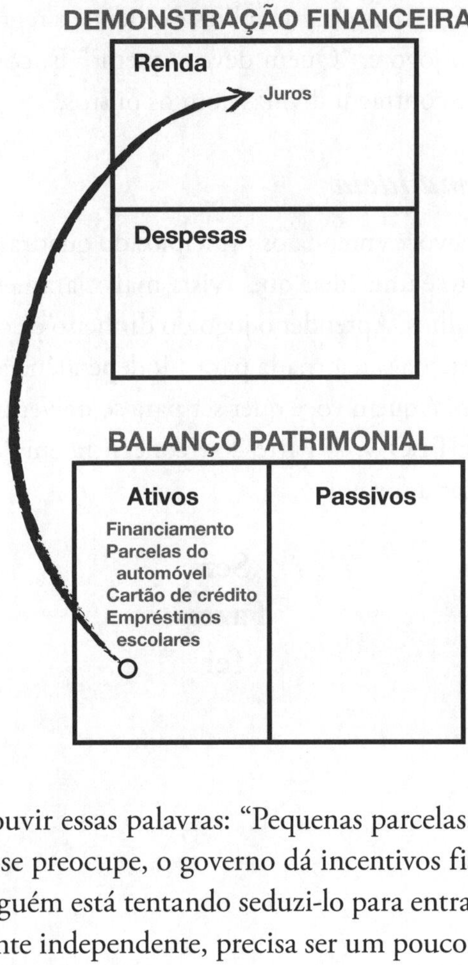

Sempre que ouvir essas palavras: "Pequenas parcelas. Divididas mensalmente" ou "Não se preocupe, o governo dá incentivos fiscais para os prejuízos", saiba que alguém está tentando seduzi-lo para entrar no jogo. Se quiser ser financeiramente independente, precisa ser um pouco mais inteligente do que isso.

A maioria das pessoas não é credora de ninguém. Não tem ativos de verdade (algo que coloque dinheiro no seu bolso) e está frequentemente devendo a alguém. É por isso que se apega à segurança do emprego e passa por dificuldades financeiras. Se não fosse por seu emprego, estaria quebrada em um instante. Já foi dito que o norte-americano comum está a menos de três contracheques da falência. Procuraram uma vida melhor e foram atropelados pelo jogo porque o placar está contra eles. Ainda pensam que suas casas, carro, tacos de golfe, roupas, casa de férias e outros bens são ativos. Acreditaram no que outras pessoas disseram a eles porque não sabem ler os números financeiros para enxergar a verdade. Muitas pessoas vão para a escola e aprendem o jogo, mas ninguém lhes explicou as regras. Ninguém lhes disse que o nome do jogo é: "Quem deve a quem?" E, como ninguém lhes disse isso, são os que contraem dívidas com os outros.

O Dinheiro É uma Ideia

Espero que agora você entenda os princípios do quadrante CASHFLOW e saiba que o dinheiro é uma ideia que é vista mais claramente com sua mente do que com seus olhos. Aprender o jogo do dinheiro e como ele é jogado é uma parte importante da sua jornada para a independência financeira. Mais importante, contudo, é quem você quer ser para se mover para o lado direito do quadrante CASHFLOW. A Parte 2 se concentra em "deixar fluir o seu melhor" e em analisar a fórmula:

Ser
Fazer
Ter

Parte 2

DEIXANDO FLUIR O SEU MELHOR

Capítulo 7

SENDO QUEM VOCÊ É

A verdadeira questão são as mudanças por que passa e quem você se torna nesse processo.

"O que importa não é não ter onde morar", dizia o pai rico. "O que importa é quem você é. Continue lutando e será alguém. Desista e também será, mas não a mesma pessoa."

As Mudanças Por que Passa

Para aqueles que pensam em passar da segurança no trabalho para a segurança financeira, tudo o que posso oferecer são palavras de encorajamento. Para mim e Kim, foi preciso que ficássemos sem ter onde morar e desesperados até que encontramos coragem para seguir adiante. Esse foi nosso caminho, mas não tem necessariamente de ser o seu. Conforme descrevi, há sistemas pré-fabricados que poderão ajudá-lo a atravessar a ponte para o lado direito do quadrante CASHFLOW.

A verdadeira questão são as modificações que você sofre internamente e quem você se torna no processo. Para algumas pessoas, o processo é fácil. Para outras, a jornada é impossível.

O Dinheiro Entorpece

O pai rico sempre dizia para mim e Mike: "O dinheiro entorpece." O principal motivo pelo qual ele se recusava a nos pagar enquanto trabalhávamos para ele era porque não queria que ficássemos viciados em trabalhar por dinheiro. "Se ficarem viciados em dinheiro", dizia ele, "é difícil largar o vício."

Quando liguei para ele da Califórnia já adulto para lhe pedir dinheiro, ele não iria quebrar o padrão que havia começado com Mike e comigo anos antes. Ele não nos deu dinheiro quando éramos crianças, e não iria começar agora. Em vez disso, continuou a ser durão e a me guiar para longe do vício de trabalhar por dinheiro.

Chamava o dinheiro de entorpecente porque observara pessoas que eram felizes quando tinham dinheiro e que ficavam aborrecidas ou de mau humor quando não o tinham. Da mesma forma que os viciados em heroína ficam excitados quando a injetam, ficam de mau humor e violentos quando não a têm.

"Tome cuidado com o poder do vício do dinheiro", dizia ele, frequentemente. "Depois que você se acostuma a recebê-lo, o vício o mantém ligado à maneira pela qual você o recebe."

Dito de outra forma, se você recebe dinheiro como empregado, então tende a ficar acostumado com a maneira pela qual o adquire. Se acostumar-se a gerar dinheiro sendo autônomo, frequentemente torna-se difícil deixar de ganhar dinheiro dessa forma. E se acostumar-se às esmolas do governo, esse também é um padrão difícil de quebrar.

"A parte mais difícil quando se trata de passar do lado esquerdo para o lado direito são os vínculos que você tem com a forma de ganhar dinheiro", disse o pai rico. "É mais do que deixar um hábito, é deixar um vício."

Por isso ele ressaltava para mim e para Mike que nunca trabalhássemos por dinheiro. Insistia para que aprendêssemos nossas próprias maneiras de conseguir dinheiro.

Os Padrões

Para mim e Kim, a pior parte ao tentarmos nos transformar em pessoas que geravam dinheiro nos quadrantes D e I foi que todo nosso condicionamento anterior ainda estava nos impedindo. Era difícil quando nossos amigos diziam: "Por que vocês estão fazendo isso? Por que não arrumam um emprego?"

Era ainda mais difícil porque parte de nós ainda queria voltar à segurança de um salário.

O pai rico explicou que o mundo do dinheiro era um grande sistema. E nós, como indivíduos, aprendemos a funcionar em determinados padrões dentro desse sistema.

E trabalha para o sistema.

A é o sistema.

D cria, detém e controla o sistema.

I investe dinheiro no sistema.

O padrão de que o pai rico estava falando era o do nosso corpo, mente e espírito; de como gravitamos naturalmente ao redor do dinheiro.

"Quando a pessoa sente necessidade de dinheiro", explicou o pai rico, "um E vai automaticamente procurar emprego, um A vai frequentemente fazer algo, um D vai criar ou comprar um sistema que produz dinheiro e um I vai procurar uma oportunidade de investir em um ativo que pro duza dinheiro."

Por que É Difícil Mudar um Padrão

"A razão pela qual é difícil mudar um padrão é porque dinheiro hoje em dia é essencial para a vida. Na Idade da Agricultura, o dinheiro não era tão importante porque a terra poderia prover comida, abrigo, calor e água sem dinheiro. Depois que passamos para as cidades durante a Revolução Industrial, dinheiro significava a própria vida. Hoje em dia, até a água custa dinheiro", disse o pai rico.

Ele continuou a explicar que quando você começa a passar, digamos, do quadrante E para o quadrante D, a parte de você que está viciada em ser um E, ou a que tem medo de que a vida acabe, começa a espernear e a querer retroceder. É como um afogado lutando por ar ou uma pessoa faminta que come qualquer coisa para sobreviver.

"É essa batalha que acontece dentro de você que torna tudo tão difícil. O problema é a batalha entre quem você não quer mais ser contra quem você quer ser", explicou pai rico pelo telefone. "A parte de você que ainda procura segurança está em guerra contra a parte de você que quer liberdade. Só você pode decidir quem vai ganhar. Ou você constrói seu negócio ou volta a procurar um trabalho — eterno."

Viva Sua Paixão, Faça-a Acontecer

"Você realmente quer ir adiante?", questionou meu pai rico.

"Sim!", respondi, apressadamente.

"Você esqueceu o que se propôs a fazer? Você esqueceu sua paixão e o que o colocou nessa situação?", perguntou o pai rico.

"Ah", murmurei, um pouco perplexo. Tinha esquecido. Então, fiquei lá parado ao telefone, apartando as dúvidas na minha mente para que eu pudesse me lembrar do que me colocara naquela confusão.

"Eu sabia", disse o pai rico, sua voz explodindo no telefone. "Você está mais preocupado com sua própria sobrevivência do que em manter seu sonho vivo. Seu medo afastou a paixão. A melhor maneira de continuar é manter acesa a chama do seu coração. Lembre-se sempre do que se dispôs a fazer e a viagem será fácil. Comece a se preocupar mais consigo e seus medos irão começar a corroer sua alma. As paixões constroem empresas, não o medo. Você chegou até aqui. Está perto, então não volte agora. Lembre-se do que se propôs a fazer, mantenha aquela lembrança no seu coração e a chama acesa. Você pode desistir quando quiser. Então, por que agora?"

Com isso, o pai rico me desejou sorte e desligou o telefone. Ele estava certo. Eu me esquecera por que havia empreendido essa jornada. Esquecera-me de meus sonhos e permiti que os meus medos enchessem a minha mente e também o meu coração. Bem, eu me esquecera da minha paixão. Agora era a hora de deixar acontecer ou voltar para casa e esquecer tudo. Fiquei lá parado um pouco e, mais uma vez, escutei as últimas palavras do pai rico: "Você pode desistir quando quiser. Então, por que agora?" Decidi não desistir até que tivesse feito a minha paixão acontecer.

Tornando-me um Professor que Possuía o Sistema

Meus medos e minha falta de êxito estavam me vencendo e meu sonho estava sendo deixado de lado. Meu sonho de criar um novo tipo de sistema de ensino — um programa educacional para quem desejasse ser empresário e investidor. Enquanto ficava lá, parado, minha mente voltou para meus dias no colegial.

Quando tinha quinze anos, minha orientadora no colegial me perguntou: "O que você vai fazer quando crescer? Vai ser professor, como seu pai?"

Olhando bem nos olhos da minha orientadora, minha resposta foi direta, forte e cheia de convicção. "Nunca serei professor. Ser professor é a última coisa que farei."

Não desgostava da escola — eu a detestava. Odiava ser forçado a me sentar e escutar alguém de quem particularmente não gostava ou a quem não respeitava falar durante meses sobre um assunto no qual não tinha nenhum interesse. Ficava me mexendo, me retorcendo; causava problemas no fundo da sala, a menos que eu saísse em vez de ir à aula.

Então, quando minha orientadora me perguntou se estava planejando procurar uma carreira seguindo os passos de meu pai como professor, por pouco não fiquei fora de mim.

Naquela época, eu não sabia que a paixão é uma combinação de amor e ódio. Eu adorava aprender, mas detestava a escola. Detestava ser programado para me tornar algo que não queria ser. E eu não estava sozinho nisso.

Citações Notáveis sobre Educação

Winston Churchill disse certa vez: "Estou sempre pronto a aprender, mas nem sempre gosto de ser ensinado."

John Updike disse: "Os pais, fundadores em sua sabedoria, decidiram que as crianças eram um fardo desnecessário. Então providenciaram prisões chamadas escolas e as equiparam com torturas chamadas educação."

Norman Douglas disse: "Educação é a fábrica de ecos controlada pelo governo."

H. L. Mencken disse: "A época da escola é, creio, a mais infeliz da existência humana. É repleta de tarefas estúpidas e ininteligíveis, ordens novas e desagradáveis e violações brutais do bom senso e da decência."

Galileu disse: "Você não consegue ensinar nada a ninguém; só consegue ajudar alguém a encontrar o ensinamento dentro de si."

Mark Twain disse: "Nunca deixo a escola interferir na minha educação."

Albert Einstein disse: "Há muita educação integral, especialmente nas escolas norte-americanas."

Um Dom do Meu Pai Instruído

A pessoa que compartilhou esses ditos comigo foi meu pai muito instruído, mas pobre. Também desprezava o sistema educacional, embora se saísse bem nele. Ele se tornou professor porque sonhava em transformar o sistema, que, em vez disso, o havia esmagado. Ele viveu sua paixão, tentou mudar o sistema e se chocou contra um muro de tijolos. Era um sistema no qual muitas pessoas ganhavam dinheiro e ninguém queria que ele fosse mudado, embora houvesse muito falatório sobre a necessidade de mudanças.

Talvez a minha orientadora fosse clarividente porque, anos mais tarde, de fato segui os passos do meu pai. Só não o segui dentro do mesmo sistema. Estava tomando a mesma paixão e criando meu próprio sistema.

Quando meu pai instruído soube que Kim e eu estávamos passando por dificuldades financeiras, esforçando-nos ao máximo para estabelecer nosso próprio sistema educacional, ele nos enviou aqueles ditos. Rabiscado no alto da página dos ditos, estavam estas palavras: "Vá em frente. Amor, papai."

Até aquele momento, nunca soubera o quanto meu pai instruído detestava o sistema e o que fizera aos jovens. Mas após esse gesto de encorajamento, as coisas começaram a fazer sentido. A paixão que então me movia era a mesma paixão que o movera anos atrás. Eu era exatamente como meu pai de verdade e, involuntariamente, pegara a peteca das mãos dele. No fundo, eu era um professor. Talvez fosse por isso que detestava tanto o sistema.

Em retrospecto, eu me transformara nos dois pais. Do meu pai rico, aprendera os segredos de ser um capitalista. Do meu pai muito instruído, herdara a paixão pelo ensino. E, devido à combinação dos dois pais, agora poderia fazer algo sobre o sistema educacional. Não tinha o desejo ou a habilidade para modificar o sistema atual. Mas tinha o conhecimento para criar meu próprio sistema.

Os Anos de Treinamento Começam a Compensar

Durante anos, meu pai rico me preparou para ser uma pessoa que criava negócios e sistemas de negócios. O negócio que fundei em 1977 foi uma fábrica. Fomos uma das primeiras empresas a produzir as carteiras de surfistas de náilon e velcro, que eram encontradas em cores brilhantes. O produto seguinte foi uma carteira em miniatura, também de náilon e velcro, que era amarrada aos cadarços de tênis de corrida. Praticar jogging era o novo furor em 1978, e os praticantes sempre queriam um lugar para colocar as chaves, o dinheiro ou a carteira de identidade.

Nosso sucesso meteórico foi fenomenal, mas logo a paixão pela linha de produtos e pelo negócio se desvaneceu. Comecei a fraquejar assim que minha pequena empresa começou a ser engolida pela concorrência estrangeira. Países como Taiwan, Coreia do Sul e Hong Kong estavam lançando produtos idênticos aos meus e estavam arrasando os mercados que explorávamos. Seus preços eram tão baixos que não havia jeito de concorrer. Eles estavam vendendo os produtos no varejo por menos do que custava produzi-los.

Nossa pequena empresa estava enfrentando um dilema: lutar contra eles ou juntar-se a eles. Os sócios perceberam que não conseguiríamos lutar contra a concorrência. As empresas que inundavam o mercado com produtos baratos eram fortes demais. Fizemos uma votação e decidimos juntar-nos a eles.

A tragédia é que, para não afundarmos, tivemos de dispensar a maioria do nosso pessoal leal e trabalhador. Isso partiu o meu coração.

Quando fui inspecionar as novas fábricas que havíamos contratado para produzir na Coreia e em Taiwan, novamente meu espírito morreu um pouco. As condições nas quais aqueles jovens trabalhadores eram forçados a trabalhar eram cruéis e desumanas. Vi cinco trabalhadores uns por cima dos outros, em um espaço em que só caberia um trabalhador. Minha consciência começou a me incomodar profundamente, não apenas pelos trabalhadores que tínhamos dispensado nos Estados Unidos, mas pelos estrangeiros que agora trabalhavam para nós.

Embora tivéssemos resolvido o problema da concorrência estrangeira e começássemos a ganhar muito dinheiro, meu coração já não estava no negócio. Consequentemente, o negócio começou a dar errado. Seu espírito tinha ido embora porque o meu espírito já se apagara. Não queria mais ficar rico se isso significasse explorar tantos trabalhadores mal remunerados. Comecei a pensar em instruir as pessoas a se tornarem donas de empresas e não empregadas delas. Aos 32 anos, estava começando a me tornar professor, mas não percebia isso naquela época. A empresa começou a entrar em declínio não devido à falta de um sistema, mas pela falta de coração ou paixão. Na época em que Kim e eu começamos nossa própria empresa, a empresa de carteiras não existia mais.

A Redução de Custos Chega

Em 1983, fui convidado a dar uma palestra para a turma de MBA da Universidade do Havaí. Eles não gostaram do que eu disse: "Daqui a alguns anos, muitos de vocês vão perder o emprego, ou ser forçados a trabalhar por cada vez menos dinheiro, com cada vez menos segurança."

Como meu trabalho me forçava a viajar mundo afora, testemunhei em primeira mão o poder combinado da mão de obra barata com as inovações da tecnologia. Comecei a perceber que um trabalhador na Ásia, Europa, Rússia ou América do Sul estava competindo realmente com os trabalhadores americanos. Eu sabia que a ideia de um salário alto e de um emprego seguro para trabalhadores e gerentes médios pertencia ao passado. Grandes empresas logo teriam de fazer cortes, tanto no número de pessoas quanto no salário pago aos trabalhadores para poder competir globalmente.

Nunca mais me pediram para voltar à Universidade do Havaí. Alguns anos mais tarde, a expressão "redução de custos" tornou-se a prática padrão. Sempre que uma grande empresa era incorporada a outra e os trabalhadores se tornavam supérfluos, ocorria a redução de custos. Toda vez que os donos de empresas queriam fazer os acionistas felizes, os faziam. A cada ocorrência, eu via as pessoas que estavam no alto ficarem cada vez mais ricas, e as pessoas que estavam embaixo pagavam o preço.

Toda vez que escutava alguém dizer "Estou mandando meu filho para a escola para que possa conseguir um emprego bom e seguro", eu me encolhia. Estar preparado para conseguir um emprego pode ser uma boa ideia em curto prazo, mas não é o bastante em longo prazo. Aos poucos eu estava me tornando um professor.

Construa um Sistema Relativo à Sua Paixão

Embora minha fábrica tivesse dado a volta por cima e estivesse bem, a minha paixão tinha ido embora. Meu pai rico havia resumido minha frustração quando disse: "Os dias da escola se acabaram. É hora de construir um sistema em torno de algo que realmente faça sua alma vibrar. Construa um sistema relativo à sua paixão. Deixe a fábrica para lá e construa o que você sabe que deve construir. Você aprendeu muito comigo, mas ainda é filho de seu pai. Lá no fundo, você e seu pai são professores."

Kim e eu empacotamos tudo e nos mudamos para a Califórnia a fim de aprendermos métodos de ensino que pudéssemos utilizar para criarmos uma empresa. Antes de conseguirmos montar o negócio, ficamos sem dinheiro e sem ter onde morar. Foi aquela ligação para meu pai rico, o apoio de minha mulher, a raiva que senti de mim mesmo, que reacenderam a paixão que nos tirou daquela enrascada na qual nos encontrávamos.

Pouco tempo depois, voltamos a montar uma empresa. A companhia era uma empresa educacional que utilizava métodos de ensino praticamente opostos ao que as escolas tradicionais utilizam. Em vez de pedir aos alunos que ficassem sentados e quietos, nós os incentivávamos a serem participantes. Em vez de ensinar através de leituras, ensinávamos jogando. Em vez de sermos chatos, insistíamos para que nossos professores fossem engraçados. Em vez de professores tradicionais, procurávamos pessoas que tivessem iniciado seu próprio negócio e que pudessem transmitir seu conhecimento usando nosso estilo de ensino. Em vez de atribuirmos notas aos alunos, eles é que davam nota aos professores. Se um professor tirasse nota baixa, ele era mandado de novo ao treinamento ou dispensado.

Idade, formação acadêmica, sexo e crença religiosa não eram critérios. Tudo o que tínhamos era um desejo sincero de aprender e aprender rápido. Finalmente, conseguíamos ensinar o equivalente a um ano de contabilidade em um dia.

Embora ensinássemos principalmente a adultos, tínhamos muitos jovens aprendendo junto com executivos de elevado grau de instrução e altos salários. Em vez de competir individualmente nos testes, pedíamos a eles que trabalhassem em equipe. Então, fazíamos com que cada equipe competisse entre si. Em vez de brigar por notas, apostávamos dinheiro — o vencedor levava tudo. A competição e o desejo das pessoas de ter um bom desempenho como equipe eram intensos. O professor não precisava motivar a turma. Ele só tinha de sair do meio do caminho depois que a competição de aprendizado começasse. Em vez de silêncio na hora do teste, havia gritos, berros, risos e lágrimas. As pessoas sentiam entusiasmo por aprender. Elas ficavam atentas ao aprendizado e queriam aprender mais.

Nós nos concentrávamos em ensinar dois assuntos: empreendimento e investimento, os lados D e I. Apareciam muitas pessoas querendo aprender esses assuntos através de nosso método de ensino. Não fazíamos propaganda. Tudo era passado de boca a boca. As pessoas que apareciam eram aquelas que queriam criar empregos e não procurá-los.

Uma vez que decidi a não desistir naquela noite na cabine telefônica, as coisas começaram a se encaminhar. Em menos de cinco anos, tínhamos um negócio multimilionário com onze escritórios ao redor do mundo. Tínhamos criado um novo sistema de ensino e o mercado o adorava. Nossa paixão fizera com que ele acontecesse, porque a paixão e um bom sistema haviam superado o medo e a lavagem cerebral do passado.

Um Professor Pode Ser Rico

Toda vez que ouço um professor dizer que não ganha o bastante, sinto muito por ele. A ironia é que eles são o produto de seu próprio sistema de ensino. Eles olham para o professor do ponto de vista do quadrante E e não do D ou do I. Lembre-se de que você pode ser o que quiser em qualquer quadrante, até mesmo um professor.

Podemos Fazer Tudo

A maioria das pessoas tem potencial para ser bem-sucedida em todos os quadrantes. Tudo depende de quão determinados para ser bem-sucedidos estamos. Como dizia o pai rico: "A paixão constrói empresas — o medo não."

O problema em mudar de quadrante muitas vezes se encontra em nosso condicionamento passado. Muitos de nós vieram de famílias em que o medo era usado como o principal motivador para nos fazer pensar e agir.

Por exemplo: "Você fez o trabalho de casa direitinho? Se não o fizer, vai levar bomba na escola e todos os seus amigos vão rir de você", "Se continuar a fazer caretas, seu rosto vai ficar paralisado nessa posição". E o clássico: "Se não tirar boas notas, não vai conseguir um bom emprego com benefícios."

Bem, hoje em dia, muitas pessoas tiram boas notas, mas há menos empregos seguros e menos ainda com benefícios, como planos de aposentadoria. Então, muitas dessas pessoas que tiraram boas notas precisam "tomar conta de seu próprio negócio", e não apenas procurar um emprego no qual vão tomar conta dos negócios de outra pessoa.

O Lado Esquerdo É Arriscado

Tenho muitos amigos que procuram a segurança por meio de um emprego formal. Ironicamente, a marcha tecnológica continua a se mover a passos cada vez mais rápidos. Para se manter no mercado de trabalho, todo mundo precisa ser constantemente treinado na tecnologia mais recente. Se será reeducado de qualquer forma, por que não passar algum tempo se instruindo sobre as habilidades necessárias para o lado direito do quadrante CASHFLOW? Se as pessoas pudessem ver o que vejo quando viajo pelo mundo, não estariam procurando mais segurança. Ela é um mito. Aprenda algo novo e viva este mundo novo incrível. Não se esconda dele.

Para os autônomos, também é arriscado. Sua renda é diretamente afetada quando eles adoecem ou têm algum problema. À medida que envelheço, conheço mais autônomos da minha idade que são física, mental e emocionalmente acabados devido ao trabalho árduo. Quanto mais cansaço uma pessoa suporta, menos segura fica e o risco de acidentes também aumenta.

O Lado Direito É Mais Seguro

Ironicamente, a vida é mais segura do lado direito do quadrante CASHFLOW. Por exemplo, se você possui um sistema seguro que produz cada vez mais dinheiro e cada vez menos trabalho, então, de fato, não precisa de um emprego nem se preocupar em perdê-lo. Para fazer mais dinheiro, expanda o sistema e empregue mais pessoas. Aplico os mesmos princípios quando ensino sobre a expansão dos seus recursos em vez de viver abaixo deles. Isso destrói o espírito e sempre procuro maneiras de expandir os meus recursos para que possa desfrutar de tudo o que a vida tem a oferecer.

Investidores de alto nível não estão preocupados com a possibilidade de o mercado subir ou descer, pois seu conhecimento lhes permitirá ganhar mais dinheiro de qualquer maneira. Se o mercado quebrar e/ou sofrer uma depressão nos próximos trinta anos, muitos *baby boomers* entrarão em pânico e perderão boa parte do dinheiro que reservaram para a aposentadoria. Se isso acontecer na velhice, em vez de se aposentar, eles terão de trabalhar até quando puderem.

Investidores profissionais são pessoas que arriscam pouco de seu dinheiro e, ainda assim, têm grandes retornos. São as pessoas que pouco sabem de investimento que assumem os riscos e têm menores lucros. No meu ponto de vista, todo o risco está do lado esquerdo do quadrante CASHFLOW.

Por que o Lado Esquerdo É Mais Arriscado

"Se você não sabe interpretar números, então vai precisar aceitar a opinião dos outros", disse o pai rico. "No caso de comprar uma casa, seu pai aceita cegamente a opinião do gerente do banco de que a casa dele é um ativo."

Tanto Mike quanto eu notamos a ênfase dada por ele sobre a palavra "cegamente".

"A maioria das pessoas do lado esquerdo não precisa ser boa com números financeiros. Mas, se você quiser ser bem-sucedido do lado direito, assim, os números se tornam os seus olhos. Os números permitem ver o que muitas pessoas não conseguem", continuou o pai rico.

"Então os números funcionam como a visão de raios X do Super-Homem", disse Mike.

O pai rico riu e assentiu. "Exatamente", concordou ele. "A capacidade de interpretar números, sistemas financeiros e sistemas empresariais dá a visão que os pobres mortais não têm." Até mesmo ele riu daquela bobagem.

"Ter visão financeira reduz seus riscos. Ser financeiramente cego os aumenta. Mas você só precisa dessa visão se quiser operar do lado direito. De fato, as pessoas do lado esquerdo pensam em palavras e, para ser bem-sucedido do lado direito, especialmente no quadrante I, é preciso pensar em números, não em palavras. É realmente arriscado tentar ser um investidor enquanto você estiver pensando predominantemente em palavras."

"Você quer dizer que as pessoas do lado esquerdo do quadrante não precisam conhecer números financeiros?", perguntei.

"Para a maioria, isso é um fato", disse o pai rico. "Enquanto elas estiverem contentes em operar estritamente dentro dos limites de um E ou um A, então os números que aprendem na escola serão adequados. Mas se quiserem sobreviver do lado direito, é essencial compreender números financeiros e sistemas. Se você quiser montar um pequeno negócio, não precisa dominar os números. Mas se quiser constituir um negócio em nível mundial, os números são tudo. Não as palavras. É por isso que muitas empresas grandes são frequentemente administradas por pobres contadores."

O pai rico continuou sua aula: "Se você quiser ser bem-sucedido do lado direito, quando se tratar de dinheiro, tem de saber a diferença entre fatos e opiniões. Não pode aceitar cegamente conselhos financeiros do jeito que muitas pessoas do lado esquerdo fazem. Deve conhecer os números. Deve conhecer os fatos. E os números contam os fatos a você."

Quem Paga para Assumir os Riscos?

"Além de ser arriscado do lado esquerdo, as pessoas que estão desse lado pagam para assumir aquele risco", disse o pai rico.

"O que você quer dizer com essa última observação?", perguntei. "Não é todo mundo que paga para assumir os riscos?"

"Não", falou o pai rico. "Não do lado direito."

"Você está tentando dizer que as pessoas do lado esquerdo pagam para assumir os riscos e que as pessoas do lado direito são pagas para assumi-los?"

"Isso é exatamente o que quero dizer", disse o pai rico, sorrindo. "Essa é a maior diferença entre o lado esquerdo e o lado direito. Por isso o lado esquerdo é mais arriscado que o direito."

"Você pode me dar um exemplo?", pedi.

"Claro", disse o pai rico. "Se você compra ações do capital de uma empresa, quem assume o risco financeiro? Você ou a empresa?"

"Acho que sou eu", respondi, ainda intrigado.

"Se sou uma companhia de seguro-saúde e faço um seguro de sua saúde assumindo o risco sobre ela, tenho que lhe pagar?"

"Não", disse. "Se segurarem a minha saúde e assumirem o risco, eu pagarei por isso."

"Está certo", disse o pai rico. "Ainda está para existir uma companhia de seguros que irá segurar sua saúde ou risco de acidente e pagar a você por esse privilégio. Mas é isso o que as pessoas do lado esquerdo fazem."

"É meio confuso", disse Mike. "Ainda não faz sentido."

O pai rico sorriu. "Assim que você entender melhor o lado direito, começará a perceber as diferenças com mais clareza. A maioria das pessoas não sabe que há uma diferença. Elas presumem que tudo é arriscado e pagam por isso. Mas, à medida que os anos passam e você fica mais confortável com sua experiência e instrução sobre o lado direito, sua visão melhora e você começa a ver o que as pessoas do lado esquerdo não conseguem. E vai entender por que procurar segurança para evitar o risco é a coisa mais arriscada que se pode fazer. Você irá desenvolver a própria visão financeira e não terá de aceitar opiniões de terceiros só porque eles têm cargos de gerentes de bancos, acionistas, contadores ou o que quer que seja. Você vai conseguir ver por si mesmo e reconhecer a diferença entre fatos e opiniões financeiras."

Foi um bom dia. De fato, foi uma das melhores aulas de que me lembro. Foi ótimo porque começou a abrir minha mente para coisas que meus olhos não conseguiam ver.

Os Números Reduzem o Risco

Sem aquelas aulas singelas de meu pai rico, duvido que eu pudesse ter assumido minha paixão e construído o sistema educacional dos meus sonhos. Sem sua insistência sobre proficiência financeira e exatidão, sei que não poderia ter investido tão sabiamente, com tão pouco dinheiro próprio e obtido lucros tão elevados. Sempre me lembrei de que, quanto maior o projeto e quanto mais rápido você desejasse ter êxito, mais preciso deveria ser. Se você quer enriquecer aos poucos ou trabalhar a vida toda e deixar outra pessoa administrar seu dinheiro, então não necessita ser exato. Quanto mais rapidamente enriquecer, você necessitará ser mais preciso com números.

A boa-nova é que, devido aos avanços tecnológicos e aos novos produtos, é muito mais fácil hoje em dia adquirir as habilidades necessárias para construir seu próprio sistema e desenvolver sua proficiência financeira rapidamente.

Você Pode Ir Rápido, Mas Não Siga Atalhos

- "Para reduzir os impostos, compre uma casa maior e fique mais endividado para obter isenção fiscal."
- "Seu maior investimento deveria ser sua casa."
- "Você devia comprar agora porque os preços sempre sobem."
- "Enriqueça rapidamente."
- "Viva abaixo das suas posses."

Se você dedicar tempo a estudar e aprender os assuntos necessários do lado direito do quadrante CASHFLOW, essas afirmativas não farão muito sentido. Podem fazer sentido para alguém do lado esquerdo, mas não para quem está do lado direito. Você pode fazer o que quiser, ir tão rápido quanto quiser, ganhar tanto dinheiro quanto quiser, mas tem que pagar o preço. Você pode ir rápido, mas lembre-se, não há atalhos.

Este livro não lhe dá respostas. Ele olha para desafios e objetivos financeiros de diferentes pontos de vista. Não significa que um seja melhor que o outro. Mas é simplesmente muito mais inteligente ter mais de uma perspectiva.

Ao ler os capítulos seguintes, você talvez comece a olhar para as finanças, os negócios e para a vida sob um novo ângulo.

Capítulo 8

COMO ENRIQUEÇO?

Se fizer o que todos fazem,
acabará por ter o que todos têm.

Quando me perguntam: "Onde aprendeu sua fórmula para enriquecer?", respondo: "Jogando *Banco Imobiliário* na infância."

Algumas pessoas acham que estou brincando e ficam esperando por um desfecho cômico. Mas não é uma piada. A fórmula para enriquecer no *Banco Imobiliário* é simples e funciona tanto no mundo real quanto no jogo.

Quatro Casas... Um Hotel

Você talvez se lembre de que o segredo da riqueza ao jogar *Banco Imobiliário* é comprar quatro casas e, então, comercializá-las para comprar um grande hotel. Isso é tudo. Kim e eu usamos a mesma fórmula de investimentos na vida real e nos tornamos ricos e financeiramente independentes.

Quando o mercado imobiliário estava em queda, compramos o maior número de casas que conseguimos com o pouco dinheiro que tínhamos. Quando o mercado melhorou, vendemos as "quatro" casas e compramos um grande hotel. Nunca mais tivemos que trabalhar porque o fluxo de caixa de nosso hotel, apartamentos e miniarmazéns pagavam por nosso estilo de vida.

Também Vale para Hambúrgueres

Ou, se você não gostar de imóveis, faça hambúrgueres, monte uma empresa em volta desse hambúrguer e organize uma franquia do negócio. Dentro de alguns anos, o crescente fluxo de caixa dará a você mais dinheiro do que consegue gastar.

Na realidade, o caminho para a riqueza é simples assim. Em outras palavras, neste mundo de alta tecnologia, os princípios da grande riqueza permanecem simples e exigem pouca tecnologia. Diria que é apenas senso comum. Mas, infelizmente, quando se trata de dinheiro o senso comum não é tão comum assim.

Por exemplo, não faz sentido para mim, dar incentivos fiscais a uma pessoa para que ela gaste dinheiro e passe a vida com dívidas. Ou chamar sua casa de um ativo quando, na realidade, é um passivo que todo dia drena seu dinheiro. Ou ter um governo federal que gaste mais dinheiro do que recolhe em impostos. Ou mandar uma criança para a escola na esperança de que ela encontre um emprego, mas não ensinar nada a ela sobre dinheiro.

É Fácil Fazer o que os Ricos Fazem

Fazer o que os ricos fazem é fácil. Um dos motivos pelos quais há tantas pessoas ricas que não se deram bem na escola é porque a parte do "fazer" para tornar-se rico é simples. Você não tem de ir à escola para ficar rico. A parte do "fazer" para ficar rico não é absolutamente o pulo do gato.

Há um livro clássico cuja leitura recomendo: *Quem Pensa Enriquece*, de Napoleon Hill. Li esse livro na juventude e ele influenciou muito o rumo da minha vida.

Há um bom motivo para esse livro ser intitulado *Quem Pensa Enriquece*, e não *Quem Trabalha Arduamente Enriquece* ou *Quem Consegue um Emprego Formal Enriquece*. O fato é que as pessoas que se cansam mais não ficam ricas. Se você quer ser rico, precisa pensar de forma independente, em vez de seguir o senso comum. Na minha opinião, um dos grandes ativos dos ricos é que eles pensam de forma diferente de todo mundo. Se você fizer o que todo mundo faz, vai acabar tendo o que todo mundo tem. E, para a maioria das pessoas, o que elas têm são muitos anos de trabalho árduo, impostos injustos e dívidas.

Quando alguém me pergunta: "O que tenho de fazer para passar do lado esquerdo do quadrante CASHFLOW para o lado direito?", a minha resposta é: "Não é o que tem que fazer que precisa mudar. Em primeiro lugar, precisa mudar sua forma de pensar." Em outras palavras, a questão envolve quem você é e não o que faz.

Você quer ser o tipo de pessoa que pensa que comprar quatro casas e transformá-las em um hotel é fácil ou o tipo que pensa que isso é difícil?

Anos atrás, estava em aula estabelecendo metas. Isso aconteceu em meados da década de 1970, e a verdade é que eu não conseguia acreditar que estava gastando US$150 e passando um sábado e um domingo lindos aprendendo a traçar metas. Preferiria estar surfando. Em vez disso, lá estava eu pagando a alguém para me ensinar a traçá-las. Quase desisti algumas vezes, mas tinha aprendido que aquela aula me ajudaria a conseguir o que eu queria na vida. A instrutora anotou estas três palavras no quadro:

SER
FAZER
TER

Então ela explicou: "Os objetivos são a parte do 'ter', por exemplo: um corpo bonito, um relacionamento perfeito ou milhões de dólares. Depois que as pessoas definem seus objetivos e decidem o que querem ter, começam a organizar as maneiras de alcançá-los. Por isso que muitas pessoas têm listas do que fazer. Elas estabelecem seus objetivos e então começam a realizá-los."

Primeiro, ela utilizou o objetivo do corpo perfeito. "O que a maioria das pessoas faz quando quer ter um corpo perfeito é entrar em dieta e depois frequentar uma academia. Isso leva algumas semanas e, então, a maioria volta para a velha batata frita e pizza, e, em vez de ir para a academia, fica assistindo ao beisebol pela televisão. Esse é um exemplo de fazer, em vez de ser."

"Não é a dieta que conta; é quem você tem de ser para seguir a dieta. Mesmo assim, a cada ano, milhões de pessoas procuram a dieta perfeita para ficarem magras. Elas se concentram no que têm de fazer, em vez de se concentrar em quem têm de ser. Uma dieta não vai ajudar se seus pensamentos não mudarem."

Ela usou o golfe como outro exemplo: "Muitas pessoas compram um conjunto de tacos de golfe na esperança de que possam melhorar seu jogo com eles, em vez de começar a se portar, pensar e a ter as crenças de um jogador profissional. Um péssimo jogador de golfe com um conjunto de tacos novos ainda é um péssimo jogador."

Então, ela discutiu investimentos: "Muitas pessoas pensam que comprar ações ou fundos mútuos vai deixá-las ricas. Bem, comprar ações, fundos mútuos, imóveis e títulos não vai enriquecê-las. Fazer o que os investidores profissionais fazem não garante êxito financeiro. Uma pessoa com mentalidade de perdedor sempre irá perder, não importa que ação, título, imóvel ou fundo mútuo ela adquira."

Um objetivo comum das pessoas é encontrar o par perfeito, mas, segundo a instrutora, fazem isso errado. "Muitas pessoas procuram onde quer que seja pela pessoa perfeita, aquela dos seus sonhos. Elas buscam a pessoa certa em vez de se esforçar para se tornar essa pessoa."

"E quando finalmente encontram a pessoas 'perfeita', tentam mudá-la." A instrutora insinuava que a resposta é interior. "Para melhorar seu casamento, não precisa mudar seu cônjuge. É melhor mudar a si mesmo. Não tente transformar a outra pessoa. Transforme os seus pensamentos sobre ela."

À medida que ela falava sobre relacionamentos, minha mente voou para muitas pessoas que conheci com o passar dos anos que queriam mudar o mundo, mas que não chegavam a lugar algum. Queriam transformar todos, menos eles mesmos.

Fui tirado dos meus devaneios quando ela começou a falar sobre dinheiro: "E, quando se trata de dinheiro, muitas pessoas tentam fazer o que os ricos fazem e ter o que eles têm. Então compram uma casa e um carro para parecerem ricas e mandam seus filhos para as mesmas escolas que os ricos. Tudo isso faz com que trabalhem mais arduamente, que não é o que as pessoas verdadeiramente ricas fazem."

Acenava com a cabeça do fundo da sala. Meu pai rico não tinha usado as mesmas palavras para explicar essas coisas, mas muitas vezes me dizia: "As pessoas pensam que trabalhar muito para ganhar dinheiro e comprar coisas que façam com que pareçam ricas irá fazê-las ricas. Na maioria dos casos, não faz. Só as torna mais cansadas. Eles chamam isso de 'Maria vai com as outras' e, se você reparar, as outras estão exaustas."

Durante aquela aula de fim de semana, muito do que meu pai rico me dizia começou a fazer mais sentido. Ele viveu modestamente durante anos. Em vez de trabalhar arduamente para pagar as contas, ele o fazia para adquirir ativos. Se você o visse na rua, ele se parecia com todo mundo. Ele dirigia uma picape, e não um carro caro. Então, um dia, quando estava com seus trinta e tantos anos, ele apareceu como um financista poderoso. As pessoas tomaram conhecimento de que ele comprara um dos principais imóveis no Havaí.

Depois que o nome dele apareceu nos jornais foi que as pessoas perceberam que aquele homem quieto e despretensioso tinha muitos outros negócios, muitos imóveis de primeira categoria — e, quando falava, os gerentes de banco o ouviam. Poucas pessoas jamais viram a casa modesta na qual ele vivia. E, depois que já estava cheio de dinheiro e fluxo de caixa dos seus ativos, comprou uma casa maior para sua família. Mas não contraiu empréstimo. Pagou à vista.

Depois da aula de fim de semana sobre estabelecimento de objetivos, percebi que muitas pessoas tentavam fazer o que pensavam que os ricos faziam e ter o que achavam que tinham. Elas, muitas vezes, compravam casas grandes e investiam no mercado de ações porque isso é o que pensam que os ricos fazem. Mesmo assim, o que o pai rico tentava me dizer era que, se elas ainda tivessem os pensamentos e as "crenças e ideias de uma pessoa pobre ou de classe média" e então fizessem o que os ricos faziam, acabariam tendo o que os pobres e a classe média tinham. O Ser–Fazer–Ter começava a fazer sentido.

O Quadrante CASHFLOW Trata de Ser, Não Fazer

Passar do lado esquerdo do quadrante CASHFLOW para o direito não está relacionado a fazer, mas a ser. Não é tanto o que os D e I fazem que leva à diferença, e sim o que pensam. Quem eles, no fundo, são. A boa notícia é que não custa muito dinheiro mudar sua maneira de pensar. Na realidade, isso pode sair de graça. Agora, a notícia ruim é que é difícil mudar algumas ideias sobre dinheiro que são transmitidas de geração em geração ou pensamentos que você aprendeu com os amigos, com o trabalho e com a escola. Mesmo assim, é possível fazer isso. E é sobre isso que este livro trata a princípio.

Não é tanto um livro sobre como ou o que fazer. Este livro não é sobre qual ação comprar ou qual fundo mútuo é mais seguro. É principalmente sobre fortalecer os pensamentos (ser), para que você possa tomar providências (fazer) que lhe permitirão tornar-se financeiramente independente (ter).

Para o E, a Segurança É Fundamental

De forma geral, as pessoas que procuram sair do quadrante E geralmente valorizam muito a segurança. Para elas, muitas vezes o dinheiro não é tão importante quanto a segurança. Elas poderão assumir grandes riscos em outras áreas de sua vida, como praticar paraquedismo, mas não quando se trata de dinheiro.

Para o A, o Perfeccionimo É Crucial

Novamente, isso é uma generalização, mas o que observei entre as pessoas que atualmente estão no quadrante A, mas que tentam mudar do lado esquerdo para o direito, foi a mentalidade de "faça você mesmo". Elas gostam de fazer porque sentem grande necessidade de se certificar de que as coisas estejam correndo bem. No seu entendimento, a única maneira de se certificar de que as coisas serão feitas da maneira certa é se elas mesmas as fizerem.

Para muitos As, a verdadeira questão é a necessidade de estar no controle. Eles detestam cometer erros e detestam ainda mais que alguém os cometa e os deixem mal. Isso os torna excelentes As, por isso que você os contrata para fazer determinadas tarefas. Você quer que seu dentista, seu advogado e seu neurocirurgião sejam impecáveis. É para isso que paga a eles. Essa é sua força, mas também sua fraqueza.

Inteligência Emocional

Uma coisa boa em ser um ser humano é ser humano. E ser humano significa ter emoções. Todos nós temos as mesmas emoções. Sentimos medo, tristeza, raiva, amor, ódio, desapontamento, alegria, felicidade e outras emoções. O que nos torna únicos é como lidamos com essas emoções.

Quando se trata de arriscar dinheiro, todos nós experimentamos o medo, até mesmo as pessoas ricas. A diferença é como lidamos com ele. Para muitas pessoas, a emoção do medo leva ao pensamento: "Busque a segurança. Não assuma riscos."

Para outros, especialmente os do lado direito, o medo de perder dinheiro poderá fazê-los pensar: "Jogue com segurança. Aprenda a administrar o risco."

Mesmas emoções, pensamentos diferentes: ser diferente — fazer diferente — ter diferente.

O Medo de Perder Dinheiro

Na minha opinião, a maior causa das dificuldades financeiras é o medo de perder dinheiro. E, por causa desse medo, as pessoas geralmente procuram atuar com muita segurança, muito controle pessoal ou entregam seu dinheiro a quem elas consideram inteligentes, esperam e rezam para que seu dinheiro esteja lá quando precisarem.

Se o medo o mantiver prisioneiro em um dos quatro quadrantes, recomendo que leia *Inteligência Emocional*, de Daniel Goleman. Nesse livro, Goleman explica a charada milenar do porquê de as pessoas se darem bem na faculdade e não se saírem bem financeiramente na vida real. Sua resposta é que o QI Emocional é mais poderoso que o QI Acadêmico. É por isso que as pessoas que assumem riscos cometem erros e se recuperam deles melhor que aquelas que aprenderam a não cometer erros porque têm medo de riscos. Muitas pessoas são aprovadas na escola, mas, mesmo assim, não estão emocionalmente preparadas para assumir riscos, especialmente riscos financeiros. O motivo pelo qual muitos professores não são ricos é o fato de funcionarem em um ambiente que tende a punir pessoas que cometem erros e, muitas vezes, eles mesmos são pessoas que, emocionalmente, têm medo de cometê-los. Em vez disso, para ser financeiramente independente, precisamos aprender como cometer e administrar o risco.

Se as pessoas passam a vida apavoradas com a ideia de perder dinheiro, com medo de fazer coisas diferentes do que as outras pessoas fazem, então ficar rico é impossível, mesmo que seja tão simples quanto comprar quatro casas e trocá-las por um grande hotel.

O QI Emocional É Mais Forte

Depois de ler o livro de Goleman, percebi que o QI financeiro é de 90% QI Emocional e 10% de informações técnicas sobre finanças ou dinheiro. Goleman menciona o humanista Erasmo de Rotterdam, do século XVI, que escreveu uma sátira sobre a eterna tensão entre razão e emoção. Em seus escritos, ele usa a proporção de 24:1 ao comparar o poder do cérebro emocional com o do cérebro racional. Em outras palavras, quando as emoções estão em alta rotação, as emoções são 24 vezes mais intensas que a mente racional. Não sei se essa proporção é válida ainda, mas tem alguma utilidade como referência ao poder dos pensamentos emocionais versus o dos pensamentos racionais.

24 : 1
Cérebro Emocional : Cérebro Racional

Todos nós, seres humanos, passamos por experiências na vida em que as emoções sobrepujaram nossos pensamentos racionais. Tenho certeza de que a maioria de nós:

- Disse algo em um momento de raiva de que se arrependeu depois.
- Sentiu-se atraído por alguém que não era o melhor para você, mas saiu com essa pessoa ainda assim ou, pior, casou-se com ela.
- Chorou ou viu alguém chorar copiosamente pela perda de um ente querido.
- Machucou intencionalmente alguém que ama porque o magoara.
- Demorou para se recuperar de um coração partido.

Esses são exemplos de quando as emoções ultrapassam o 24:1. Podem ser vistos ainda em:

- Vícios, como as compulsões alimentares, dependências químicas, ninfomania ou oniomania.
- Fobias, como a ofidiofobia, acrofobia, claustrofobia, nictofobia ou as fobias sociais.

Esses e outros comportamentos costumam ser 100% guiados pela emoção. O pensamento racional tem pouca ou nenhuma influência sobre os pensamentos emocionais quando coisas tão fortes como os vícios e as fobias estão envolvidas.

Ofidiofobia

Quando estava na escola de aviação, tive um amigo que sentia pavor de cobras. Durante uma aula de sobrevivência em situações extremas, depois de ter sido abatida a tiros, o professor trouxe uma cobra de jardim inofensiva para nos mostrar como comê-la. Meu amigo, um homem adulto, deu um salto e saiu correndo da sala. Ele não conseguiu se controlar. Sua fobia de cobra era muito grande, mas a ideia de comê-la era demais para ele.

Crometofobia

No que diz respeito a arriscar dinheiro, vi pessoas fazendo a mesma coisa. Em vez de descobrir sobre os investimentos, elas também pulam, gritam e saem da sala.

Lidar com dinheiro provoca fobias emocionais profundas. Eu as tenho. Você também. Todos nós. Por quê? Porque, goste ou não, o dinheiro é um assunto passional. E, por isso, a maioria não consegue pensar logicamente sobre ele. Se você não acha que o dinheiro tem natureza emocional, dê só uma olhada no mercado de ações. Não há lógica na maioria dos mercados, só emoções de cobiça e medo. Observe uma pessoa entrando em um carro novo e sentindo o cheiro do couro no interior. Tudo o que o vendedor tem que fazer é sussurrar as palavras mágicas: "Pagamento facilitado. Prestações mensais", e toda a lógica vai pela janela.

Pensamentos Passionais Parecem Lógicos

O problema com os pensamentos emocionais é que eles parecem lógicos. Para alguém no quadrante E, quando a sensação de medo está presente, o pensamento lógico é: "Jogue de maneira segura, não assuma riscos." Contudo, para uma pessoa no quadrante I, esse pensamento não parece lógico.

Para as pessoas no quadrante A, quando se levanta a questão de confiar em outras pessoas para fazer um bom trabalho, seu pensamento lógico é o seguinte: "Vou e faço eu mesmo."

É por isso que muitos negócios dos As são muitas vezes familiares. Há uma grande sensação de confiança. Para eles, o sangue é definitivamente mais grosso que a água.

Quadrantes diferentes, lógicas diferentes, pensamentos diferentes, ações diferentes, diferentes estilos, emoções iguais.

O que determina o que fazemos é como reagimos individualmente a tais emoções.

Eu Não Quero

Um jeito de saber se você está pensando emocionalmente, e não racionalmente, é quando a conversa envolve sensações. Muitas pessoas, por exemplo, que são tomadas por suas emoções ou sentimentos, diriam coisas como: "Não estou com vontade de me exercitar hoje." É lógico que elas sabem que deveriam se exercitar.

Muitas pessoas que travam batalhas financeiras não conseguem controlar a maneira como se sentem, e deixam que os sentimentos ditem seus pensamentos. Eu as ouço dizer:

- "Não estou com vontade de aprender sobre investimentos. É muito confuso."
- "Investimentos não parecem adequados para mim."
- "Não quero contar aos meus amigos sobre o meu negócio."
- "Detesto me sentir rejeitado."

Pais ou Filhos

Esses pensamentos são gerados a partir das emoções, mais do que da razão. Na psicologia popular, é a chamada batalha entre pais e filhos. Os pais geralmente falam o que os filhos "deveriam" fazer. Um pai diria, por exemplo: "Você deveria fazer seu dever de casa." A criança, por outro lado, reage com "sensações". Em relação ao dever de casa, a criança diria: "Mas não estou com vontade."

Em termos financeiros, os pais dentro de você diriam: "Você deveria economizar mais." Mas a criança dentro de você responderia: "Mas estou com vontade de tirar férias. Vou colocar minhas férias no cartão de crédito."

Quando Você Se Torna Adulto?

Ao ir do lado esquerdo para o lado direito do quadrante, precisamos virar adultos. Todos nós precisamos crescer financeiramente falando. Em vez de sermos pais ou filhos, é preciso encarar o dinheiro, o trabalho e os investimentos como adultos. E ser adulto significa saber o que tem de ser feito e fazê-lo, mesmo que você não sinta vontade.

Conversas com Você Mesmo

Para as pessoas que pensam em atravessar de um quadrante para outro, uma parte importante do processo é ter consciência dos conflitos internos. Lembre-se sempre de que a lógica de um quadrante não é aplicável a outro.

Passar da suposta segurança de um emprego formal para a independência financeira consiste essencialmente em mudar a forma de pensar. Envolve empenhar-se para saber quais pensamentos se baseiam em emoções e quais na lógica. Se conseguir controlar suas emoções e procurar a lógica, terá boas chances de completar a jornada. Não importa o que as pessoas disserem a você, o mais importante é o diálogo consigo mesmo.

Quando Kim e eu temporariamente não tínhamos onde morar e estávamos em uma situação financeira instável, nossas emoções ficaram fora de controle. Muitas vezes, o que parecia lógico era a mais pura expressão das emoções. Nossas emoções estavam falando a mesma coisa que os nossos amigos: "Busque a segurança. Basta encontrar um emprego seguro e aproveitar a vida."

Ainda assim, pela lógica, ambos concordávamos que a independência financeira fazia mais sentido para nós que a segurança. Em sua busca, sabíamos que poderíamos encontrar uma espécie de segurança que um trabalho nunca poderia nos oferecer. A única coisa que nos impedia eram os nossos pensamentos passionais. Pensamentos que pareciam lógicos, mas que não faziam sentido em longo prazo. A parte boa é que, depois que conseguimos atravessar para o outro lado do quadrante CASHFLOW, os pensamentos obsoletos pararam de nos perturbar e os novos pensamentos que desejávamos se transformaram em nossa realidade.

Hoje em dia, consigo entender as emoções quando as pessoas dizem: "Não posso assumir riscos. Tenho de pensar em minha família. Preciso ter um emprego seguro", "Precisamos de dinheiro para ganhar dinheiro. É por isso que não posso investir" ou ainda "Eu mesmo faço isso".

Entendo os seus pensamentos, pois eu mesmo tive pensamentos assim. Mas, olhando através do quadrante CASHFLOW, e tendo encontrado a independência financeira nos quadrantes D e I, posso dizer sem pestanejar que ser financeiramente independente é uma forma de pensar muito mais pacífica e segura.

As Diferenças entre E e D

Os valores emocionais essenciais levam a pontos de vista diferentes. As falhas de comunicação entre empregadores e empregados são, muitas vezes, causadas por diferenças nos valores emocionais. Sempre houve uma diferença entre E e D, porque um quer receber mais e o outro quer mais trabalho. É por isso que muitas vezes escutamos as pessoas dizerem: "Eu trabalho muito e recebo pouco."

Do outro lado, muitas vezes escutamos: "O que podemos fazer para motivá-los a trabalharem mais e serem mais leais sem termos de pagar mais a eles?"

As Diferenças entre D e I

Outro ponto de tensão constante é aquele entre administradores de uma empresa e as pessoas que investem nela, muitas vezes chamados de acionistas. Um quer mais dinheiro para administrar, enquanto o outro quer mais dividendos.

Uma conversa em uma assembleia de acionistas seria mais ou menos assim:

Administradores da empresa: "Precisamos de um jato particular para que nossos executivos possam comparecer a reuniões mais rapidamente."

Investidores: "Precisamos de menos executivos. Assim, não vamos precisar de um jato particular."

As Diferenças entre A e D

Nas transações comerciais, já vi muitas vezes um A brilhante, como um advogado, ajustar um acordo multimilionário para um D, dono de empresa, e quando a transação é concluída, o advogado fica perturbado porque o D ganha milhões, enquanto ele, um A, recebe por hora.

Eles talvez digam palavras como estas:

O advogado, um A: "O trabalho foi todo meu, e quem ganhou todo o dinheiro foi ele."

E o dono do negócio, um D: "Quantas horas aquele cara nos cobrou? Poderíamos ter comprado todo o escritório de advocacia com o que ele cobrou."

As Diferenças entre E e I

Outro exemplo é um gerente de banco que concede um empréstimo a um investidor para comprar um imóvel. O investidor ganha centenas de milhares de dólares, líquido de impostos, e o gerente recebe um salário altamente tributado.

O gerente do banco, um E, talvez diga: "Eu dou um empréstimo para aquele cara e ele nem agradece. Acho que nem sabe o sacrifício que fazemos por ele."

O investidor, um I, falaria: "Cara, aqueles sujeitos são uns picaretas. Olha só toda essa papelada inútil que temos de providenciar só para arranjar um empréstimo medíocre."

Casamento Emocionalmente Instável

O casamento mais emocionalmente instável que já testemunhei foi o de um casal em que a mulher era uma E linha-dura que acreditava na segurança do trabalho e em segurança financeira, enquanto seu marido era um sonhador. Pensava ser um futuro Warren Buffett, mas na realidade era um A — um vendedor comissionado por profissão, mas um jogador crônico de alma. Estava sempre em busca de um investimento que o faria enriquecer rapidamente. Era todo ouvidos para qualquer nova oferta de ações, esquema de investimento no exterior que prometesse retornos extremamente elevados, ou ainda, para uma jogada com imóveis da qual ele pudesse participar. Esse casal ainda está junto, embora eu realmente não saiba como. Um deixa o outro maluco. Um prospera com os riscos; o outro os odeia. Quadrantes diferentes. Valores essenciais diferentes.

Se Estiver em uma Relação Estável

Se você estiver casado ou em um relacionamento estável, circule o quadrante no qual você gera a maior parte de sua renda. Então, circule o quadrante em que seu cônjuge gera a renda dele.

Peço que você faça isso porque a discussão entre parceiros é sempre difícil se um deles não entende de onde o outro vem.

A Guerra entre os Instruídos e os Ricos

Outro campo de batalha velado é a diferença entre os pontos de vista dos instruídos e dos ricos.

Em meus anos de pesquisa das diferenças entre os diferentes quadrantes, muitas vezes escutei gerentes de bancos, advogados, contadores e outros como eles murmurando que são instruídos e que, muitas vezes, são os menos instruídos que ganham uma bolada. Isso é o que chamo de batalha entre os instruídos e os ricos. Não significa que as pessoas nos quadrantes D e I não sejam educadas, muitas são altamente instruídas. Mas muitos Ds e Is não foram alunos prodígios na escola.

Quem leu o meu livro *Pai Rico, Pai Pobre*, sabe que ele fala sobre a disputa entre os instruídos e os ricos. Meu pai instruído, mas pobre, tinha muito orgulho por ter feito anos de estudos avançados em faculdades de renome como a Stanford University e a University of Chicago. Meu pai rico era um homem que tinha saído da escola para cuidar dos negócios da família quando seu pai morreu, então, ele nunca terminou o colegial. Mesmo assim, juntou uma tremenda fortuna.

À medida que eu ficava mais velho e parecia ser mais influenciado por meu pai rico, porém não instruído, meu pai instruído às vezes ficava na defensiva com relação à sua posição social. Um dia, quando eu tinha cerca de dezesseis anos, meu pai instruído disse: "Tenho graus superiores de faculdades prestigiosas. O que o pai de seu amigo tem?"

Fiz uma pausa e repliquei baixinho: "Dinheiro e tempo livre."

Mais do que uma Mudança Mental

Conforme já dito, ter sucesso nos quadrantes D e I exige mais do que apenas ter conhecimento acadêmico ou técnico. Muitas vezes, exige uma mudança nos pensamentos emocionais básicos, nos sentimentos, crenças e atitudes. Lembre-se:

SER

FAZER

TER

Os que os ricos fazem é relativamente simples. O "ser" é que é diferente. A diferença é encontrada em seus pensamentos e, mais especificamente, nos diálogos internos consigo próprio. Por isso meu pai rico me proibiu de dizer:

- Não posso arcar com isso.
- Não posso fazer isso.
- Busque a segurança.
- Não perca dinheiro.
- E se perder e nunca mais recuperar?

Ele me proibiu de dizer isso porque acreditava que as palavras são as ferramentas mais poderosas que os seres humanos têm à sua disposição. O que uma pessoa diz e pensa se torna real.

Pai rico acreditava piamente que o que dizemos a nós mesmos no íntimo se tornava realidade. Por isso eu suspeitava que, para pessoas que têm dificuldades financeiras, muitas vezes eram suas emoções que falavam e guiavam sua vida. Até uma pessoa aprender a superar os pensamentos guiados pelas emoções, as palavras se materializam, como:

- Nunca ficarei rico.
- Essa ideia não vai funcionar.
- É muito caro para mim.

Se esses pensamentos se basearem em emoções, são poderosos. O bom disso é que eles podem ser mudados com o apoio de novos amigos, novas ideias e um pouco de tempo.

As pessoas que não conseguem controlar seu medo de perder jamais deveriam investir sozinhas. Elas se dão melhor se passarem essa tarefa para um profissional e se não interferirem.

Uma observação interessante é que eu conheci muitos profissionais que são destemidos quando investem o dinheiro de outras pessoas e podem ganhar rios de dinheiro. Mas, quando se trata de investir ou arriscar o próprio dinheiro, o medo de perder é muito forte, e eles acabam perdendo. Em vez da lógica, são as emoções que pesam.

Também conheci pessoas que conseguem investir seu dinheiro e ganhar constantemente, mas que perdem a calma quando alguém lhes pede para investir para elas.

Ganhar ou perder dinheiro é um assunto emocional. Então, o pai rico me revelou o segredo para lidar com essas emoções. Ele sempre dizia: "Para ser um investidor ou um empresário bem-sucedido, você tem de ser emocionalmente neutro quanto a ganhar ou perder. Ganhar ou perder é apenas parte do jogo."

Saindo do Meu Emprego Seguro

Meu amigo Mike e eu tínhamos um sistema que pertencia a ele. Seu pai o tinha construído. Eu não tivera aquela boa sorte. Sabia que, um dia, teria de deixar o conforto e a segurança do ninho e começar a construir o meu próprio.

Em 1978, pedi demissão de meu emprego na Xerox Corporation, que era de horário integral, e dei um passo difícil à frente, mas sem rede de proteção. A confusão na minha mente causada por medo e dúvida era intensa. Quase fiquei paralisado quando assinei minha carta de demissão, peguei meu último contracheque e saí pela porta. Havia uma orquestra de pensamentos e sentimentos autodestrutivos brincando dentro de mim. Estava me envenenando tanto com aquelas convicções que não conseguia escutar mais nada. É uma coisa boa, porque muitas pessoas com as quais trabalhava falavam: "Ele vai voltar. Ele nunca vai conseguir."

O problema é que eu dizia a mesma coisa a mim mesmo. Aquelas palavras passionais de dúvida própria me assombraram durante anos — até que minha mulher e eu fôssemos bem-sucedidos nos quadrantes D e I. Hoje em dia, ainda escuto essas palavras. Mas elas têm menos poder.

No processo de suportar minhas próprias dúvidas, aprendi a criar palavras de encorajamento pessoal — afirmativas como: "Mantenha a calma, pense claramente, mantenha a mente aberta, continue, oriente-se com alguém que tomou esse caminho antes de você e mantenha a fé em um poder mais elevado que está querendo o melhor para você."

Aprendi a criar essas palavras de encorajamento internamente, mesmo tendo uma parte de mim que estava assustada e com medo.

Sabia que tinha poucas chances de êxito da primeira vez que saí. Mesmo assim, emoções humanas positivas como confiança, fé, coragem e bons amigos levaram-me adiante. Sabia que tinha de assumir riscos. Sabia que riscos levam a erros, e que erros levam a sabedoria e conhecimentos, duas coisas que eu não tinha. Para mim, falhar seria deixar o medo vencer, por isso estava disposto a seguir adiante com poucas garantias. Meu pai rico havia instilado em mim a ideia de que "errar faz parte do processo do sucesso".

Jornada Interior

A jornada de um quadrante para o outro é interna. Trata-se de uma jornada de um conjunto de crenças básicas e habilidades técnicas para um novo conjunto de crenças básicas e um novo conjunto de habilidades técnicas. O processo é muito parecido com aprender a andar de bicicleta. Da primeira vez, você cai repetidas vezes. Com frequência, é frustrante e embaraçoso, especialmente se seus amigos estiverem assistindo. Mas depois de algum tempo, as quedas param de acontecer e andar se torna uma coisa automática. Se cair de novo, não é grande coisa, porque, internamente, você sabe que pode levantar-se e sair andando novamente. O processo é o mesmo quando se passa de um cenário mental de segurança proporcionada pelo trabalho a um cenário mental de independência financeira. Depois do que Kim e eu atravessamos, ficamos com menos medo de falhar porque tínhamos confiança em nossa capacidade de ficar de pé novamente.

Pessoalmente, há duas afirmativas que me dão força. Uma foi o conselho do meu pai rico quando eu estava prestes a desistir de tudo e recuar: "Você pode desistir quando quiser. Então, por que agora?"

Essa afirmativa manteve meu moral elevado e aplacou as minhas emoções. Fazia com que me lembrasse que estava na metade do caminho, então, por que voltar atrás, se o caminho para casa ficava tão distante quanto o caminho para o quadrante do outro lado? Seria como se Colombo tivesse desistido e voltado da metade do Atlântico.

Às vezes, desistir é a melhor jogada e ter a inteligência para saber quando é importante parar. Frequentemente, encontro pessoas teimosas que seguem adiante em um projeto que não tem chance de dar certo. O problema de saber quando desistir ou continuar é comum para quem assume riscos. Uma maneira de administrar isso é encontrar um mentor que já tenha conseguido ser bem-sucedido ao fazer a travessia antes. Uma pessoa que já está do outro lado pode melhor orientá-lo. Mas tenha cuidado com os conselhos de alguém que só leu livros sobre a travessia e recebe para palestrar sobre o assunto.

Outra afirmação que muitas vezes me faz seguir em frente é:

"Gigantes também tropeçam e caem,

Mas as minhocas não, porque

Tudo o que fazem é cavar e rastejar."

Muitas pessoas têm dificuldades financeiras não porque não tenham uma boa instrução ou não trabalhem arduamente. É porque têm medo de perder. Se o medo de perder as parasse, elas já teriam perdido.

Os Perdedores se Desfazem de Seus Investimentos Vencedores e se Agarram aos Investimentos Perdedores

O medo de ser um perdedor afeta o que as pessoas fazem de maneiras peculiares. Vi muitas pessoas comprarem uma ação a US$20 e venderem a US$30 porque estavam com medo de perder o que haviam ganhado. E, então, viram a ação chegar a US$100, cair pela metade e subir para US$100 novamente.

Ironicamente, a mesma pessoa que comprou aquela ação por US$20 irá assistir à queda da ação para US$3 e ainda vai perseverar, esperando que o preço suba. Esse é um exemplo de uma pessoa que tem tanto medo de perder, ou admitir que perdeu, que acaba perdendo.

Vencedores se Desfazem de Seus Investimentos Perdedores e se Agarram aos Investimentos Vencedores

Os vencedores fazem coisas praticamente do modo contrário. Muitas vezes, no momento em que sabem que estão na posição de perdedores, isto é, os preços de seus investimentos começam a cair, ao invés de esperar subir, eles vendem imediatamente e assumem suas perdas. Muitos não têm vergonha de dizer que sofreram uma derrota, pois um vencedor sabe que perder faz parte do processo de ganhar. Quando encontram um investimento vencedor, eles se apegam pelo máximo de tempo que puderem, mas quando percebem que o preço atingiu o limite, o vendem.

A chave para ser um grande investidor é ser neutro quanto a ganhar e perder. Assim, você não terá pensamentos guiados por emoções, por exemplo, o medo e a ganância pensando por você.

Os Perdedores Fazem a Mesma Coisa a Vida Toda

As pessoas que têm medo de perder fazem a mesma coisa no mundo real. Todos nós conhecemos pessoas que:

- Permanecem casadas mesmo que não haja mais amor
- Continuam em seus trabalhos mesmo sem perspectiva
- Guardam roupas velhas e bugigangas que nunca usarão
- Ficam em cidades nas quais não têm futuro
- Mantêm amizade com pessoas que as atrapalham

A Inteligência Emocional Pode Ser Controlada

A inteligência financeira está intimamente relacionada à inteligência emocional. Em minha opinião, muitas pessoas sofrem financeiramente porque suas emoções controlam seus pensamentos. Nós, SERES humanos, temos todos as mesmas emoções. O que determina as diferenças entre o que FAZEMOS e o que TEMOS na vida é, basicamente, como lidamos com essas emoções.

A emoção do medo, por exemplo, pode nos tornar covardes. A mesma emoção pode tornar outras pessoas corajosas. Infelizmente, quando o assunto é dinheiro, muitas pessoas são condicionadas a serem covardes financeiramente. Quando surge o medo de perder dinheiro, a mente de muitas pessoas automaticamente começa a cantarolar as seguintes expressões:

- "Segurança" em vez de "Independência"
- "Evitar riscos" em vez de "Aprender a administrá-los"
- "Buscar a segurança" em vez de "Buscar a sagacidade"
- "Não posso arcar com isso" em vez de "Como possibilitá-lo?"
- "É muito caro" em vez de "Quanto vale em longo prazo?"
- "Diversificação" em vez de "Foco"
- "O que os meus amigos acham?" em vez de "O que eu penso?"

A Sabedoria dos Riscos

Há uma ciência em assumir riscos, especialmente financeiros. Um dos melhores livros que já li sobre dinheiro e administração de riscos é *Como se transformar em um operador e investidor de sucesso — O guia prático*, do dr. Alexander Elder. Embora tenha sido escrito para pessoas que negociam com ações e opções profissionalmente, a sabedoria do risco e a administração de riscos se aplicam a todas as áreas financeiras, administração de dinheiro, psicologia pessoal e investimento.

Muitos Ds bem-sucedidos não são Is de sucesso porque não compreendem completamente a psicologia por trás de arriscar dinheiro pura e simplesmente. Enquanto os Ds entendem os riscos envolvidos nos sistemas de negócios e nas pessoas, esse conhecimento nem sempre se traduz nos sistemas do "dinheiro que faz dinheiro".

É Mais Emocional do que Técnico

Em suma, passar dos quadrantes do lado esquerdo para os quadrantes do lado direito é mais uma questão emocional do que técnica. Se as pessoas não conseguirem controlar seus pensamentos emocionais, eu não recomendaria essa jornada.

As coisas parecem tão arriscadas do lado direito do quadrante para as pessoas do lado esquerdo porque as emoções de medo muitas vezes afetam seus pensamentos. As pessoas do lado esquerdo pensam que "evitar riscos" é um pensamento lógico. Não é. É um pensamento emocional. E são os pensamentos emocionais que fazem as pessoas ficarem presas a um quadrante ou a outro.

O que as pessoas FAZEM do lado direito da equação não é tão difícil. Sou sincero quando digo que é tão fácil quanto comprar quatro casas por um preço baixo, esperando que o mercado melhore, vendê-las e, então, comprar um grande hotel.

A vida é como um jogo de *Banco Imobiliário* para as pessoas do lado direito do quadrante CASHFLOW. Com certeza, há derrotas e vitórias, mas isso faz parte do jogo. Vencer e perder fazem parte da vida. Para ter sucesso do lado direito do quadrante, é preciso SER alguém que ama o jogo. Atletas famosos geralmente perdem mais do que vencem, mas, ainda assim, adoram jogar. Donald Trump andou quebrado e lutou para voltar a ter alguma coisa. Ele não desistiu por ter perdido. Perder tornou-o mais esperto e determinado. Muitas pessoas prósperas perderam tudo antes de ficarem ricas. Faz parte do jogo.

Se as emoções de uma pessoa pensam por ela, esses pensamentos emocionais muitas vezes a cegam, impedindo-a de ver qualquer outra coisa. É por causa desses pensamentos automáticos que as pessoas reagem em vez de pensar. São essas emoções que fazem as pessoas de quadrantes diferentes brigarem. Essas brigas são causadas porque as pessoas não têm os mesmos pontos de vista emocionais. São essas reações emocionais que impedem as pessoas de ver como as coisas do lado direito do quadrante CASHFLOW são fáceis e como muitas vezes não envolvem riscos.

Encorajo todos que desejam fazer a travessia a se certificarem de que tenham um grupo de apoio em longo prazo e um mentor para guiá-los. Para mim e Kim, a luta que travamos valeu a pena. Para nós, o principal de passar do lado esquerdo para o direito não foi o que tivemos que fazer, mas quem nos tornamos durante o processo. Para mim, isso não tem preço.

Capítulo 9

SEJA O BANCO, NÃO O GERENTE

Os ricos inventam o dinheiro.

Concentrei minhas atenções na parte SER da fórmula SER–FAZER–TER, porque, sem a mentalidade e a atitude corretas, você não está preparado para grandes mudanças econômicas com as quais nos defrontamos atualmente. "Sendo" alguém que possui as habilidades e a mentalidade do lado direito do quadrante CASHFLOW, você estará apto para reconhecer oportunidades que vêm com essas mudanças e para FAZER o que resultará em TER sucesso financeiro.

Lembro-me de um telefonema que recebi do pai rico no final de 1986: "Você está no mercado imobiliário ou no de ações?", perguntou. "Nenhum dos dois", respondi. "Tudo o que tenho, investi na minha empresa." "Bom", disse ele. "Fique longe dos mercados. Continue montando sua empresa. Algo grande está para acontecer."

Naquele ano, o Congresso norte-americano aprovou a Lei de Reforma Fiscal de 1986. Em apenas 43 dias, o Congresso tomou a maior parte das brechas fiscais com que as pessoas contavam para resguardar sua renda. Aqueles que estavam se utilizando das "perdas passivas" de seu imóvel para fins de dedução fiscal continuaram a ter prejuízos e o governo ainda havia suprimido essa dedução. Nos Estados Unidos, os preços dos imóveis começaram a despencar. Em alguns casos, em até 70%. De repente, os imóveis passaram a valer muito menos do que seus financiamentos. O pânico assolou o mercado de imóveis. Os bancos e as cadernetas de poupança começaram a balançar e muitos começaram a falir. As pessoas não conseguiam sacar seu dinheiro nos bancos e a Wall Street quebrou em outubro de 1987. O mundo viveu uma crise econômica.

Essencialmente, a Lei de Reforma Fiscal de 1986 suprimiu muitos dos incentivos fiscais dos quais dependem muitos Es e As de renda elevada. Muitos deles tinham investido em imóveis ou em sociedades de participação limitada a fim de utilizar essas perdas para compensar seus ganhos nos quadrantes E e A. E, ao mesmo tempo em que a quebra e a recessão afetaram duramente as pessoas do lado direito, os quadrantes D e I, muitos dos mecanismos para evitar os tributos se estagnaram.

Nesse período, os Es conheceram um novo conceito: redução de custos. Logo perceberam que, quando se anunciava uma redução de pessoal de grandes proporções, o preço das ações da empresa subia. Triste, mas muitos não entendiam o porquê. Havia muitos As que também estavam tentando lutar para se manter a despeito da recessão, tendo em vista a queda dos negócios, os altos custos dos seguros e as perdas sofridas pelo mercado imobiliário e de ações. Por isso, sinto que as pessoas que se concentraram principalmente do lado esquerdo do quadrante CASHFLOW foram as mais afetadas e que mais sofreram, em termos econômicos, como resultado direto da Lei de Reforma Fiscal de 1986.

Transferência de Riqueza

Enquanto as pessoas do lado esquerdo sofriam, muitas que atuavam dos lados D e I ficavam ricas porque o governo tirara de algumas para dar a outras.

Mudando o código fiscal, todas as "brechas fiscais" que justificavam os investimentos foram suprimidas dos contribuintes, que compravam imóveis para perder dinheiro. Muitas dessas pessoas eram empregados bem-remunerados ou profissionais liberais, como médicos, advogados, contadores e pequenos empresários. Antes desse período, tinham uma renda tributável tão elevada que seus consultores as aconselhavam a comprar imóveis para aplicar o dinheiro e, então, com o dinheiro que sobrasse, investir no mercado de ações. Quando o governo suprimiu aquele incentivo com a Reforma Fiscal, teve início uma das maiores transferências em massa de riquezas. Na minha opinião, muitas das riquezas foram tiradas dos lados E e A e entregues aos lados D e I por uma ninharia.

Quando as empresas de poupança e empréstimo (instituições financeiras independentes que captam poupanças do público e as aplicam em financiamento imobiliário) faliram, bilhões de dólares depositados ficaram em risco. O dinheiro tinha que ser devolvido. Então, como seriam devolvidos os bilhões de dólares perdidos em poupança e execuções de imóveis? Bem, através dos contribuintes, é claro; as mesmas pessoas que já estavam sofrendo bastante com as coisas do jeito que estavam.

Talvez alguns de vocês já tenham ouvido falar de um órgão do governo norte-americano chamado *Resolution Trust Corporation*, ou RTC, como é comumente conhecido. O RTC era o órgão responsável por tomar as execuções oriundas da quebra do mercado imobiliário e transferi-las para as pessoas que soubessem lidar com elas. Para mim e para muitos amigos, foi uma bênção divina.

Lembre-se de que o dinheiro pode ser visto com a mente, não com os olhos. Nesse período, as emoções foram a mil e a visão ficou embaralhada. As pessoas viam o que eram treinadas para ver. Três coisas aconteceram com as pessoas do lado esquerdo do quadrante CASHFLOW:

1. O pânico estava em toda parte. Quando as emoções são muitas, a inteligência financeira muitas vezes desaparece. Por estarem tão preocupadas com seus empregos, com o valor cada vez menor de seus imóveis, com a quebra do mercado de ações e com a morosidade dos negócios de modo geral, muitas pessoas deixaram de ver oportunidades substanciais bem à sua frente. Seus pensamentos passionais as haviam cegado. Em vez de tocar o barco e sacudir a poeira, muitas regridem.

2. Eles não tinham as habilidades técnicas necessárias para os lados D–I. Assim como um médico precisa desenvolver competências técnicas com anos de formação e, em seguida, de residência, as pessoas nos quadrantes D e I também precisam de habilidades técnicas altamente especializadas. Elas incluem a proficiência financeira, saber reescalonar uma dívida, estruturar uma oferta, levantar capital, entender o mercado e outras competências passíveis de aprendizado.

Quando o RTC disse: "Temos um banco para vender, com ativos no valor de US$20 milhões, mas você pode tê-lo hoje por apenas US$4 milhões", muitas pessoas dos lados E–A não tinham ideia de como levantar os US$4 milhões para comprar aquele presente dos céus ou de distinguir um bom de um mau negócio.

3. Precisavam de uma máquina de dinheiro. Muitas pessoas nesse período tinham que trabalhar mais para sobreviver. Como um D, meu negócio pôde se expandir sem que eu precisasse me esforçar muito. Em 1990, minha empresa estava indo de vento em popa, e crescia. Nesse período, ela cresceu das atividades iniciais para onze escritórios no mundo todo. Quanto mais se expandia, menos esforço físico tinha que fazer e mais dinheiro entrava. O sistema e as pessoas que o integravam trabalhavam arduamente. Com dinheiro adicional e tempo livre, Kim e eu podíamos passar um bom tempo procurando oportunidades. E havia muitas.

A Melhor Época... E Também a Pior

Há um ditado que diz: "Não são os acontecimentos da vida que importam, mas como os significamos."

O período de 1986 a 1996 foi, para algumas pessoas, a pior época de suas vidas. Para outras, a melhor. Quando recebi aquele telefonema do pai rico em 1986, reconheci as oportunidades fantásticas que essa mudança econômica me apresentava. Embora não tivesse muito dinheiro disponível, consegui criar ativos utilizando minhas habilidades de D e I. Mais adiante neste capítulo, descrevo em detalhes como criei ativos que me ajudaram a ficar financeiramente independente.

Uma das chaves para uma vida bem-sucedida e feliz é ser flexível o bastante para reagir adequadamente a quaisquer mudanças que apareçam em seu caminho. Infelizmente, muitas pessoas não estavam prontas para lidar com as mudanças rápidas que aconteceram e continuam a acontecer. Entretanto, a maioria é geralmente otimista e tem a capacidade de esquecer. Depois de cerca de dez a onze anos, elas se esquecem, e então as coisas mudam de novo.

A História Se Repete

Hoje em dia, as pessoas já esqueceram um pouco da Lei de Reforma Fiscal de 1986. Os Es e As trabalham mais do que nunca. Por quê? Porque as brechas fiscais foram fechadas.

Como trabalham mais para recuperar o que perderam, a economia cresceu, suas rendas aumentaram e seus contadores começaram novamente a sussurrar as mesmas velhas palavras mágicas: "Compre uma casa maior. Tenha participação na dívida, pois é a melhor dedução fiscal. Além disso, sua casa é um ativo e deve ser seu maior investimento." Então, olham para as "suaves prestações mensais" e se tornam devedores.

Na minha opinião, uma grande transferência de fortuna está prestes a acontecer e talvez seja bem diferente do que esperamos. Era por isso que o pai rico lia livros de economia para mim. A economia muda, mas a história se repete.

O dinheiro continua a fluir do lado esquerdo para o direito do quadrante CASHFLOW, como sempre. Muitas pessoas estão afundadas em dívidas, porém, ainda colocam dinheiro no mercado de ações, muitas vezes, por meio de seus planos de aposentadoria. Os Ds e Is, do lado direito, vendem na alta do mercado, justamente quando os afoitos do lado esquerdo superam seus medos e ingressam nele. Algo impactante acontece, o mercado entra em crise e, quando a poeira assenta, os investidores voltam. Compram exatamente o que acabaram de vender. Novamente, teremos outra grande transferência de fortuna do lado esquerdo para o direito do quadrante CASHFLOW.

Serão necessários muitos anos para cicatrizar as feridas emocionais dos que perderam dinheiro — mas elas se fecham e outro mercado ascende.

Nesse momento, as pessoas começam a citar Yogi Berra, o grande jogador de beisebol do New York Yankees: "É somente mais um *déjà vu*."

É uma Conspiração?

Escuto muitas vezes as pessoas, especialmente As e Es, dizerem que há uma espécie de conspiração global, sustentada por algumas famílias ultrarricas que controlam os bancos. Essa teoria da conspiração dos bancos se mantém há anos.

Existe essa conspiração? Não sei. Poderia haver uma? Tudo é possível. Sei que existem famílias poderosas que controlam enormes quantias de dinheiro. Mas há um grupo que controla o mundo? Vejo como se houvesse um grupo de pessoas de um lado com uma mentalidade e outro, de outro lado, com uma mentalidade diferente. Elas estão todas jogando esse grande jogo do dinheiro, mas cada quadrante joga de perspectivas e com um conjunto de regras diferentes.

O grande problema é que as pessoas do lado esquerdo não conseguem ver o que as do lado direito estão fazendo. Mas as pessoas do lado direito sabem os que as do esquerdo fazem.

Caça às Bruxas

Em vez de tentar descobrir o que as do lado direito sabem ou não sabem, os Es e As frequentemente se empenham em uma caça às bruxas. Há apenas alguns séculos, quando havia uma praga ou acontecia algo ruim a uma comunidade, os moradores saíam procurando essa maçã de Adão. Ou seja, precisavam encontrar alguém em quem pôr a culpa pelo seu infortúnio.

Bem, ainda se caçam bruxas hoje em dia. Muitos procuram alguém a quem culpar por seus apuros financeiros. Essas pessoas muitas vezes acusam os ricos por seus problemas financeiros pessoais, em vez de perceber que a razão fundamental de sua condição é a falta pessoal de proficiência financeira.

Os Heróis Se Tornam Vilões

De tempos em tempos, surge um novo guru financeiro, que parece ter a fórmula infalível para a riqueza. No final dos anos 1970, foram os irmãos Hunt que tentaram monopolizar o mercado da prata. O mundo aplaudia seu gênio, mas, praticamente de um dia para o outro, foram caçados como criminosos porque muitas pessoas perderam dinheiro por seguir os conselhos dos irmãos. No final dos anos 1980, foi a vez de Michael Milken, o rei das ações de alto risco. Em um dia, era um gênio das finanças e, logo depois da crise, foi caçado e mandado para a cadeia. As pessoas mudam, mas a história se repete.

Hoje em dia, temos novos gênios dos investimentos. Aparecem na televisão, na internet e em publicações financeiras. São as novas celebridades. Warren Buffett também é considerado um semideus. Quando compra alguma coisa, todo mundo corre para comprar o mesmo. E quando vende, os preços despencam. O dinheiro o segue aonde ele vai. Se houver uma correção importante do mercado em um futuro não muito distante, será que os atuais heróis das finanças passarão a ser odiados? Só o tempo dirá.

Em cada ciclo de alta economia, há heróis. E nos de baixa, vilões. Muitas vezes, são as mesmas pessoas. Alguns sempre precisarão de um bode expiatório para levar a culpa de sua cegueira financeira. A história vai se repetir e outra transferência financeira terá seu lugar. Quando isso acontecer, de que lado da transferência você estará: esquerdo ou direito?

Na minha opinião, as pessoas não percebem que estão em um grande jogo mundial, um cassino virtual no céu, mas ninguém lhes disse que sua participação no jogo é crucial. O jogo é: "Quem deve a quem?"

Seja o Banco, Não o Gerente

Quando tinha vinte anos, pensava que o jogo consistia em ser o banco, mas isso não significava conseguir um emprego de gerente. Minha instrução superior estava prestes a começar. Foi nesse período que o pai rico me fez pesquisar palavras como "financiamento", "imóvel" e "finanças". Estava começando a treinar minha mente para ver o que meus olhos não conseguiam.

Ele me encorajou a aprender e entender o jogo, e então, depois que o aprendi, não podia fazer o que havia entendido. Decidi compartilhar meu conhecimento com alguém que estivesse interessado.

Ele também me fez ler livros sobre os grandes líderes do capitalismo. Pessoas como John D. Rockefeller, J. P. Morgan e Henry Ford. Um dos livros mais importantes que li foi *The Worldly Philosophers*, de Robert Heilbroner. Para as pessoas que querem atuar dos lados D e I, é leitura obrigatória, pois lista os maiores economistas de todos os tempos, a começar por Adam Smith, que escreveu *A riqueza das nações*. É fascinante olhar a mente de alguns dos mais importantes filósofos, os economistas. Essas pessoas interpretaram a evolução do capitalismo moderno em sua breve história. Na minha opinião, se quiser ser um líder do lado direito do quadrante, é importante ter uma visão da história da economia para ter uma ideia tanto de nossa história quanto do futuro.

Depois de *The Worldly Philosophers*, recomendo a leitura de *The Creature from Jekyll Island*, de Edward Griffin, *Unlimited Wealth*, de Paul Zane Pilzer,

The Sovereign Individual, de James Dale Davidson, *The Crest of the Wave*, de Robert Prechter e *The Great Depression Ahead*, de Harry Dent. Enquanto o livro de Heilbroner dá uma ideia das nossas origens econômicas, os outros falam do futuro. Seus pontos de vista contrastantes são importantes. Permitem ir além do que consigo explicar. Lendo livros desse tipo, consegui entender as altas e baixas dos ciclos e tendências econômicas. Um tema comum a eles é que uma das maiores mudanças de todas está prestes a acontecer.

Como Ser o Banco

Depois da Lei de Reforma Fiscal, de 1986, havia oportunidades em todo canto. Imóveis, ações e negócios estavam disponíveis a preços baixos. Ao mesmo tempo que as coisas se mostravam devastadoras para as pessoas do lado esquerdo do quadrante CASHFLOW, era maravilhoso para mim, porque sabia usar minhas habilidades de D e I para aproveitar as oportunidades que me cercavam. Em vez de cobiçar tudo o que parecia ser um bom negócio, decidi me concentrar em imóveis. Por que imóveis? Por estas cinco razões simples:

1. **Preços**

   Os preços dos imóveis estavam tão baixos que os pagamentos dos financiamentos eram muito mais baixos que o aluguel justo de mercado para a maioria. Investir em imóveis se justificava no cenário econômico porque o risco era pequeno. Era como ir a uma liquidação em uma loja de departamentos em que todos os preços estivessem com 50% de desconto.

2. **Financiamento**

   Os bancos podiam me dar empréstimos para a aquisição de imóveis, mas não para ações. Já que eu queria comprar o máximo possível enquanto o mercado estivesse em crise, comprei imóveis de tal forma que o dinheiro que tinha poderia ser combinado com o financiamento através dos bancos.

   Por exemplo, digamos que eu tivesse US$10 mil em economias para investir. Se comprasse ações, poderia comprar o equivalente a US$10 mil. Poderia comprar "*on margin*" (você dá uma entrada e a corretora financia o restante), mas não era economicamente forte o bastante para arriscar uma virada do mercado.

Com US$10 mil em imóveis e um financiamento de 90%, eu poderia comprar um imóvel de US$100 mil.

Se ambos os mercados subissem 10%, eu ganharia US$1 mil em ações, mas US$10 mil em imóveis.

3. **Impostos**

   Se ganhasse US$1 milhão de lucro com ações, teria que pagar cerca de 30% de impostos sobre meus lucros. Em imóveis, contudo, aquele milhão poderia ser transferido, isento de impostos, para a próxima transação imobiliária. No final das contas, depreciaria o imóvel para ter vantagens fiscais ainda maiores.

   Nota importante: um investimento deve ter um incentivo fiscal relevante para que eu invista nele. Qualquer incentivo fiscal só o torna mais atraente.

4. **Fluxo de caixa**

   Os aluguéis não baixaram, embora o preço dos imóveis tivesse diminuído. Isso colocou um bocado de dinheiro no meu bolso, pago pelos financiamentos, e o mais importante, permitiu que eu controlasse o tempo do mercado de novo. Quando isso aconteceu, pude vender. Embora tivesse muitas dívidas, isso nunca me atingiu, porque os aluguéis eram muito maiores do que o custo dos empréstimos.

5. **Uma oportunidade de ser o banco**

   Os imóveis me permitiram me tornar o equivalente ao banco, algo que eu sempre tive vontade de ser desde 1974.

Os Ricos Inventam o Dinheiro

Em *Pai Rico, Pai Pobre,* escrevi sobre como os ricos criam dinheiro e, muitas vezes, desempenham o papel de bancos. O que se segue é um exemplo simples que quase todo mundo pode seguir.

Digamos que eu tenha encontrado uma casa que valha US$100 mil e que, com um golpe de sorte, eu feche o negócio por US$80 mil. Paguei uma entrada de US$10 mil mais um financiamento de US$70 mil.

Então, anuncio que a casa está à venda, que seu valor está avaliado em US$100 mil, e uso estas palavras mágicas no anúncio: "Casa à venda. Proprietário desesperado. Não aceito bancos. Pequena entrada. Prestações mensais facilitadas."

Os telefones não param de tocar. A casa é vendida em um "pacote" ou contrato de arrendamento com opção de compra. Em outras palavras, vendo a casa em troca de uma promessa de pagamento de US$100 mil. O aspecto da operação é o seguinte:

MEU BALANÇO PATRIMONIAL

Ativos	Passivos
Promissória de US$100 mil	US$70 mil Financiamento

BALANÇO PATRIMONIAL DO COMPRADOR

Ativos	Passivos
	Promissória de US$100 mil

Essa operação, então, é registrada em um cartório de títulos e garantias, que frequentemente lida com os pagamentos. Se a pessoa deixa de pagar os US$100 mil, executo e vendo o imóvel para a próxima pessoa que quer uma casa com uma "pequena entrada e prestações mensais facilitadas" para viver. As pessoas fazem fila para aproveitar a oportunidade de comprar uma casa nesses termos.

O efeito líquido é que criei US$30 mil em minha coluna de ativos pelos quais recebo juros, exatamente como um banco recebe pelos empréstimos que faz.

Estava começando a ser o banco e adorava isso. Se você se lembrar do último capítulo, o pai rico dizia: "Tenha cuidado ao contrair dívidas. Se contraí-

-las pessoalmente, certifique-se de que sejam pequenas. Se assumir uma dívida grande, certifique-se de que alguém as esteja pagando para você."

Na linguagem dos lados D–I, eu "passava adiante" o risco ou o fazia ser "coberto" por outro comprador. Esse é o jogo no mundo das finanças.

Esse tipo de operação é feito no mundo todo. Ainda assim, em todo lugar aonde vou, as pessoas vêm a mim e dizem estas palavras mágicas: "Você não pode fazer isso aqui."

O que a maioria dos investidores não percebe é que muitos dos grandes edifícios comerciais são comprados e vendidos exatamente da forma que descrevi anteriormente. Às vezes, eles recorrem ao banco, mas, muitas vezes, não.

É como Economizar US$30 Mil sem uma Poupança

No capítulo anterior, escrevi sobre por que o governo não dá incentivos fiscais para as pessoas pouparem. Bem, duvido que os bancos, algum dia, pedirão ao governo que o façam, porque os ativos dos bancos são os seus passivos.

Nos Estados Unidos, a taxa das poupanças é baixa porque os bancos não querem o dinheiro nem precisam que suas economias melhorem. Dessa forma, esse exemplo é uma forma de assumir o papel de banco e aumentar suas economias sem grande esforço.

O fluxo de caixa desses US$30 mil é refletido da seguinte forma:

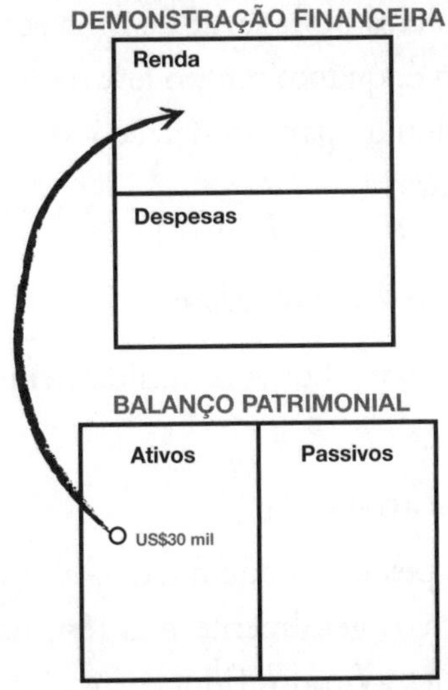

Há várias coisas interessantes sobre esse diagrama:

1. Eu determino a taxa de juros dos meus US$30 mil. Em geral, os juros são de 10%. Hoje em dia, a maioria dos bancos não paga mais do que 5% sobre as poupanças. Então, mesmo que eu usasse meus US$10 mil para a entrada, o que tento não fazer, os juros sobre essa importância são geralmente melhores do que os que o banco me pagaria.
2. É como criar US$20 mil (US$30 mil menos os US$10 mil da entrada) que não existiam antes, igual à forma que os bancos criam ativos e depois cobram juros sobre eles.
3. Estes US$20 mil foram criados isentos de impostos. Para uma pessoa mediana do quadrante E, seriam necessários quase US$40 mil de salários para poder poupar US$20 mil. A renda ganha como empregado está em uma proporção 50/50 e o governo toma 50% do que lhe cabe, antes que possa vê-los, através de descontos na fonte.
4. Todos os impostos sobre propriedade, manutenção e taxas de administração são agora de responsabilidade do comprador, pois o imóvel foi vendido para ele.

E não é só isso. Muitas atitudes criativas podem ser tomadas dos lados D–I para criar dinheiro do nada, assumindo o papel do banco.

Uma transação como essa pode levar de uma semana a um mês para ser implementada. A questão é: quanto tempo levaria para a maioria das pessoas ganhar US$40 mil adicionais para poder economizar US$20 mil após os impostos e outras despesas?

O Fluxo de Renda Está Protegido

Em *Pai Rico, Pai Pobre,* expliquei resumidamente por que os ricos usam sociedades anônimas:

1. **Proteção para os ativos**

   Se você é rico, as pessoas tendem a querer o que você tem através de litígios. Mas os ricos geralmente não têm nada em seu nome. Seus ativos são entregues a fundos fiduciários e sociedades anônimas para protegê-los.

2. **Proteção para a renda**

   Passando o fluxo de renda dos ativos para sua própria sociedade anônima, grande parte do que está sendo tomado de você pelo governo pode ser protegida.

A cruel realidade é que, para os empregados, a sequência é assim:

GANHAR

↓

SER TRIBUTADO

↓

GASTAR

Como empregado, seus ganhos são tributados e tomados pelo desconto na fonte antes de você receber o salário. Então, se um empregado receber US$30 mil por ano, considerando a parte que o governo retira, esse valor já caiu para US$15 mil. Com os US$15 mil, você precisa pagar seu financiamento e todas as despesas costumeiras.

Se seu fluxo de renda passar por uma sociedade anônima antes, o padrão é:

GANHAR

↓

GASTAR

↓

SER TRIBUTADO

Passando primeiro o fluxo de renda dos US$30 mil que você criou por uma sociedade anônima, você pode despender a maior parte dos ganhos antes que o governo a pegue. Se for o dono da empresa, é você quem faz as regras, contanto que a sociedade anônima esteja em conformidade com o código tributário.

Por exemplo, se você faz as regras, pode inserir no estatuto social de sua sociedade anônima que o amparo a crianças faz parte do seu pacote de emprego. A companhia pagará US$400 por mês para fins de amparo a crianças antes da tributação. Se pagar por isso com dólares após a tributação, efetivamente precisa ganhar perto de US$800 para pagar o mesmo valor de amparo a crianças com o dinheiro após a tributação. A lista é longa e as exigências são específicas em relação ao que o dono de uma sociedade anônima pode cancelar e o empregado não pode. Até mesmo algumas despesas de viagem podem ser canceladas antes da tributação, contanto que você comprove através de documentos que a viagem teve finalidades corporativas, como uma reunião de diretoria. Certifique-se de que você está seguindo as regras. Até os planos de aposentadoria são diferentes para donos de empresas e empregados, em muitos casos. Após ter dito tudo isso, quero chamar a atenção para o fato de que você tem que seguir a regulamentação necessária para tornar essas despesas dedutíveis. Acredito em aproveitar as deduções legais permitidas pelo código tributário, mas não recomendo violar as leis.

Mais uma vez, a chave para aproveitar algumas dessas disposições é em qual quadrante sua renda é gerada. Se é proveniente de seu trabalho como empregado de uma empresa que não é sua nem controlada por você, a renda e a proteção de ativos são pequenas.

Por isso recomendo que, se for um empregado, mantenha seu emprego, mas comece a passar o tempo nos quadrantes D ou I. Sua estrada rápida para a independência passa através desses dois quadrantes. Para se sentir mais seguro economicamente, o segredo é atuar em mais de um quadrante.

Território Livre

Há poucos anos, Kim e eu queríamos alguns imóveis longe das multidões. Urgia que tivéssemos alguns acres de terra com carvalhos altos e um riacho passando no terreno. E também queríamos privacidade.

Encontramos um pacote que custava US$75 mil por vinte acres. O vendedor estava disposto a dar um desconto de 10%, incidindo sobre o saldo um juro de 10%. Era uma transação justa. O problema é que essa transação violava a regra que o pai rico me ensinara: "Tome cuidado ao contrair dívidas. Se você assumir dívidas pessoalmente, certifique-se de que ela é pequena. Se assumir dívidas elevadas, certifique-se de que alguém esteja pagando por ela."

Deixamos de lado o terreno de US$75 mil e passamos a procurar um que fosse mais relevante. Para mim, US$75 mil é muito porque nosso fluxo de caixa ficaria assim:

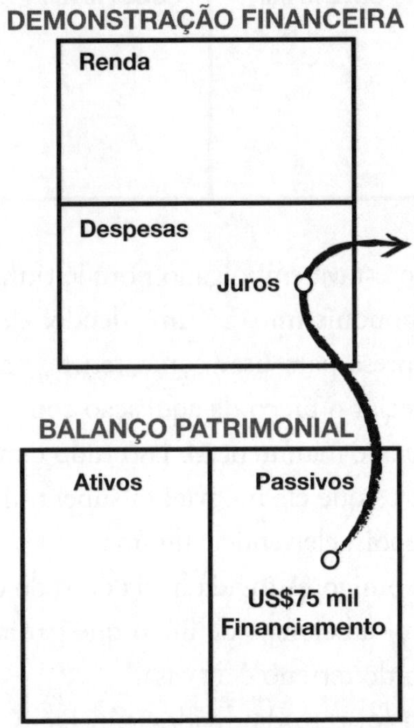

E lembre-se da regra do meu pai rico: "Se você assume dívida e risco, deve ser recompensado." Bem, nessa operação, teria assumido tanto a dívida quanto o risco, e ainda estaria pagando por isso.

Cerca de um mês depois, encontramos um terreno por US$115 mil que era ainda mais bonito. Ele tinha 87 acres com carvalhos altos, um riacho e uma casa. Ofereci ao vendedor o preço à vista, se aceitasse minhas condições, e ele aceitou. Para encurtar a história, gastamos algum dinheiro para consertar a casa e a vendemos, com mais trinta acres, por US$215 mil, usando a mesma ideia de "pequena entrada, parcelas mensais facilitadas". Ficamos com 57 acres.

A transação no meu balanço patrimonial foi assim:

BALANÇO PATRIMONIAL

Ativos	Passivos
US$215 mil	US$115 mil

O novo proprietário estava empolgado porque tinha uma bela casa, pela qual podia pagar, por pouquíssimo. Só um adendo: ele também comprara a casa através de sua empresa para usar como retiro para seus empregados, o que permitia a ele depreciar o preço da aquisição como um ativo da empresa e ainda deduzir despesas de manutenção. Isso tudo e mais a possibilidade de deduzir os juros. Os juros que ele me pagava superavam, e muito, os que eu pagava. Alguns anos depois, ele vendeu algumas ações da empresa e quitou a dívida do empréstimo comigo. A dívida havia deixado de existir.

Com os US$100 mil adicionais de lucro que ganhei, consegui pagar os impostos sobre o ganho do terreno e da casa.

O resultado líquido foi zero de dívidas, um lucro de US$15 mil após a tributação e 57 acres de um magnífico terreno. É como receber para ter o que se quer.

Hoje em dia, o meu balanço patrimonial dessa transação específica é:

BALANÇO PATRIMONIAL

Ativos	Passivos
Terreno de 57 acres US$15 mil em dinheiro	

A IPO

Uma Oferta Pública Inicial (IPO) ou transformar uma empresa de capital fechado em outra de capital aberto através da oferta de ações baseiam-se em princípios simples. Da mesma forma que as palavras, o mercado e os jogadores são diferentes, há alguns princípios fundamentais subjacentes que permanecem os mesmos. Quando minha organização constitui uma empresa para abrir o capital, criamos um valor a partir do nada, embora tentemos fundamentá-lo no que era justo frente ao mercado. Fazemos a oferta na bolsa de valores e, em vez desse patrimônio ser vendido a uma única pessoa, é vendido a milhares na forma de ações da empresa.

O Valor da Experiência

Esta é outra razão pela qual recomendo que as pessoas comecem no quadrante D antes de ir para o I. Independentemente de o indivíduo investir em imóveis, empresas, ações ou títulos, existe um "tino abrangente para negócios" básico, que é essencial para ser um bom investidor. Algumas pessoas têm esse tino, mas muitas não o têm. Isso acontece principalmente porque a escola nos treina para sermos altamente especializados e não termos uma visão global e abrangente.

Para aqueles que pensam em passar para os quadrantes D e I, recomendo começar aos poucos e dar tempo ao tempo. Façam negócios maiores à medida que sua confiança e experiência aumentarem. Lembrem-se: a única diferença entre um negócio de US$80 mil e outro de US$800 mil é um zero. O processo de criar um negócio pequeno é muito parecido com o de realizar uma oferta pública multimilionária muito maior. É apenas uma questão de mais pessoas, zeros e diversão.

Depois que a pessoa adquire experiência e boa reputação, é preciso ter cada vez menos dinheiro para criar investimentos cada vez maiores. Muitas vezes, nem é preciso ter dinheiro para ganhar muito dinheiro. Por quê? Conforme já afirmei, se você sabe ganhar dinheiro usando dinheiro, pessoas e dinheiro vão se juntar a você.

Comece com pouco e dê tempo ao tempo. Experiência é mais importante que dinheiro.

É Simples e Fácil

Teoricamente, os números e as transações do lado direito do quadrante CASHFLOW são simples, não importa se você está falando de ações, títulos, imóveis ou negócios. Estar bem de vida significa saber pensar diferente, do ponto de vista de quadrantes diferentes e ter coragem para fazer as coisas de forma diferente. Para mim, uma das coisas mais difíceis para um novato nessa mentalidade é o número incontável de pessoas que vão dizer: "Você não pode fazer isso."

Se superar esse tipo de mentalidade limitada e sair em busca de pessoas que vão dizer: "Sim, eu sei como fazer isso e ficarei feliz em lhe ensinar", sua vida será mais fácil.

As Leis

Comecei este capítulo com a Lei de Reforma Tributária de 1986. Da mesma forma que foi uma mudança significativa das regras, não foi nem será a mudança definitiva. Uso apenas a Lei de 1986 como um exemplo de quão poderosas as leis e regras podem ser. Para uma pessoa ser bem-sucedida nos lados D e I do quadrante, precisa estar ciente das forças do mercado e de quaisquer mudanças na lei que afetem essas forças.

Hoje, nos Estados Unidos, o Código Tributário tem mais de 100 mil páginas. E isso é só para o IRS. As leis federais compreendem mais de 1,2 milhão de páginas de leis. Um leitor mediano levaria 23 mil anos para ler o Código Tributário inteiro dos Estados Unidos. E todos os anos mais leis são criadas, suprimidas e alteradas. Seria preciso mais que um simples trabalho em tempo integral para acompanhar todas.

Toda vez que me dizem: "Isso é contra a lei", respondo perguntando se já leram todas as leis fiscais dos Estados Unidos. Se responderem que sim, saio devagar, a passos lentos, de costas para a porta. Nunca dê as costas para alguém que pensa que conhece todas as leis.

Ser bem-sucedido do lado direito exige ser capaz de ver 5% com os olhos e 95% com a mente. Entender as leis e as forças do mercado é essencial para o sucesso financeiro. As grandes transferências de fortuna muitas vezes acontecem quando as leis e o mercado se modificam; assim, é importante prestar atenção se quiser fazer essas mudanças trabalharem a seu favor e não o contrário.

O Governo Precisa do Seu Dinheiro

Acredito em pagar impostos. Sei que o governo provê muitos serviços importantes e essenciais para uma civilização bem administrada. Infelizmente, na minha opinião, o governo é muito grande, mal gerido e faz muitas promessas que não pode cumprir. Mas isso não é somente culpa dos políticos e legisladores atualmente no poder. Muitos dos problemas financeiros que enfrentamos hoje foram criados pelos seus predecessores. Lamentavelmente, se os legisladores querem continuar no poder, não podem deixar a verdade ir a público. Se o fizerem, serão cassados, pois o povo ainda confia que o governo irá resolver seus problemas econômicos e de saúde. Mas o governo não pode.

Nesse ínterim, o governo terá que continuar recolhendo mais impostos, mesmo que os políticos prometam que não o farão. Foi por isso que o Congresso aprovou a Lei de Reforma Fiscal de 1986. Era preciso cobrir um deficit fiscal para aumentar esse recolhimento. Muitos governos ocidentais têm que continuar recolhendo mais impostos para dar conta das promessas antigas já feitas, como o Medicare e a Previdência Social, bem como as aposentadorias devidas aos milhões de funcionários públicos.

Conforme o deficit cresce, os planos de aposentadoria (401(k) nos Estados Unidos ou análogos em outros países) começarão a encolher por causa das oscilações do mercado. Os fundos mútuos vão começar a liquidar suas ações para poder pagar os pedidos de venda dos *baby boomers* que precisam do dinheiro para usar em suas aposentadorias. Os *baby boomers* vão ficar perplexos com os enormes impostos sobre os ganhos de capital acumulados nesses fundos mútuos, dedutíveis na ocasião do saque. Esses ganhos de capital vão advir da venda das ações supervalorizadas que os fundos passam para seus membros. Em vez de dinheiro, muitos *baby boomers* vão ficar com cara de bobos por terem que pagar impostos devidos sobre ganhos de capital nunca recebidos. Lembre-se de que quem fica com o dinheiro em primeiro lugar é o leão.

Ao mesmo tempo, a saúde de muitos dos *baby boomers* mais pobres vai começar a se deteriorar, pois, historicamente, os mais pobres têm uma saúde pior do que as pessoas mais favorecidas. O Medicare vai falir e os Estados Unidos clamarão por um programa de apoio do governo.

Acrescente a isso o eclipse dos Estados Unidos como a nação com o maior PIB e a tendência para delegar serviços (como contabilidade, tecnologia da informação e televenda) para nações como a Índia, e fica claro que os salários terão que cair ou a produtividade subir rapidamente para enfrentar os desafios do nosso mercado global em rápida transformação.

A próxima grande transferência de fortunas irá acontecer, não por conspiração, mas por ignorância. A mentalidade dos benefícios dos grandes governos e dos grandes negócios da Era Industrial está nas últimas. Mas aqui estamos nós, no meio da Era da Informação, usando soluções obsoletas para novos problemas de ordem mundial.

Em 1989, houve a queda do Muro de Berlim. Na minha opinião, isso foi tão significativo quanto o ano de 1492, quando Colombo chegou à América em busca da Ásia. Em alguns círculos, o ano de 1492 foi o começo oficial da Era Industrial. O fim foi marcado em 1989. As regras mudaram.

A História É um Guia

Meu pai rico me encorajou a aprender o jogo. Depois que aprendi a jogá-lo bem, pude fazer o que queria com o que sabia. Escrevo e ensino por preocupação e porque sinto que cada vez mais pessoas precisam saber como cuidar de si financeiramente e não se tornar dependentes do governo ou de uma empresa para se sustentar.

Espero que esteja errado sobre o que prevejo, economicamente falando. Talvez os governos consigam continuar a cumprir as promessas de cuidar das pessoas, aumentando impostos e se endividando ainda mais. Talvez o mercado de ações sempre suba e nunca mais caia de novo. E talvez o preço dos imóveis sempre aumente e sua casa se torne seu melhor investimento. E talvez milhões de pessoas se satisfaçam ganhando salário-mínimo e consigam dar boas condições de vida às suas famílias. Talvez tudo isso possa acontecer. Mas não acho provável. Não se considerarmos que a história é um guia.

Historicamente, se uma pessoa viveu até os 75 anos, passou por dois períodos de recessão e um de depressão. Como *baby boomers*, atravessamos dois períodos de recessão, mas não presenciamos ainda a depressão. Talvez nunca haja uma novamente, mas não é isso o que a história diz. Como diz o ditado: "Se seu vizinho perde o emprego, é uma recessão. Se você o perde, é uma crise."

Meu pai rico me fez ler livros sobre os grandes capitalistas e economistas para que eu pudesse adquirir uma visão mais profunda e uma perspectiva melhor do passado e do futuro.

Assim como há grandes ondas no oceano, há no mercado. Em vez de o vento e o sol as guiarem, as ondas do mercado financeiro são orientadas por duas emoções humanas: cobiça e medo. Não acredito que depressões sejam coisas do passado, porque somos todos seres humanos e sempre teremos emoções de cobiça e medo. E quando a cobiça e o medo colidem e a perda é grande, a emoção humana que vem logo depois é a depressão. A depressão é feita de duas emoções: raiva e tristeza. Raiva de si mesmo e tristeza por uma perda. Depressões econômicas são depressões emocionais. As pessoas perdem e ficam deprimidas.

Embora a economia global pareça estar em boa forma, há milhões de pessoas em estágios de depressão diversos. Pode ser que tenham emprego, mas, lá no fundo, sabem que não estão progredindo financeiramente. Elas têm raiva de si e ficam tristes porque perderam tempo. As pessoas pouco sabem que foram presas em uma armadilha criada pela ideia da Era Industrial de "encontrar um emprego seguro e não se preocupar com o futuro".

Uma Grande Mudança É uma Oportunidade

Estamos em uma era de grandes mudanças e oportunidades. Para alguns, será a melhor época. Para outros, a pior.

Como o presidente John Kennedy disse uma vez: "Uma grande mudança se aproxima." Kennedy veio do lado direito do quadrante CASHFLOW. Na década de 1960, tentava desesperadamente elevar o padrão de vida dos que estavam presos em um lapso temporal. Infelizmente, décadas mais tarde, milhões de pessoas ainda estão presas nessa defasagem temporal, seguindo ideias advindas de gerações passadas — como: "Vá para a faculdade para que consiga um emprego estável." A educação é mais importante do que nunca, mas precisamos ensinar as pessoas a pensar um pouco mais além do que apenas procurar um emprego seguro e esperar que a empresa ou o governo cuidem delas depois que sua vida laboral terminar. Essa ideia é da Era Industrial e não estamos mais nela.

Ninguém disse que seria justo; contudo, os Estados Unidos não são um país justo. São um país livre. Há pessoas que trabalham mais, são mais espertas, são guiadas pelo sucesso, têm mais talento ou mais desejo do que outras de ter uma boa vida. Somos livres para ir atrás dessas ambições se tivermos determinação. Ainda assim, toda vez que alguém faz algo melhor, alguns dizem que não é justo — as mesmas pessoas pensam que seria justo se os ricos compartilhassem com os pobres. Bem, ninguém disse que era justo. E quanto mais tentamos tornar as coisas justas, menos livres nos tornamos.

Quando alguém me diz que há uma discriminação racial ou um "telhado de vidro", concordo. Sei que essas coisas existem. Pessoalmente, detesto qualquer tipo de discriminação e, como tenho ascendência nipônica, experimentei a discriminação em primeira mão. Nos lados E e A, a discriminação existe mesmo, especialmente nas empresas. Sua aparência, formação, cor de pele e gênero, tudo conta do lado esquerdo do quadrante. Mas isso é indiferente do lado direito, em que justiça e segurança são irrelevantes. O que vale são a independência financeira e o amor pelo jogo. Se quiser jogar do lado direito do quadrante, os jogadores o receberão bem. Se jogar e ganhar, ótimo. Eles o receberão cada vez melhor e irão querer conhecer seus segredos. Se jogar e perder, terão o maior prazer em tirar seu dinheiro. Mas não reclame nem responsabilize terceiros por suas falhas. Não é assim que se joga do lado direito. Não é para ser justo. Não são essas as regras do jogo.

Por que o Governo Deixa os Ds e Is de Lado?

Na realidade, os governos não deixam os lados D–I sossegados. O que ocorre é que esses lados têm mais formas de escapar e esconder riquezas. Em *Pai Rico, Pai Pobre,* falei sobre o poder das grandes empresas. Os ricos conservam mais suas riquezas principalmente porque funcionam como pessoas jurídicas e não físicas. Uma pessoa física precisa de passaporte para ir de um país a outro, ao passo que uma jurídica não precisa. Um corpo empresarial trafega livremente pelo mundo e, muitas vezes, consegue trabalhar livremente. Um corpo humano precisa se cadastrar junto ao governo e nos Estados Unidos precisa do "*green card*" para trabalhar. Um corpo empresarial, não.

Da mesma forma que o governo gostaria de tirar mais dinheiro dos corpos empresariais, percebe que, se aprovar leis fiscais abusivas, as empresas vão levar tanto o dinheiro quanto a mão de obra para outros países. Na Era Industrial, falava-se de sediar as empresas no exterior para não se sujeitarem à legislação norte-americana. Os ricos sempre procuraram paraísos fiscais nos quais seu dinheiro fosse tratado com carinho.

Hoje em dia, esse exterior não é um país, mas o universo digital. Sendo invisível e uma ideia, o dinheiro consegue se esconder no invisível. Logo, se é que já não está sendo feito, as pessoas vão ao banco em um satélite terrestre orbitando no espaço, livres de leis ou talvez decidam operar em países nos quais as leis são mais favoráveis.

Em *Pai Rico, Pai Pobre*, escrevi que as sociedades anônimas se tornaram populares no começo da Era Industrial logo depois que Colombo descobriu o novo mundo, cheio de riquezas. Todas as vezes que os ricos mandavam um navio para o mar, arriscavam-se porque, se o navio não voltasse, os ricos não queriam ficar em dívida com as famílias dos marinheiros que morriam. As sociedades anônimas, então, eram formadas para a proteção e a limitação do risco da perda do dinheiro arriscado e não mais do que isso.

Para onde quer que eu viaje, as pessoas com quem convivo agem primordialmente como empregados das próprias empresas. Em tese, elas não têm nada e, na verdade, não existem como cidadãos. Existem como executivos de suas ricas empresas, mas, como cidadãos, não possuem nada. E aonde quer que eu vá, conheço pessoas que dizem: "Não posso fazer isso nesse país, é contra a lei."

As pessoas pouco percebem que a maioria das leis no mundo ocidental se parece. Elas talvez utilizem palavras diferentes para descrever as mesmas coisas, mas, a princípio, as leis são bem semelhantes.

Aconselho, se possível, que ao menos considere a hipótese de ser empregado da própria empresa. Isso é aconselhável especialmente para os As e Ds de renda elevada, mesmo que sejam donos de franquias ou aufiram renda através do marketing de rede. Procurem assessoria junto a consultores financeiros competentes, pois eles poderão ajudá-los a escolher e implementar a melhor estrutura para o caso específico.

Há Dois Tipos de Leis

Superficialmente, parece que há leis para os ricos e leis para todas as outras pessoas. Mas, na realidade, as leis são as mesmas. A única diferença é que os ricos as usam em seu benefício, enquanto os pobres e a classe média não o fazem. Essa é a diferença fundamental.

Recomendo com fervor que procurem consultores expertos que obedeçam às leis e façam muito dinheiro legalmente. Seus advogados serão um farol, chamando a atenção para as transformações legais. E quando as leis mudam, as fortunas mudam de mãos.

Duas Opções

Uma vantagem de se viver em uma sociedade livre é a liberdade de fazer escolhas. Na minha opinião, há duas grandes escolhas: a da segurança e a da independência financeira. Se escolher segurança, o preço a pagar por ela será alto e tomará a forma de elevados impostos e pagamento de juros punitivos. Se optar pela independência financeira, precisa aprender todo o jogo, e, então, jogá-lo. Você é quem escolhe em que quadrante quer jogar.

A Parte 1 deste livro definiu os pontos específicos do quadrante CASHFLOW, enquanto a Parte 2 se concentrou em desenvolver a mentalidade e o comportamento do indivíduo que escolhe os lados D–I. Agora você pode entender em que ponto do quadrante se encontra e tem uma ideia de onde quer ficar. Você já deve ter uma compreensão melhor do processo mental e da perspectiva do lado direito do quadrante CASHFLOW.

Mostrei as formas através das quais é possível passar do lado esquerdo para o direito; agora, serei mais específico. Nessa parte final, vou identificar os sete passos para que possa encontrar sua Pista de Alta Velocidade, o que considero fundamental para passar para o lado direito.

Construa um Negócio e Compre Imóveis

Em 1943, os Estados Unidos começaram a tributar todos os trabalhadores norte-americanos diretamente na fonte. Isso equivale a dizer que o governo pagava a si próprio antes que as pessoas no quadrante E recebessem seus salários. Qualquer indivíduo que fosse um mero E tinha poucas chances de escapar do governo. Isso também significava que, em vez de apenas os ricos serem tributados, que era o esperado segundo a 16ª Emenda, todos do lado esquerdo, ricos e pobres, sofreriam com a incidência de impostos. Hoje, são os indivíduos que ganham menos nos Estados Unidos que pagam mais impostos em termos porcentuais com relação à renda total, do que os ricos e a classe média.

Em 1986, a Lei de Reforma Tributária foi atrás de profissionais do quadrante A que possuíssem renda elevada. A lei mencionava especificamente médicos, advogados, arquitetos, dentistas, engenheiros e outros profissionais, dificultando, se não tornando impossível, para esses profissionais protegerem seus rendimentos da forma que os ricos fazem nos quadrantes D e I.

Esses profissionais foram forçados a manipular suas rendas por meio de empresas que não eram sociedades anônimas ou então arcar com as penalidades tributárias. Os ricos não pagam esse tipo de penalidade. A renda desses profissionais extremamente bem-remunerados passa pelas empresas e é tributada à mais alta alíquota individual possível. Eles não têm a oportunidade de proteger sua renda por meio das deduções permitidas a uma sociedade anônima. E, ao mesmo tempo, a lei foi alterada de modo a forçar todas as empresas do tipo A a fixar a data de encerramento do exercício. Isso também fez a renda ser mais tributada.

Quando eu discutia essas mudanças com minha contadora, ela lembrou que o maior choque para as pessoas que passaram para a categoria de autônomos há pouco tempo ocorre ao final de seu primeiro ano de negócios, quando se dão conta de que o maior imposto que pagam fica por conta do imposto de autonomia. Esse imposto é dobrado para os As, autônomos, sendo maior do que pagavam quando eram Es, empregados, e é calculado com base na renda, antes que o indivíduo possa aplicar e efetuar as deduções individuais ou isenções. Se fosse possível que um autônomo não tivesse renda tributável, ainda assim haveria o imposto sobre a autonomia. Sociedades anônimas, por outro lado, não pagam imposto sobre autonomia.

A Lei de Reforma Fiscal de 1986 também efetivamente afastou os Es e As do ramo de imóveis como investimento nos Estados Unidos e os empurraram para ativos representados por títulos como ações e fundos mútuos. Depois que começou a prática de redução de custos, milhões de pessoas passaram a se sentir mais inseguras, não só quanto a seus empregos, mas também em relação a suas aposentadorias, pois seu futuro financeiro se baseia em títulos que estão sujeitos às flutuações do mercado.

A Lei de Reforma Tributária de 1986 também parece ter a intenção de querer fechar todos os bancos de menor porte dos Estados Unidos e de transformar todos eles em grandes bancos nacionais. Desconfio que isso foi feito para que os Estados Unidos pudessem competir com os grandes bancos alemães e japoneses. Se a intenção era essa, a mudança foi bem-sucedida. Nos

Estados Unidos, hoje em dia, os bancos são menos pessoais e trabalham exclusivamente com números e o resultado disso tudo é que ficou mais difícil determinadas pessoas se qualificarem para empréstimos para a casa própria. Em vez de um pequeno banco local que conhece seu caráter, hoje em dia temos um computador central que descarta seu nome se não preencher determinados requisitos impessoais de qualificação.

Após a Lei de Reforma Tributária de 1986, os ricos continuaram a ganhar mais, trabalhar menos, pagar menos impostos e usufruir de extensas medidas de proteção de ativos, utilizando a fórmula que o pai rico passou para mim há quarenta anos: "Monte uma empresa e compre imóveis." Ganhe muito dinheiro através de sociedades anônimas e proteja sua renda através de imóveis. Enquanto milhões e milhões de norte-americanos trabalham, pagam cada vez mais impostos e despejam bilhões em fundos mútuos mensalmente, os ricos estão vendendo ações de suas empresas, o que os torna cada vez mais ricos e depois comprando bilhões em imóveis como investimento. Uma ação de sociedades anônimas permite ao comprador compartilhar o risco de possuir uma empresa. Uma ação não garante ao acionista as vantagens de possuir uma sociedade anônima e de investir em imóveis.

Por que o pai rico recomendava que eu construísse meus negócios na forma de sociedades anônimas e então comprasse imóveis? Porque as leis fiscais beneficiam aqueles que agem dessa forma. Mas esse assunto está fora do âmbito da discussão deste livro. Lembre-se apenas das palavras de pessoas de imensa fortuna, como Ray Kroc, fundador do McDonald's: "Meu negócio não são os hambúrgueres. São os imóveis." Ou lembre-se das palavras que o meu pai rico ficava martelando na minha cabeça: "Monte sua empresa e compre imóveis."

Em outras palavras, corra atrás da fortuna do lado direito do quadrante CASHFLOW para se beneficiar integralmente das leis fiscais.

Em 1990, o Presidente George Bush elevou os impostos após ter prometido: "Leiam meus lábios. Não haverá novos impostos." Em 1992, o Presidente Clinton aprovou o maior aumento de impostos da história da atualidade. Mais uma vez, esses aumentos afetaram os Es e As, mas, na maioria dos casos, os Ds e Is não foram afetados.

À medida que nos afastamos cada vez mais da Era Industrial e entramos na Era da Informação, todos nós precisamos continuar a juntar informações de quadrantes diferentes. Na Era da Informação, informações de qualidade são nosso ativo mais importante. Como disse Eric Hoffer certa vez: "Em tempos de mudanças, os empiristas herdam a Terra, ao passo que os teóricos estão bem equipados para enfrentar um mundo que não existe mais."

Lembre-se

Cada indivíduo tem uma situação financeira diferente. Por isso, sempre recomendo:

1. Procure o melhor profissional e aconselhamento financeiro que puder encontrar. Por exemplo, enquanto uma sociedade anônima funciona bem em determinadas circunstâncias, não se ajusta em outras. Mesmo do lado direito do quadrante CASHFLOW, há situações em que uma empresa do tipo A se ajusta bem.
2. Lembre-se de que há diferentes tipos de conselheiros para os ricos, para os pobres e para a classe média, da mesma forma que há diferentes tipos de consultores para pessoas que ganham dinheiro dos lados direito e esquerdo. Considere também a possibilidade de procurar aconselhamento junto àqueles que já estão na posição na qual gostaria de estar.
3. Nunca faça negócios nem invista por motivos fiscais. Um benefício fiscal é uma bonificação adicional que se ganha por fazer as coisas do jeito que o governo quer. Isso deveria ser o bônus e não a razão.

Se não for um cidadão norte-americano, o conselho é o mesmo. Nossas leis talvez sejam diferentes, mas, ainda assim, o princípio de buscar assessoria competente permanece o mesmo. As pessoas do lado direito agem de maneira muito parecida no mundo todo.

Parte 3

COMO SE TORNAR UM "D" E UM "I" DE SUCESSO

Capítulo 10

ENGATINHANDO

Você precisa caminhar antes de correr.

A maioria de nós já ouviu o ditado: "Uma viagem de mil milhas começa com o primeiro passo." Gostaria de modificar um pouco essa afirmativa. Em vez disso, diria: "Uma viagem de mil milhas começa com um pequeno passo."

Chamo a atenção para isso porque já vi muitas pessoas tentarem dar um passo maior que a perna, em vez de ir aos poucos. Todos nós já vimos pessoas que estão completamente fora de forma de repente decidirem perder 10kg e mudar o estilo de vida. Começam uma dieta rigorosa, ficam duas horas na academia e correm quilômetros. Isso talvez dure uma semana. Essas pessoas perdem alguns quilos e, então, a dor, o tédio e a fome começam a minar sua força de vontade e determinação. Na terceira semana, seus velhos hábitos de gula e sedentarismo estão de volta.

Em vez de dar um passo maior do que as pernas, recomendo fortemente um pequeno passo adiante. O sucesso econômico em longo prazo é mensurado através do número de passos, da direção em que está se movendo e do tempo. Na realidade, essa é a fórmula para o sucesso ou o fracasso em qualquer situação. E quando se trata de dinheiro, já vi muitas pessoas, inclusive eu mesmo, tentar fazer muito com pouquíssimo e, então, dar com os burros n'água. É difícil dar um passo pequeno adiante quando primeiro se precisa de uma escada para sair do abismo financeiro.

Como Você Come um Elefante?

Esta seção do livro descreve sete passos para guiá-lo no caminho para o lado direito do quadrante CASHFLOW. Com a orientação do meu pai rico, comecei a trabalhar e a me dedicar a estes passos aos nove anos e vou continuar a segui-los enquanto viver.

Para alguns, essa tarefa pode parecer penosa — e será se tentar fazer tudo em uma semana. Então comece engatinhando.

Todos nós já ouvimos o ditado: "Roma não foi construída em um dia." O ditado que uso sempre que me sinto esmagado pelo tanto que tenho a aprender é: "Como se come um elefante?" A resposta é: com uma mordida de cada vez. E é assim que recomendo que prossiga se você se sentir um pouco oprimido pelo tanto que tem a aprender, para fazer a jornada de um lado para outro do quadrante CASHFLOW. Seja gentil consigo mesmo e perceba que a transição é mais do que mero aprendizado mental. O processo também envolve aprendizado emocional. Depois de conseguir dar passos miúdos por um período de seis meses a um ano, você estará pronto para o próximo passo, que é a corrida. Você precisa caminhar antes de correr. Este é o caminho que aconselho. Se não gosta desse caminho, pode fazer o que milhões de pessoas fazem quando querem ficar ricas rapidamente de maneira fácil, compram um bilhete de loteria. Quem sabe? Pode ser seu dia de sorte.

A Ação Vence a Inércia

Para mim, uma das razões fundamentais para os Es e As terem dificuldade em passar para os lados D e I é que eles têm medo excessivo de cometer erros. Muitas vezes, dizem: "Tenho medo de fracassar", "Preciso de mais informação" ou ainda "Você recomenda outro livro?". Seus medos e dúvidas são o que basicamente os mantêm atados a seus quadrantes. Reserve um tempo para ler os sete passos de ação e os complete ao final de cada degrau. Para a maioria das pessoas, basta um passinho miúdo para avançar na direção dos lados D e I. Cumpri-los abrirá novos leques de possibilidades e mudança. Continue, portanto, a engatinhar.

O slogan da Nike: "*Just do it*" ("Simplesmente faça", em tradução livre) diz isso melhor. Infelizmente, nossas escolas dizem: "Não cometa erros." Milhões de pessoas altamente instruídas, que querem tomar uma atitude, ficam paralisadas pelo medo passional de cometer erros. Uma das lições mais importantes que aprendi como professor é que o verdadeiro aprendizado exige entendimento físico, mental, emocional e espiritual. É por isso que a ação sempre vence a inércia. Se você toma uma atitude e comete um erro, pelo menos aprendeu algo, seja física, mental, emocional e/ou espiritualmente. Uma pessoa que busca ininterruptamente a resposta "certa" é com frequência afetada pela doença conhecida por paralisia analítica, que, aparentemente, afeta muitas pessoas instruídas. Em última análise, é através dos erros que aprendemos. É errando que aprendemos a caminhar e a andar de bicicleta. As pessoas que têm medo de tomar uma atitude por receio de cometer erros talvez sejam espertas emocionalmente falando, mas são fracas física, mental e espiritualmente.

Há um estudo feito há alguns anos sobre os ricos e pobres no mundo todo, que procurava descobrir como aqueles que nascem na pobreza ocasionalmente ficam ricos. O estudo mostrou que essas pessoas, independentemente do país de origem, possuíam três qualidades:

1. Mantinham uma visão e um plano em longo prazo.
2. Acreditavam em gratificações posteriores.
3. Utilizavam o potencial dos juros compostos a seu favor.

O estudo descobriu que essas pessoas pensavam e planejavam em longo prazo e sabiam que poderiam encontrar o sucesso econômico em última instância fixando-se em um sonho ou visão. Elas estavam dispostas a fazer sacrifícios em curto prazo para obter sucesso contínuo, a base para gratificações futuras.

Albert Einstein ficava maravilhado pela forma como o dinheiro podia multiplicar-se pelo poder da capitalização. Ele considerava a capitalização de dinheiro uma das mais incríveis invenções humanas.

Esse estudo levou a capitalização para um nível além do dinheiro, reforçou a ideia de começar engatinhando, porque cada passinho no aprendizado se capitalizava durante os anos. As pessoas que não deram nenhum passo não tiveram a alavancagem da acumulação aumentada de conhecimento e experiência provenientes dos juros compostos.

O estudo também descobriu o que fazia as pessoas passarem de pobres a ricas. Há muitas famílias ricas que perdem a maior parte de sua riqueza após três gerações apenas. De forma nada surpreendente, o estudo apurou que essas pessoas possuíam as seguintes qualidades:

1. Visão de curto prazo.
2. Desejo de gratificação imediata.
3. Saturação do poder dos juros compostos.

Atualmente, encontro pessoas que ficam frustradas comigo porque querem que eu lhes diga como podem ganhar mais dinheiro hoje. Não gostam da ideia de pensar em longo prazo. Muitas estão procurando desesperadamente respostas em curto prazo, pois têm problemas de ordem financeira que precisam resolver logo, como dívidas na condição de consumidoras e falta de investimentos causados por seu incontrolável desejo de gratificação instantânea. Têm a ideia de "comer, beber e ser feliz". Isso satura o poder dos juros compostos, que gera dívidas, em vez de riqueza contínua.

Querem uma resposta rápida. Desejam que lhes diga o que fazer para adquirir uma grande riqueza. Mas, antes, precisam entender quem devem se tornar.

Em outras palavras, muitos têm uma ideia fixa de enriquecer de um dia para o outro como filosofia de vida. A elas desejo sorte. Vão precisar.

Uma Dica Quente

A maioria de nós já ouviu falar que as pessoas que anotam os seus objetivos são mais propensas a alcançá-los. Assisti a muitos seminários e sessões de treinamento sobre o estabelecimento de metas e aprendi um conceito sobre o qual tenho pensado muito ao longo dos anos. Embora seja ótimo ter grandes sonhos e desejos de longo prazo, alcançá-los é um processo composto de muitos pequenos passos. Em vez de tentar ser um grande conquistador, seja um realizador paulatino. Alegre-se com os pequenos passos, porque a cada um deles você se aproxima dos seus grandes objetivos e sonhos.

Ainda hoje, acho que alcanço os meus sonhos por conquistá-los aos poucos, em vez de me matar para tentar atingir a todos de uma só vez. Um exemplo de como faço menos do que me proponho é a minha meta de ouvir dois áudios educativos por semana. Talvez ouça o mesmo duas ou mais vezes se for bom, mas, ainda assim, fico nessa média.

Kim e eu temos uma meta escrita de assistir a, no mínimo, dois seminários por ano sobre os quadrantes D e I. Saímos de férias com pessoas que são versadas nos assuntos desses quadrantes. Aprendemos muito enquanto jogamos, descansamos e jantamos fora. Conseguimos mais com menos cobrança. Essas são formas de atingir metas menores e que, ainda assim, vão ao encontro dos nossos sonhos mais desafiadores.

O segredo para qualquer investimento é traçar um grande objetivo e trabalhar para alcançá-lo sistematicamente, começar engatinhando, e gradualmente aumentá-lo, conforme seu aprendizado e sua experiência se ampliam. Você vai querer sair da sua zona de conforto — mas paulatinamente. É assim que Kim e eu fazemos. Não há nada de errado em ter pequenos objetivos que o levarão até sua independência financeira. O mesmo é válido para tentar entrar em forma. Eu malho com um treinador exigente que estabelece pequenas metas diárias ou semanais para mim. Elas aumentam conforme as minhas habilidades melhoram e caminham juntas para atingir o meu objetivo maior.

Então, sonhe com garra e coragem, e conquiste-os aos poucos a cada dia. Recomendo fixar-se em objetivos diários tangíveis, que, quando alcançados, o motivem a permanecer no caminho do seu objetivo maior de se mover do lado esquerdo para o direito do quadrante CASHFLOW.

Se Quiser Enriquecer, Precisa Mudar Suas Regras

As seguintes palavras são frequentemente atribuídas a mim: "As regras mudaram." Quando escutam essas palavras, as pessoas assentem e dizem: "Sim, as regras mudaram e nada é igual ao que era antes." Mas continuam a fazer as mesmas coisas de sempre.

Era Industrial, Demonstrações Financeiras

Quando ensino a organizar a vida financeira, começo pedindo que os alunos preencham uma demonstração financeira pessoal. Isso muitas vezes se torna uma experiência que gera mudanças de vida. As demonstrações financeiras são muito parecidas com os raios X. Ambos permitem que você veja o que não é possível a olho nu. Depois de preencher suas demonstrações, é fácil ver quem tem um câncer financeiro e quem é saudável. Quase sempre, aqueles com problemas financeiros são os que têm ideias da Era Industrial.

Por que estou dizendo isso? Porque, na Era Industrial, as pessoas não tinham que pensar no dia de amanhã. Se trabalhar bastante, seu empregador ou o governo cuidarão do seu futuro. É por isso que muitos amigos e familiares sempre me dizem para arrumar um emprego no governo ou me certificar de que vou conseguir um trabalho com um excelente plano de aposentadoria. Esses conselhos são baseados em uma mentalidade de direito adquirido da Era Industrial. Embora o jogo tenha mudado, muitas pessoas não mudaram suas regras financeiras pessoais. Ainda gastam como se não fosse preciso um plano para o futuro. Quando leio as demonstrações financeiras de alguém, é fácil de ver o que o amanhã lhe reserva.

O que o Futuro Lhe Reserva?

Procuro simplificar quando olho uma demonstração financeira pessoal:

DEMONSTRAÇÃO FINANCEIRA

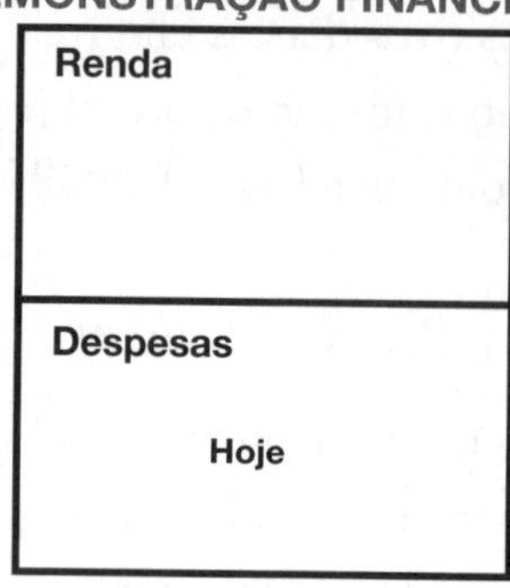

BALANÇO PATRIMONIAL

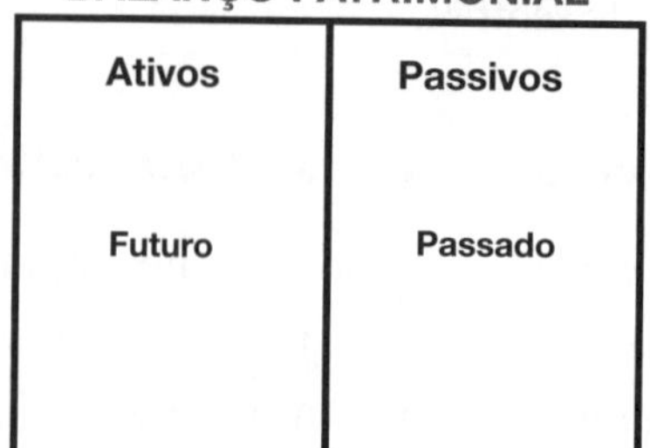

Pessoas que não têm ativos, que jogam fora o fluxo de caixa, não têm futuro. Quando conheço alguém que não têm ativos, geralmente trabalha muito para receber um salário para pagar contas. Se você atentar para a coluna de despesas da maioria das pessoas, as duas maiores despesas mensais são os impostos e débitos de passivos em longo prazo.

Sua demonstração de despesas assemelha-se à seguinte figura:

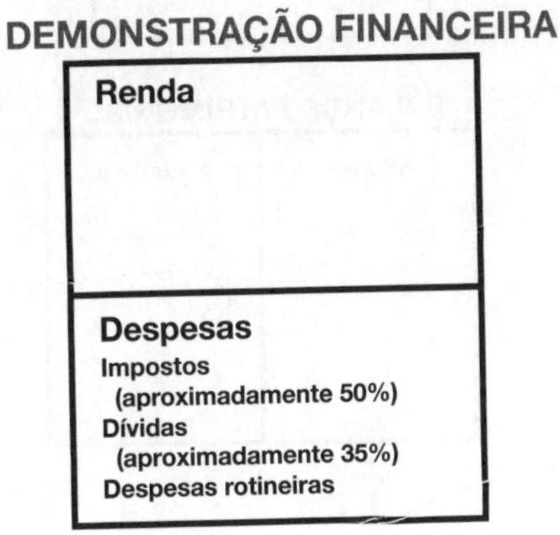

Em outras palavras, o governo e o banco são pagos antes que as pessoas recebam. As que não conseguem controlar seu fluxo de caixa geralmente não têm futuro econômico e vão ficar com sérios problemas nos próximos anos.

Por quê? Uma pessoa que está apenas no quadrante E tem pouca proteção de impostos e de dívidas. Até mesmo um A pode fazer alguma coisa sobre esse câncer financeiro.

Se isso não fizer sentido para você, sugiro ler ou reler *Pai Rico, Pai Pobre*, que facilitará o entendimento deste e dos próximos capítulos.

Três Padrões de Fluxo de Caixa

Conforme afirmado em *Pai Rico, Pai Pobre*, existem três padrões básicos de fluxo de caixa: um para os ricos, um para os pobres e outro para a classe média.

Este é o fluxo de caixa padrão de uma pessoa pobre:

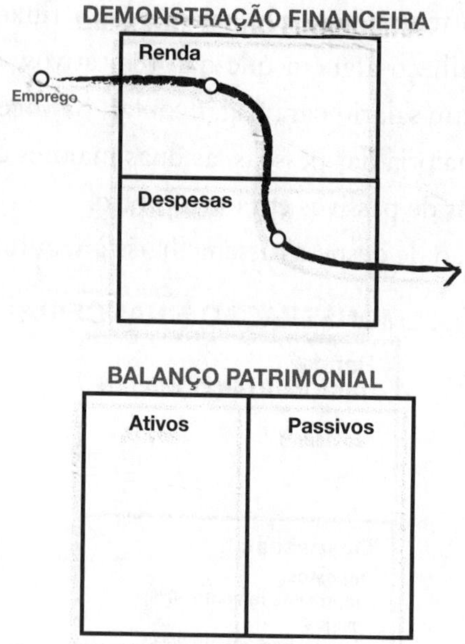

Este é o fluxo de caixa padrão de uma pessoa de classe média:

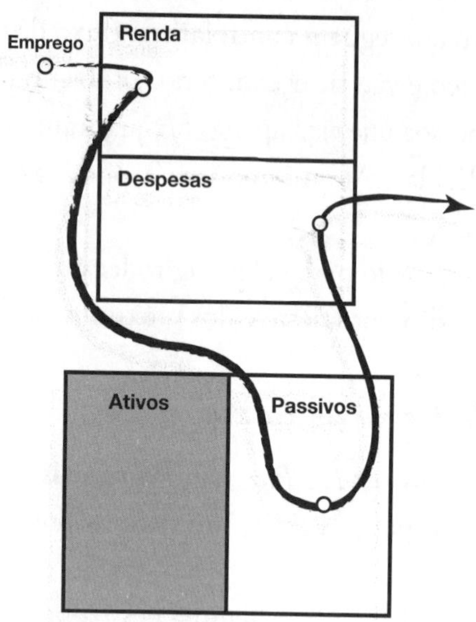

Esse padrão de fluxo de caixa é considerado típico e inteligente pela nossa sociedade. Afinal, as pessoas com esse padrão provavelmente têm empregos bem-remunerados, belas casas, carros e cartões de crédito. Isso é o que o pai rico chamaria de "sonho da classe trabalhadora".

Quando jogo o meu jogo de tabuleiro *CASHFLOW*®[1] com adultos, eles normalmente travam batalhas mentais. Por quê? Porque são apresentados à instrução financeira, o que significa entender os números e as palavras referentes a dinheiro. São necessárias várias horas para se jogar, mas não porque o jogo seja longo, e sim porque os jogadores estão aprendendo um assunto completamente novo. É quase como aprender uma nova língua estrangeira. Mas o que vale é que essa nova matéria pode ser aprendida rapidamente e, a partir daí, o jogo ganha velocidade. Quanto mais se joga, mais sagazes as pessoas ficam — e ainda se divertem nesse processo.

Algo a mais também acontece. Por estarem ficando financeiramente mais instruídos, muitos começam a perceber que eles mesmos estão em apuros financeiros, mesmo que o resto da sociedade acredite que eles estão seguindo um padrão financeiro. Ter um fluxo de caixa padrão de classe média era normal na Era Industrial, mas pode ser desastroso na Era da Informação.

Muitas pessoas, ao mesmo tempo que aprendem e entendem o jogo *CASHFLOW*®, começam a procurar novas respostas. Torna-se um verdadeiro grito de alerta sobre a saúde financeira pessoal, da mesma forma que um exame de sangue alterado é um sinal de que a saúde de alguém está em perigo.

Depois de jogar *CASHFLOW*® diversas vezes, algumas pessoas começam a mudar sua forma típica de pensar para a de uma pessoa rica.

Este é o fluxo de caixa padrão de uma pessoa rica:

[1] A Editora Alta Books não se responsabiliza pela circulação e conteúdo de jogos indicados pelo autor deste livro. (N. E.)

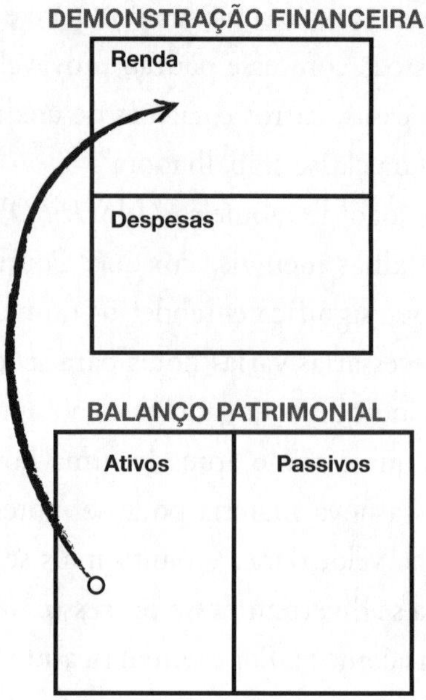

Esse é um padrão de pensamento que o pai rico queria que seu filho e eu tivéssemos quando crianças, que foi o motivo pelo qual ele tomou nossos pagamentos e se recusou a nos dar aumentos. Ele nunca quis que nos tornássemos viciados na ideia de um emprego bem-remunerado. Queria que desenvolvêssemos o padrão de pensamento de pensar apenas em ativos e renda na forma de ganhos de capital, dividendos, rendas com aluguéis, renda residual de empresas e *royalties*.

Para pessoas que querem se dar bem na Era da Informação, quanto mais rápido começarem a desenvolver sua inteligência financeira e emocional para pensar conforme esse padrão, mais rápido irão se sentir livres em termos econômicos e encontrar a independência financeira. Em um mundo de menos empregos e insegurança, esse padrão de fluxo de caixa faz muito mais sentido para mim. E, para alcançá-lo, é preciso ver o mundo dos quadrantes D e I, e não apenas dos E e A.

Também a chamo de demonstração financeira da Era da Informação, pois a renda é gerada estritamente a partir de informações e não de trabalho pesado. Na Era da Informação, a ideia de trabalho árduo não significa a mesma coisa que significava na Era Agrícola e na Era Industrial. Na Era da Informação, as pessoas que realizam trabalho físico do tipo mais pesado são as que recebem menos. Isso é verdade nos dias de hoje e tem sido assim desde sempre.

Contudo, hoje em dia, quando se diz: "Não faça um trabalho braçal, trabalhe com inteligência", isso não quer dizer ser inteligente nos quadrantes E e A. O que se quer dizer é que se deve trabalhar sagazmente nos D e I. Esse é o modo como se pensa na Era da Informação e o motivo pelo qual a inteligência financeira e a emocional são fundamentais em nossos dias e também no futuro.

Então, Qual É a Resposta?

Obviamente, minha resposta é que você deve reeducar-se para pensar como uma pessoa rica, não como uma pessoa pobre ou de classe média. Em outras palavras, pensar e contemplar o mundo dos quadrantes D ou I. Contudo, a solução não é tão simples quanto voltar para a escola e fazer alguns cursos. Ter sucesso nos quadrantes D ou I exige as seguintes inteligências: financeira, de sistemas e emocional, que não são ensinadas na escola.

É difícil aprender esse tipo de inteligência porque a maioria dos adultos está ligada ao estilo de vida de "trabalhar arduamente e gastar". Eles têm ansiedade financeira, então correm para o trabalho e se dedicam intensamente. Eles voltam para casa e escutam sobre o mercado de ações subindo e descendo. Sua ansiedade cresce, então eles saem para comprar uma casa ou carro novos ou vão jogar golfe para evitar a ansiedade. O problema é que a ansiedade volta na segunda-feira de manhã.

Como Você Começa a Pensar Igual a uma Pessoa Rica?

Muitas vezes me perguntam como comecei a pensar como rico. Sempre recomendo começar de baixo e procurar instruir-se em vez de sair correndo e comprar um fundo mútuo ou um imóvel para alugar. Se as pessoas falam a sério a respeito de aprender e reeducar-se para pensar como um rico, recomendo meu jogo de tabuleiro *CASHFLOW*®[2].

Criei o jogo para ajudar as pessoas a melhorarem sua inteligência financeira. Ele provê o treinamento mental, físico e emocional necessário que possibilita a mudança gradual do pensar como uma pessoa pobre ou de classe

---

[2] A Editora Alta Books não se responsabiliza pela circulação e conteúdo de jogos indicados pelo autor deste livro. (N. E.)

média para o pensar como uma pessoa rica. Ele ensina a pensar sobre o que o pai rico disse que era importante, que não era um alto salário ou uma casa grande, mas o acúmulo de ativos geradores de fluxo de caixa.

O Fluxo de Caixa Alivia a Ansiedade, Não o Dinheiro

A luta com as finanças e a pobreza são de fato problemas de ansiedade financeira. São saltos mentais e emocionais que fazem as pessoas ficarem presas no que chamo de Corrida dos Ratos. A menos que os elos mentais e emocionais sejam quebrados, o padrão permanece intacto.

Trabalhei com um gerente de banco alguns meses atrás tentando romper esse padrão de luta financeira. Não sou terapeuta, mas tive a experiência de romper com meus próprios hábitos financeiros instilados por minha família.

Esse gerente tem uma vida relativamente confortável, mas está sempre, de uma forma ou de outra, em algum tipo de apuro financeiro. Tem uma bela família, três carros, uma casa grande, uma casa de veraneio e parece o tipo do banqueiro próspero. Quando vi suas demonstrações financeiras, contudo, descobri que tinha um câncer financeiro que se tornaria terminal em alguns anos se não mudasse suas tendências.

Da primeira vez que ele e a mulher jogaram *CASHFLOW*®[3], ele lutou e ficou quase incontrolavelmente irrequieto. Sua mente vagava e ele não parecia ter entendido o jogo. Depois de quatro horas de jogo, ainda estava empacado. Todas as outras pessoas haviam completado o jogo, mas ele ainda estava na Corrida dos Ratos.

Quando pôs o jogo de lado, lhe perguntei o que estava acontecendo. Sua única resposta era muito difícil, muito lenta e muito chata. Então, relembrei o que dissera a ele antes de o jogo começar: que todos os jogos são reflexos das pessoas que jogam. Em outras palavras, um jogo é como um espelho que permite que a pessoa olhe para si mesma.

Essa afirmativa o deixou irritado, então recuei e lhe perguntei se ainda se sentia na obrigação de colocar sua vida econômica em ordem. Ele disse que sim, então convidei a ele e à sua esposa, que adorara o jogo, para jogar de novo com um grupo de investidores que eu estava treinando.

[3] A Editora Alta Books não se responsabiliza pela circulação e conteúdo de jogos indicados pelo autor deste livro. (N. E.)

Uma semana mais tarde, apareceu, meio relutante. Dessa vez, algumas luzinhas começaram a brilhar em sua mente. Para ele, a parte contábil era fácil, e era naturalmente organizado com os números, o que é importante para que o jogo seja de alguma valia. Mas agora, ele estava começando a entender o mundo dos negócios e dos investimentos. Finalmente, ele conseguia ver com sua mente os próprios padrões de vida e o que estava fazendo e provocava os próprios apuros financeiros. Ele ainda não havia acabado de jogar depois de quatro horas, mas estava começando a aprender. Dessa vez, quando foi embora, ele próprio se convidou a voltar.

Lá pela terceira reunião, ele era um novo homem. Agora controlava o jogo, sua contabilidade e seus investimentos. Sua confiança aflorara e, dessa vez, ele saiu da Corrida dos Ratos com sucesso e estava na Pista de Alta Velocidade. Quando foi embora, ele comprou um jogo e disse: "Vou ensinar às crianças."

Na quarta reunião, ele me disse que suas despesas pessoais estavam baixas, que mudara seus hábitos perdulários e cortara vários cartões de crédito, e que estava agora ficando ativamente interessado em aprender a investir e construir sua coluna de ativos. Seu pensamento agora estava no caminho de torná-lo um pensador da Era da Informação.

No quinto encontro, ele jogou o *CASHFLOW®*[4] *202*, o jogo avançado, para os que já dominam o *CASHFLOW® 101*. Agora estava pronto e ansioso para jogar o jogo rápido e arriscado que os verdadeiros Ds e Is jogam. Mas o melhor de tudo é que havia adquirido controle sobre seu futuro financeiro. Esse homem era completamente diferente daquele que pedira para tornar o *CASHFLOW®* mais simples da primeira vez que jogara. Algumas semanas mais tarde, em vez de querer as coisas fáceis, procurava ativamente desafios maiores e se mostrava otimista sobre seu futuro financeiro.

Tinha se reeducado não só mental, mas também emocionalmente, através do poder do processo repetitivo de aprendizagem que os jogos têm. Na minha opinião, os jogos são uma ferramenta poderosa de ensino, porque exigem que o jogador se envolva completamente no processo de aprendizagem, ao mesmo tempo que se diverte. Jogar faz o jogador envolver-se física, mental, emocional e espiritualmente.

[4] A Editora Alta Books não se responsabiliza pela circulação e conteúdo de jogos indicados pelo autor deste livro. (N. E.)

OS SETE PASSOS PARA ENCONTRAR SUA PISTA DE ALTA VELOCIDADE

Capítulo 11

PASSO #1: É HORA DE CUIDAR DO SEU NEGÓCIO

Somos programados para cuidar de empresas alheias e ignorar a nossa.

Você tem trabalhado muito, empenhando-se para tornar outras pessoas mais ricas? Desde muito cedo, somos programados para cuidar de empresas alheias e ignorar a nossa. Tudo começa de maneira bastante inocente, com conselhos como:

- "Vá à escola e tire boas notas para que possa encontrar um emprego seguro, com um bom salário e excelentes benefícios."
- "Trabalhe bastante para poder comprar a casa dos seus sonhos. Afinal, sua casa é um ativo e seu principal investimento."
- "Ter um financiamento grande é bom, porque o governo dá incentivos na forma de dedução no pagamento dos juros."
- "Compre agora e pague depois", "Parcelas mensais facilitadas" ou ainda "Entre e economize".

Os que seguem cegamente esses conselhos geralmente se tornam:

1. Empregados, que enriquecem os seus chefes e patrões
2. Devedores, que enriquecem os bancos e os seus credores

3. Contribuintes, que enriquecem o governo
4. Consumidores, que enriquecem outras empresas

Em vez de encontrar a própria Pista de Alta Velocidade, ajudam a todos a encontrar o próprio caminho. Em vez de cuidar do próprio negócio, trabalham a vida toda tomando conta dos negócios dos outros.

Olhando para a demonstração financeira e o balanço patrimonial, você pode facilmente ver como desde a mais tenra infância somos programados para cuidar de empresas alheias e ignorar a nossa.

DEMONSTRAÇÃO FINANCEIRA

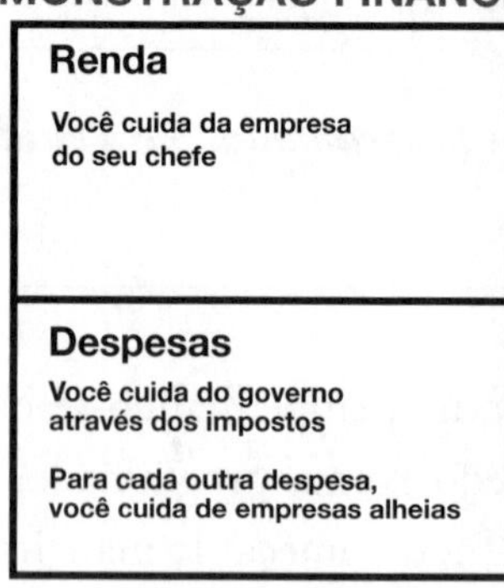

BALANÇO PATRIMONIAL

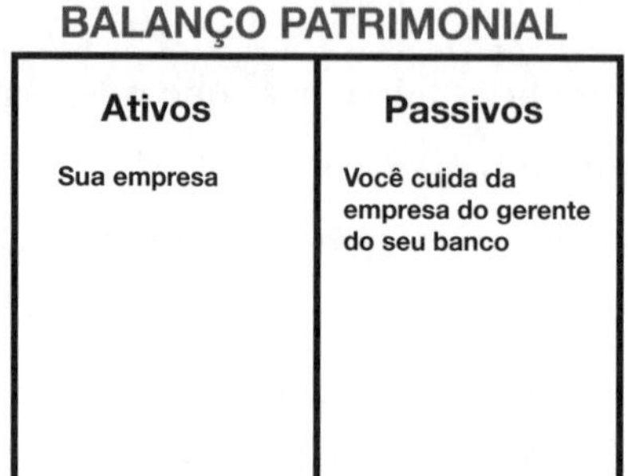

Movimente-se

Para muitas pessoas, suas demonstrações financeiras não têm uma boa aparência, porque foram levadas a cuidar dos negócios de terceiros, em vez de tomar conta do próprio negócio. Para mudar este quadro, sugiro seguir as próximas etapas:

1. **Complete sua demonstração financeira.**

   Para chegar aonde quer, você precisa saber onde está. Esta é a primeira etapa para assumir o controle da sua vida e passar mais tempo cuidando dos seus próprios negócios. Veja, no final deste capítulo, uma demonstração financeira simples, usada no jogo *CASHFLOW*®[1].

2. **Estabeleça objetivos financeiros.**

   Trace uma meta financeira de longo prazo, determinando onde quer estar dentro de cinco anos, e uma meta menor, de curto prazo, para um ano. Desenvolva metas realistas e tangíveis.

   A. Meus objetivos financeiros em cinco anos:

   1) Aumentar o fluxo de caixa (como renda passiva — a que você recebe sem ter que trabalhar por ela) dos meus ativos para $ _mensais.

   2) Ter estes veículos de investimento na minha coluna de ativos (como imóveis, ações, negócios, commodities).

   ____

   B. Meus objetivos financeiros para o próximo ano:

   1) Diminuir as minhas dívidas em $ _.

   2) Aumentar o fluxo de caixa dos meus ativos para $ _mensais.

   C. Utilize seus objetivos quinquenais para melhorar sua demonstração financeira e seu balanço patrimonial em cinco anos a partir de hoje.

Agora que já sabe onde está em termos econômicos e estabeleceu suas metas, precisa assumir o controle do seu fluxo de caixa para que possa alcançá-las.

[1] A Editora Alta Books não se responsabiliza pela circulação e conteúdo de jogos indicados pelo autor deste livro. (N. E.)

Profissão ______ **Jogador** ______

Objetivo: Sair da Corrida dos Ratos e entrar na Pista de Alta Velocidade criando renda passiva maior do que o **total de despesas**.

DEMONSTRAÇÃO FINANCEIRA

RENDA

Descrição	Fluxo de Caixa
Salários	
Juros/Dividendos	
Imóveis/Negócios	

Auditor ______

(pessoa à direita)

Renda Passiva (Fluxo de Caixa de Juros/Dividendos + Imóveis/Negócios) $______

Renda Total $______

DESPESAS

Impostos	
Financiamento Imobiliário	
Financiamento Estudantil	
Financiamento do Carro	
Pagamento de Cartão de Crédito	
Pagamento de Carnês de Lojas	
Outras Despesas	
Despesas com Filhos	
Pagamento de Empréstimos	

Número de Filhos ______
(comece o jogo com 0 filhos)

Despesas por Filho $______

Total de Despesas $______

Fluxo de Caixa Mensal (Salário)
(Renda Total – Despesas Totais) $______

BALANÇO

ATIVOS

Aplicações

Ações/Fundos/CDB	Nº de Ações	Custo por Ação

Imóveis/Negócios	Entrada	Custo

PASSIVOS

Financiamento Imobiliário	
Financiamento Estudantil	
Financiamento do Carro	
Cartões de Crédito	
Carnês de Lojas	

Imóveis/Negócios	Passivo/ Fin. Imob.

Empréstimos

G101CTI8.v2

Capítulo 12

PASSO #2: CONTROLE SEU FLUXO DE CAIXA

Os que não controlam seus fluxos de caixa trabalham para aqueles que o fazem.

Muitas pessoas acreditam que ganhar mais dinheiro, pura e simplesmente, vai resolver seus problemas financeiros. Mas, na maioria dos casos, só os aumenta.

A principal razão pela qual a maioria das pessoas tem problemas financeiros é que nunca receberam ensinamentos sobre a ciência da administração do fluxo de caixa. Ensinaram-nas a ler, escrever, dirigir e nadar, mas não as ensinaram a administrar seu fluxo de caixa. Sem esse treinamento, acabam tendo problemas financeiros e, então, têm que trabalhar mais, por acreditarem que os seus problemas serão resolvidos com mais dinheiro.

Como meu pai rico muitas vezes dizia: "Mais dinheiro não vai sanar dificuldades se o problema for a administração do fluxo de caixa."

A Principal Habilidade

Depois de decidir cuidar do próprio negócio, o próximo passo como CEO de sua vida é assumir o controle do seu fluxo de caixa. Se não o fizer, ganhar mais dinheiro não o tornará mais rico. Na verdade, mais dinheiro deixa a maioria das pessoas mais pobres, porque, muitas vezes, elas saem e se enterram mais em dívidas toda vez que têm um aumento de salário.

Quem É Mais Esperto — Você ou o Gerente do Seu Banco?

A maioria das pessoas não elabora suas demonstrações financeiras pessoalmente. Tentam, no máximo, equilibrar seus talões de cheque mensalmente. Então, congratule-se, pois, completando suas demonstrações financeiras e estabelecendo metas para si, você agora está à frente da maioria dos seus colegas. Como CEO de sua vida, você pode aprender a ser mais esperto do que a maioria das pessoas, até mesmo o gerente do seu banco.

A maioria das pessoas dirá que ter dois conjuntos de livros é ilegal, o que é verdade em alguns casos. Ainda assim, na realidade, se entende o mundo das finanças, sempre tem que haver dois conjuntos de livros. Uma vez que perceber isso, será tão esperto, e talvez mais, que o gerente do seu banco.

Como CEO de sua vida, lembre-se sempre dessas palavras simples e dos diagramas do pai rico, que frequentemente dizia: "Você é o ativo de outra pessoa para cada passivo que tiver."

O exemplo a seguir representa um conjunto de livros — seu e do seu banco:

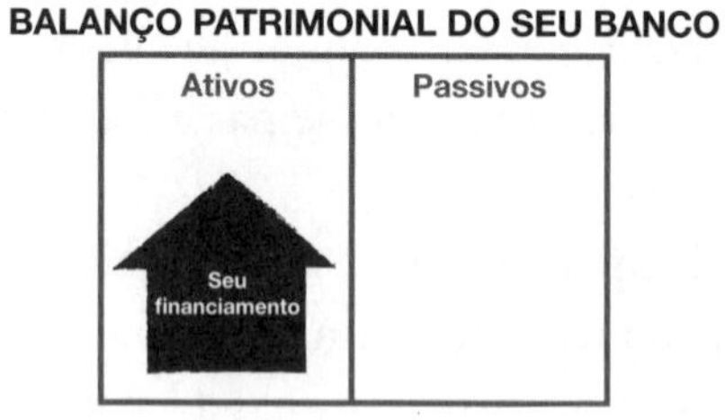

Como CEO de sua vida, você deve lembrar-se sempre de que, para cada passivo, você é o ativo dos outros. Essa é a verdadeira contabilidade dos dois conjuntos de livros. Para cada passivo, como um financiamento imobiliário, um empréstimo de carro, um financiamento estudantil ou um cartão de crédito, você é o empregado da pessoa que empresta o dinheiro. Está se esforçando para tornar outra pessoa rica.

Dívidas Boas e Ruins

O pai rico com frequência me alertava para as dívidas boas e as ruins. Dizia frequentemente: "Toda vez que deve algum dinheiro a alguém, torna-se empregado do dinheiro dessa pessoa. Se contrai um empréstimo por trinta anos, passa a ser empregado por trinta anos e não ganha um relógio de ouro depois que a dívida é quitada."

O pai rico tomava dinheiro emprestado, mas se empenhava ao máximo para não pagar, ele mesmo, o empréstimo. Ele explicava a seu filho e a mim que dívida boa é aquela que os outros pagam para nós, enquanto a ruim é a que você paga com suor e sangue. Por isso ele era totalmente a favor dos imóveis para alugar, porque "o banco faz o empréstimo para você, mas são os inquilinos que o pagam".

Renda e Despesas

Os dois conjuntos de livros se aplicam não apenas a ativos e passivos, mas também a renda e despesas. A lição mais completa que tive, dada pelo pai rico, foi: "Para cada ativo, deve haver um passivo, mas os dois não aparecem no mesmo conjunto de demonstrações financeiras. Para cada despesa, também deve haver renda e, mais uma vez, também não aparecem juntas."

Este desenho simples tornará a lição mais clara:

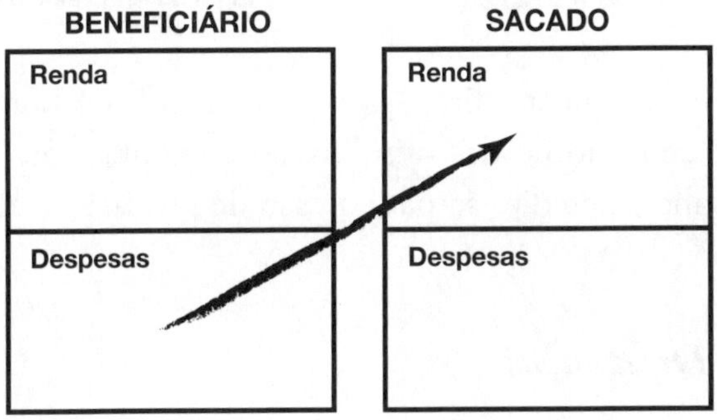

A Pista de Alta Velocidade e a Corrida dos Ratos

O conceito de dois conjuntos de livros pode ser utilizado para mostrar a Pista de Alta Velocidade e a Corrida dos Ratos. Há muitos tipos diferentes de pistas. O diagrama a seguir é um dos mais comuns. É a pista entre um credor e um devedor.

O diagrama é simplificado ao extremo, mas, mesmo assim, se você se der tempo para estudá-lo, sua mente começará a ver coisas que seus olhos não conseguem. Estude-o e verá a relação entre os ricos e pobres, os privilegiados e os desvalidos, os que pegam emprestado e os que emprestam, e os que criam empregos e os que procuram.

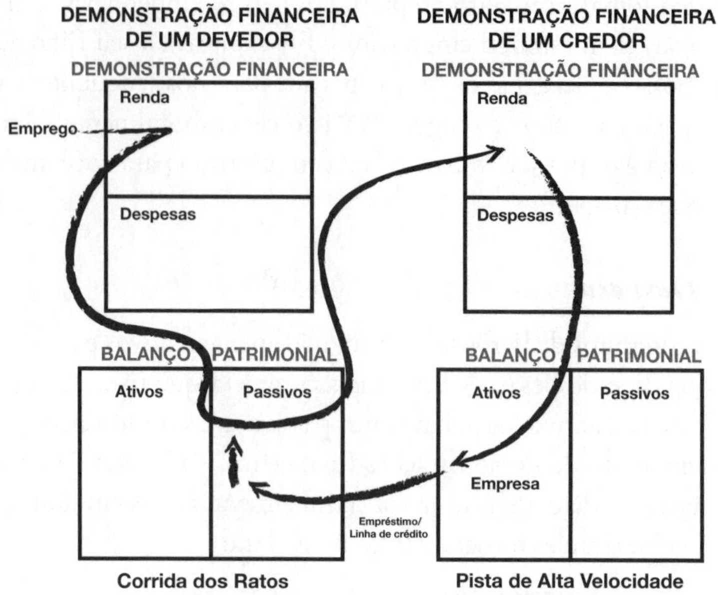

O credor provavelmente dirá: "Já que seu crédito é bom, gostaríamos de oferecer um empréstimo de consolidação de contas" ou "Você gostaria de abrir uma linha de crédito só para o caso de precisar de algum dinheiro extra no futuro?".

Você Sabe a Diferença?

O caminho para o dinheiro fluir entre os dois conjuntos de livros é o que meu pai rico chamava de Pista de Alta Velocidade. Também é a Corrida dos Ratos. Para que um deles exista, o outro também tem que existir. Dessa forma, deve haver, no mínimo, duas demonstrações financeiras. A questão é saber qual é a sua e qual deseja ter.

Por isso meu pai rico me dizia constantemente: "Ganhar mais dinheiro não vai resolver seus problemas se a administração do fluxo de caixa for inadequada. Os que não controlam seus fluxos de caixa trabalham para aqueles que o fazem."

Por isso o Passo #2 para encontrar sua própria Pista de Alta Velocidade é controlar seu fluxo de caixa.

Você precisa se sentar e traçar um plano para controlar suas despesas e reduzir as dívidas e os passivos. Viva dentro das suas possibilidades antes de expandi-las.

Movimente-se

1. **Reveja suas demonstrações financeiras do Passo #1.**
2. **Descubra de qual lado do quadrante CASHFLOW você recebe sua renda atualmente. _____**
3. **Determine de que quadrante você quer receber a maior parte da sua renda daqui a cinco anos. _____**
4. **Comece seu plano de gestão do seu fluxo de caixa:**

A. Pague a si mesmo em primeiro lugar.

Reserve um porcentual de cada pagamento que receber de outras fontes. Deposite esse dinheiro em uma conta poupança. Depois que seu dinheiro for para aquela conta, NUNCA mexa nele até que esteja pronto para investi-lo.

Parabéns! Você começou a administrar seu fluxo de caixa.

B. Concentre-se em reduzir suas dívidas pessoais.

As dicas a seguir são simples e de fácil aplicação para reduzir e eliminar suas dívidas pessoais.

Dica #1

Se tiver cartões de crédito com contas diferentes, se discipline para usar apenas um ou dois. Todos os encargos podem ser pagos mensalmente. Não incorra em dívidas de longo prazo.

Dica #2

Consiga $150–$200 extras todos os meses. Agora que está se tornando financeiramente proficiente, isso deve ser relativamente fácil de fazer. Se não conseguir gerar um adicional de $150–$200 por mês, então suas chances de independência financeira poderão ser apenas um sonho.

Dica #3

Invista os $150–$200 adicionais do seu pagamento mensal em APENAS UM cartão de crédito. Você agora pagará o mínimo MAIS os $150–$200 naquele cartão de crédito.

Pague apenas o valor mínimo devido a todos os outros cartões de crédito. Muitas vezes, as pessoas tentam pagar um pouco mais a cada mês, mas, surpreendentemente, esses cartões nunca são quitados.

Dica #4

Depois que o primeiro cartão for totalmente quitado, então invista no próximo cartão o valor total que estava pagando mensalmente àquele primeiro. Você agora está pagando o mínimo devido ao segundo cartão MAIS o pagamento mensal total que pagava no primeiro.

Continue esse processo com todos os seus cartões de crédito e outros cartões de lojas etc. Para cada dívida que quitar, invista o montante integral que você estava pagando no pagamento mínimo da próxima dívida. À medida que for quitando cada dívida, a importância mensal que está pagando na próxima dívida vai subir.

Dica #5

Depois que todos os seus cartões de crédito e outras dívidas de compras tiverem sido quitados, continue o procedimento com seu carro e financiamento. Se seguir esse procedimento, ficará surpreso com o curto espaço de tempo necessário para ficar completamente sem dívidas. Muitas pessoas conseguem em cinco ou sete anos.

Dica #6

Agora que está completamente sem dívidas, pegue os pagamentos mensais que estava pagando à sua última dívida e direcione esse dinheiro aos investimentos.

Construa a coluna de ativos. É simples assim.

Nota: Kim e eu explicamos como reduzimos e até eliminamos as nossas dívidas ruins no nosso programa How We Got Out of Bad Debt *("Como Livrar-se das Dívidas Ruins", em tradução livre).*

Capítulo 13

PASSO #3: A DIFERENÇA ENTRE RISCO E ARRISCADO

Negócios e investimentos não são arriscados, mas não ser financeiramente educado é.

Qual É a Gestão Correta do Fluxo de Caixa?

A administração adequada do fluxo de caixa começa conhecendo-se a diferença entre um ativo e um passivo. O diagrama abaixo mostra a administração correta do fluxo de caixa de um indivíduo de 45 anos:

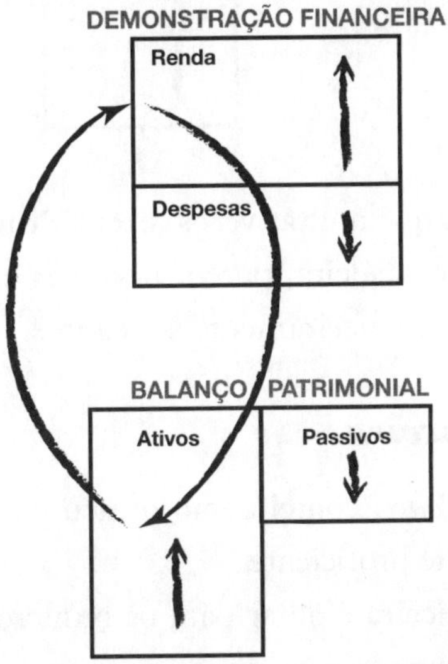

Utilizei a idade de 45 anos porque é a metade do caminho entre os 25, quando a maioria das pessoas começa a trabalhar, e os 65, quando muitas planejam se aposentar. Aos 45 anos, se tiverem administrado adequadamente seu fluxo de caixa, sua coluna de ativos deverá ser maior do que sua coluna de passivos.

Esse é um esquema financeiro de pessoas que assumem riscos, mas não se arriscam, o que constitui cerca de 10% da população. Mas, se fizerem o que os outros 90% fazem, ou seja, administrar mal seu fluxo de caixa e não saber a diferença entre um ativo e um passivo, aos 45 anos, sua demonstração financeira se parecerá com essa:

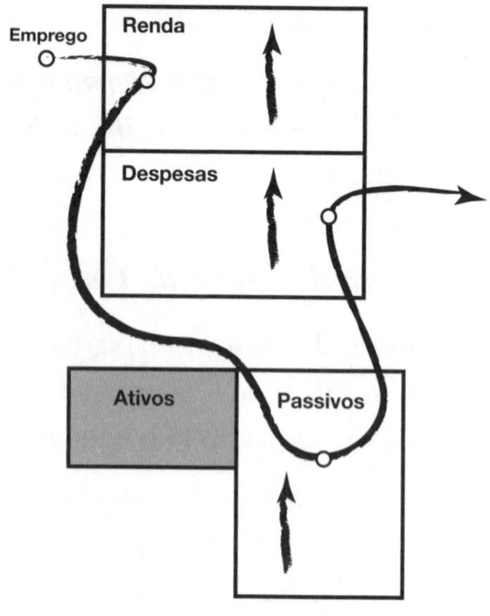

São essas as pessoas que muitas vezes dizem: "Investir é arriscado." Para elas, essa afirmativa é verdadeira, porém negócios e investimentos não são arriscados, mas não ser financeiramente educado é.

Proficiência Financeira

Em *Pai Rico, Pai Pobre*, contei como o meu pai rico exigiu que eu me tornasse financeiramente proficiente.

A proficiência financeira é olhar para os números com seus olhos, mas também ter a mente treinada para dizer a você para onde seu dinheiro está fluindo. O pai rico dizia frequentemente: "A direção do fluxo de caixa significa tudo."

Assim, uma casa pode ser um ativo ou um passivo, dependendo da direção do fluxo de caixa. Se o dinheiro flui para dentro de seu bolso, é um ativo; se flui para fora, é um passivo.

Inteligência Financeira

O pai rico tinha muitas definições para inteligência financeira, como a "habilidade de converter dinheiro ou trabalho em ativos que geram fluxo de caixa". Mas uma das suas favoritas era: "Quem é mais esperto? Você ou seu dinheiro?"

Para meu pai rico, passar a vida trabalhando pesado para ganhar dinheiro que ia embora mais rápido do que entrava não era sinal de inteligência. Convém rever os padrões de fluxo de caixa de uma pessoa pobre, de classe média e de uma rica apresentados no Capítulo 10. Lembre-se de que uma pessoa rica concentra seus esforços em adquirir ativos, não em trabalhar mais.

Devido à falta de inteligência financeira, muitas pessoas instruídas colocam-se em posições de elevado risco financeiro. Meu pai rico chamava isso de "linha vermelha financeira", querendo dizer que a renda e as despesas eram quase as mesmas todos os meses. Essas são as que se apegam desesperadamente à ideia de um trabalho seguro, que são incapazes de mudar quando a economia se transforma e, muitas vezes, acabam com a própria saúde, devido ao estresse e às preocupações. São essas mesmas pessoas que dizem: "Negócios e investimentos são arriscados."

Na minha opinião, negócios e investimentos não são arriscados, mas ser pouco instruído, sim. Da mesma forma, ser mal informado é arriscado e acreditar em um trabalho seguro é o maior risco que se pode assumir. Comprar um ativo não é arriscado, mas comprar passivos que disseram ser ativos, sim. Cuidar do seu próprio negócio não é arriscado, mas cuidar dos negócios dos outros e pagar a eles em primeiro lugar, sim.

Dessa forma, o terceiro passo é saber a diferença entre risco e arriscado.

Movimente-se

1. **Defina risco com suas próprias palavras.**

   A. Confiar em um salário é arriscado para você?

   B. Uma dívida mensal?

   C. Um ativo que gera fluxo de caixa todo mês?

   D. Gastar seu tempo se educando financeiramente?

   E. Aprender as diferenças sobre os tipos de investimento?

2. **Dedique cinco horas semanais para fazer uma ou mais das seguintes atividades:**

   A. Ler a seção de negócios do *Wall Street Journal.*

   B. Ouvir as notícias do mundo financeiro na televisão ou no rádio.

   C. Ler sites, revistas e análogos sobre economia.

   D. Jogar o jogo *CASHFLOW*®[1] e visitar um clube CASHFLOW local.

   E. Ir a seminários educativos sobre investimentos e educação financeira.

   F. Contratar um instrutor para guiá-lo na busca pela independência financeira.

[1] A Editora Alta Books não se responsabiliza pela circulação e conteúdo de jogos indicados pelo autor deste livro. (N. E.)

Capítulo 14

PASSO #4: DECIDA QUE TIPO DE INVESTIDOR QUER SER

Comece aos poucos e aprenda a resolver problemas.

Você já se perguntou por que alguns investidores ganham mais dinheiro com muito menos risco que outros?

Muitas pessoas têm dificuldades financeiras porque evitam problemas financeiros. Um dos maiores segredos que o pai rico me ensinou foi este: "Se quiser adquirir uma grande fortuna rapidamente, assuma grandes problemas econômicos."

Na Parte 1 deste livro, discorri sobre os cinco níveis de investidores. Gostaria de acrescentar mais uma distinção que elenca os investidores em três categorias:

- Categoria A: investidores que procuram problemas.
- Categoria B: aqueles que buscam respostas.
- Categoria C: os que arranjam um "especialista" para lhes dizer o que fazer.

Investidores da Categoria C

Não são financeiramente instruídos e procuram por pessoas que lhes digam em que investir. As pessoas nos quadrantes E e A que foram forçadas a investir por causa das mudanças nos seus planos de aposentadoria. Não têm interesse em investir em educação para se tornar investidores melhores. Não sabem nada, o que significa que precisam recorrer aos conselhos de supostos especialistas.

Quais as chances de um investidor da categoria C enriquecer? A mesma de ganhar na loteria.

Investidores da Categoria B

Eles buscam respostas. Comumente fazem perguntas como:

- "Em que você recomenda que eu invista?"
- "Acha que eu deveria comprar imóveis?"
- "Quais ações são boas para mim?"
- "Falei com o meu corretor e ele me recomendou diversificar."
- "Os meus pais me deram algumas ações. Devo vendê-las?"

Os investidores da categoria B devem entrevistar vários consultores fiscais, advogados, corretores de ações e agentes imobiliários, escolher cuidadosamente e começar a implementar os seus conselhos. Devem encontrar conselheiros que pratiquem o que pregam e fugir de quem venda conselhos de investimento e enriquecem com comissões e taxas sozinho. Eles devem procurar consultores que ganhem dinheiro investindo nos mesmos investimentos que vendem.

Eventualmente conheço muitos Es e As de alta renda que se enquadram nessa categoria porque estão ocupados e têm pouco tempo para procurar oportunidades de investimento ou aprender sobre o lado direito do quadrante CASHFLOW. Por isso, querem alguém para lhes dar as respostas em vez de procurar conhecimento por si mesmos. Este grupo muitas vezes compra o que o investidor da categoria A chama de "investimentos a varejo", pacotes de investimentos à venda para as massas.

Investidores da Categoria A

Eles procuram problemas. Em particular, procuram problemas causados por aqueles que se deparam com dificuldades financeiras. Investidores bons em solucionar problemas têm uma expectativa de retorno de 25% a infinito sobre seu dinheiro. São típicos investidores nível 5 e suas bases financeiras são sólidas. Eles reúnem as habilidades necessárias para serem bem-sucedidos como empresários e investidores, e as utilizam para solucionar problemas causados por pessoas que não as têm.

Por exemplo, quando comecei a investir, com apenas US$18 mil, me concentrei em pequenos condomínios e casas em fase de execução judicial em função de problemas criados por investidores que não administravam bem seu fluxo de caixa e ficavam sem dinheiro.

Depois de alguns anos, ainda estava em busca de problemas, mas dessa vez os números eram mais altos. Anos atrás, envolvi-me na aquisição de uma companhia mineradora de US$30 milhões no Peru. Embora os problemas e os números sejam maiores, o processo é o mesmo.

Como Entrar na Pista de Alta Velocidade Rapidamente

A lição é começar com pouco e aprender a solucionar problemas, e você vai conseguir ganhar uma imensa fortuna, à medida que melhora sua capacidade de dirimir conflitos.

Para aqueles que querem adquirir ativos rapidamente, mais uma vez chamo a atenção para a necessidade de aprender as habilidades dos lados D e I do quadrante. Recomendo primeiro aprender como montar uma empresa, porque ela garante a experiência educacional vital, melhora as habilidades pessoais e garante tempo livre. É o fluxo de caixa da minha empresa que comprou tempo livre para eu começar a procurar problemas financeiros para resolver.

Você Pode Estar nas Três Categorias?

Na realidade, atuo como todos os três tipos. Estou na categoria C quando se trata de fundos mútuos. Quando me perguntam: "Quais fundos mútuos você recomenda?", respondo à pessoa: "Não faço ideia."

Como um investidor da categoria B, procuro respostas profissionais para os meus problemas financeiros. Procuro respostas de planejadores profissionais, corretores de ações, gerentes de banco e corretores de imóveis. Quando encontro um bom, ele provê uma gama de informações que muitas pessoas não têm tempo de adquirir de maneira isolada.

O conselho dos meus consultores financeiros é valioso porque entendem de fundos fiduciários, testamentos e seguros muito melhor do que eu. Também estão mais próximos do mercado e mais atualizados em relação a quaisquer mudanças nas leis e em como afetam os mercados. Investimentos são muito mais do que simplesmente comprar e vender.

Também entrego meu dinheiro a outros investidores para investir para mim. Em outras palavras, conheço outros investidores níveis 4 e 5 que procuram parceiros. Esses indivíduos são pessoas que conheço pessoalmente e em quem confio. Se eles escolhem investir em uma área sobre a qual não sei nada, como imóveis para a população de baixa renda ou grandes prédios de escritório, eu talvez decida dar meu dinheiro para eles porque sei que são bons no que fazem e confio em seus conhecimentos.

Por que Você Deve Dar a Partida Agora

Uma das razões principais para eu recomendar que as pessoas busquem sua própria Pista de Alta Velocidade o quanto antes e levem a sério a ideia de ficar ricas é o fato de, nos Estados Unidos, e na maior parte do mundo, haver dois conjuntos de regras: um para os ricos e outro para os demais. Muitas leis são escritas contra as pessoas que ficam presas à Corrida dos Ratos. No mundo dos negócios e dos investimentos, que é o mundo com o qual estou mais familiarizado, acho chocante como a classe média pouco sabe sobre o destino dado aos impostos pagos. Embora os impostos se destinem a muitas causas nobres, a maior parte dos incentivos fiscais e pagamentos vai para os ricos. Enquanto a classe média paga por eles.

Por exemplo, os imóveis de baixo custo nos Estados Unidos são um enorme problema e uma batata quente política. Para ajudar a solucionar esse problema, os governos municipal, estadual e federal oferecem crédito e incentivos fiscais e aluguéis subsidiados para pessoas que financiam e constroem imóveis de baixo custo. As financeiras e construtoras, apenas por conhecerem as leis, tornam-se mais ricas, fazendo os contribuintes subsidiarem seus investimentos em imóveis de baixo custo.

Por que É Injusto

Assim, não só a maioria das pessoas do lado esquerdo do quadrante CASHFLOW paga mais imposto de renda, como também muitas vezes não são capazes de participar de investimentos com benefícios fiscais. Talvez seja daí que vem o ditado os ricos ficam cada vez mais ricos.

Sei que é injusto e entendo ambos os lados da história. Conheço pessoas que protestam e escrevem cartas ao editor de seus jornais. Algumas tentam mudar o sistema candidatando-se a algum cargo público. Digo que é muito mais fácil cuidar de seu próprio negócio, assumir o controle de sua própria Pista de Alta Velocidade e ficar rico. Afirmo que é mais fácil você mudar a si mesmo do que mudar o sistema político.

Problemas Levam a Oportunidades

Anos atrás, meu pai rico me encorajou a desenvolver minhas habilidades de empresário e investidor e a prática de resolver problemas.

Durante anos, isso foi tudo o que fiz. Resolvo problemas empresariais e de investimentos. Algumas pessoas preferem chamá-los de desafios, mas, ainda assim, eu os chamo de problemas, pois é isso que eles são, em sua grande parte.

Acho que elas gostam da palavra "desafios" mais do que da palavra "problemas", porque acham que uma palavra soa mais positiva do que a outra. Ainda assim, para mim, a palavra "problema" tem um sentido positivo, porque sei que, dentro de cada problema, reside uma "oportunidade" e oportunidades são o que os verdadeiros investidores procuram. E, a cada problema empresarial ou financeiro com que lido, independentemente de solucioná-lo ou não, acabo por aprender. Pode ser que aprenda algo novo sobre economia, marketing, pessoas ou sobre assuntos jurídicos. Muitas vezes conheço pessoas novas que se tornam ativos valiosos em outros projetos. Muitas se tornam amigos eternos, o que é um bônus incalculável.

Encontre Sua Pista de Alta Velocidade

Então, para aqueles que quiserem encontrar sua Pista de Alta Velocidade, comecem:

1. Cuidando do seu próprio negócio
2. Controlando seu fluxo de caixa
3. Entendendo a diferença entre risco e arriscado
4. Diferenciando as categorias A, B e C de investidor

Para ir para a Pista de Alta Velocidade, torne-se um perito em solucionar determinado tipo de problema. Não diversifique, como as pessoas que são apenas investidores da categoria B são aconselhadas a fazer. Torne-se perito em solucionar aquele tipo especial de problema e as pessoas virão até você com dinheiro para investir. Então, se for bom e digno de confiança, você irá encontrar sua Pista de Alta Velocidade mais rapidamente.

Eis alguns exemplos: Bill Gates é perito em solucionar problemas de marketing de software, Donald Trump, problemas com imóveis e Warren Buffett, com negócios e o mercado de ações, o que, por sua vez, lhe permite comprar valiosas ações e administrar um portfólio bem-sucedido. George Soros é especialista em solucionar problemas relacionados à volatilidade do mercado, o que o torna um excelente administrador de fundos hedge. Rupert Murdoch é perito em solucionar os problemas empresariais em redes mundiais de televisão.

Kim e eu somos investidores da categoria A e dirimimos problemas de condomínios residenciais. Eles se pagam com um fluxo generoso e renda passiva. Se opto por investir em áreas diferentes daquelas, torno-me um investidor da categoria B, o que significa que dou meu dinheiro a pessoas com uma excelente formação em sua área de experiência e que praticam o que pregam.

Estou concentrado em um objetivo, que é cuidar do meu próprio negócio. Embora Kim e eu façamos trabalhos de caridade e ajudemos outras pessoas em seus esforços, nunca deixamos de lado a importância de cuidar de nossos próprios negócios e aumentar continuamente a nossa coluna de ativos.

Então, para ficar rico rapidamente, torne-se um estudioso das habilidades necessárias para um empresário e investidor. Procure solucionar grandes problemas, pois, dentro deles, estão enormes oportunidades financeiras. É por isso que recomendo tornar-se um D primeiro, antes de se tornar um I. Se você é mestre em solucionar problemas de negócios, terá um excesso de fluxo de caixa e seu conhecimento dos negócios fará de você um investidor muito mais esperto. Eu já disse muitas vezes, mas, ainda assim, vale a pena repetir: muitas pessoas vêm para o quadrante I na esperança de que investir irá solucionar os seus problemas financeiros. Na maioria dos casos, não soluciona. Investir só os agrava se já não forem bons empresários.

Não há escassez de problemas financeiros. De fato, há um bem na esquina esperando ser resolvido por você.

Movimente-se

1. **Entenda de investimentos.**

Mais uma vez, recomendo a você se tornar proficiente como um investidor nível 4 antes de tentar tornar-se um investidor nível 5. Comece aos poucos e continue seu aprendizado.

Semanalmente, tome pelo menos duas das atitudes a seguir:

A. Assista a seminários e aulas de economia. Atribuo boa parte do meu sucesso a um curso sobre imóveis que fiz quando era jovem e que me custou US$385. Esse curso rendeu milhões para mim com o passar dos anos, porque eu fiz acontecer.

B. Procure placas de imóveis "à venda" em sua área. Ligue para três ou quatro por semana e peça ao vendedor para contar a você sobre o imóvel. Faça perguntas do tipo: "Esse imóvel é um bom investimento? Está alugado? Qual é o aluguel atual? Qual é a taxa de vacância? Qual a média dos aluguéis na área? Quais as despesas de manutenção? Existe manutenção diferida? O proprietário está disposto a financiar? Quais os tipos de financiamento disponíveis?"

Pratique calculando a demonstração mensal do fluxo de caixa para cada imóvel e, então, examine os pontos com o corretor para ver o que você esqueceu. Cada imóvel é um sistema de negócio único e deve ser visto como um sistema de negócios individual.

C. Reúna-se com vários corretores e ouça quais empresas eles recomendam para a compra de ações. Procure essas empresas e considere a abertura de uma conta para fazer pequenos investimentos.

D. Assine informativos sobre investimentos e os estude.

E. Continue a ler, ir a seminários, assistir a programas de TV e a jogar o jogo de tabuleiro *CASHFLOW*®[1].

[1] A Editora Alta Books não se responsabiliza pela circulação e conteúdo de jogos indicados pelo autor deste livro. (N. E.)

2. **Instrua-se sobre negócios.**

A. Reúna-se com vários corretores de negócios para ver quais negócios existem à venda em sua área. É surpreendente a terminologia que pode aprender fazendo perguntas e escutando.

B. Assista a seminários de marketing de rede para aprender sobre seu sistema de negócios. (Recomendo pesquisar, no mínimo, três diferentes companhias de marketing de rede.)

C. Assista a convenções sobre oportunidades de negócios ou exposições comerciais locais para ver quais franquias ou sistemas de empresas estão disponíveis.

D. Assine jornais, revistas e análogos sobre finanças.

Capítulo 15

PASSO #5: ENCONTRE MENTORES

Um mentor é alguém que lhe diz o que é e não é importante.

Quem guia você pelos lugares a que nunca foi? Um mentor é alguém que lhe diz o que é e não é importante.

Mentores Lhe Dizem o que É Importante

A demonstração financeira na página seguinte do meu jogo de tabuleiro *CASHFLOW*®[1] foi criada para ser um mentor. Treina as pessoas a entender como o meu pai rico pensava e pontuava o que considerava financeiramente importante.

Meu pai altamente instruído, mas pobre, ensinava que um emprego com um salário alto era importante e que comprar a casa de seus sonhos também era. Ele também acreditava em pagar contas e viver com menos do que se tinha.

Meu pai rico me ensinou a ter em mente a renda passiva e a passar meu tempo adquirindo ativos que garantem renda passiva ou de portfólio em longo prazo. Ele não acreditava em viver abaixo de seu padrão de vida. Dizia para mim e para seu filho: "Em vez de viver com menos do que você tem, concentre-se em aumentar seu padrão de vida."

[1] A Editora Alta Books não se responsabiliza pela circulação e conteúdo de jogos indicados pelo autor deste livro. (N. E.)

Para fazer isso, ele recomendava que nos fixássemos em construir uma coluna de ativos e em aumentar a renda passiva a partir de ganhos de capital, dividendos, renda residual de negócios, renda de aluguel de imóveis e *royalties*.

Ambos os pais foram fortes mentores para mim enquanto eu crescia. O fato de ter escolhido seguir os conselhos financeiros do meu pai rico não diminuiu o impacto que meu pai instruído, mas pobre, exerceu sobre mim. Eu não seria quem sou hoje sem a forte influência desses dois homens.

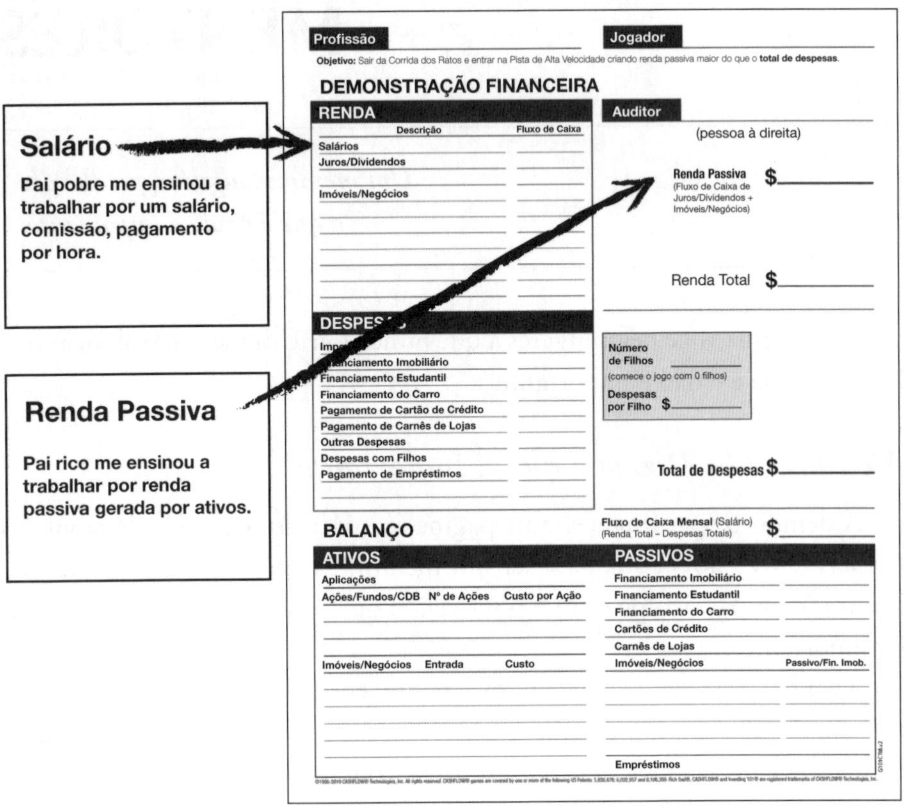

Padrões Invertidos

Da mesma forma que há mentores que são excelentes modelos, há pessoas que também são o inverso dos padrões que se devem seguir. Na maioria dos casos, temos os dois.

Por exemplo, tenho um amigo que ganhou, por si só, mais de US$800 milhões a vida toda. Atualmente, enquanto escrevo este livro, ele está falido. Outros amigos me perguntam por que continuo a perder tempo com ele. A resposta é que ele é tanto um excelente modelo a ser seguido quanto um do que não se fazer. Eu posso aprender com ambos os modelos.

Modelos Espirituais

Meus dois pais eram homens espirituais; mesmo assim, quando se trata de dinheiro e espiritualidade, eles têm pontos de vista completamente diferentes. Por exemplo, eles interpretaram o ditado "o amor ao dinheiro é a raiz de todo o mal" de maneira diferente.

Meu pai altamente instruído, mas pobre, sentia que a vontade de ter dinheiro ou de melhorar a situação financeira era errada.

Por outro lado, meu pai rico interpretava esse ditado de forma bem diferente. Achava que a tentação, a cobiça e a ignorância financeira estavam erradas. Em outras palavras, o pai rico não achava que o dinheiro, por si só, era ruim. Ele acreditava piamente que trabalhar toda a vida como escravo do dinheiro era ruim, assim como ficar em uma situação de escravidão financeira em relação à divida pessoal também era.

Meu pai rico muitas vezes tinha uma maneira de converter seus ensinamentos religiosos em lições financeiras e eu gostaria de compartilhar uma dessas lições com você agora.

O Poder da Tentação

Meu pai rico entendia que pessoas que trabalham arduamente, têm dívidas crônicas e vivem acima de seu padrão de vida são exemplos ruins para os seus filhos porque cederam à tentação da cobiça.

Ele desenharia um diagrama como este e diria: "E não nos deixeis cair em tentação", enquanto apontava para a coluna dos passivos.

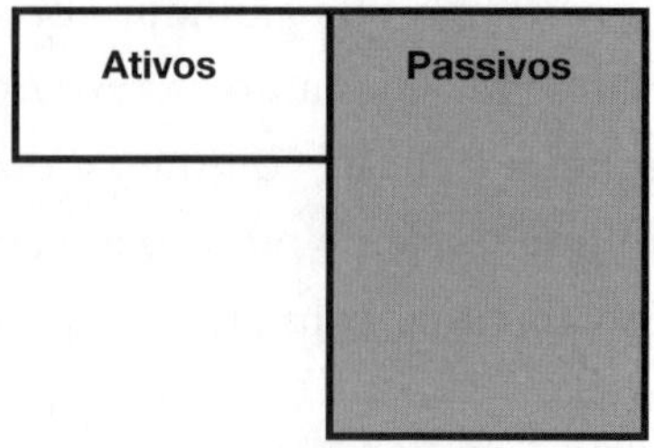

O pai rico acreditava que muitos problemas econômicos vinham do desejo de possuir coisas de pouco valor. Com o advento dos cartões de crédito, ele previu que milhões de pessoas ficariam com dívidas e que, no final das contas, a dívida iria controlar sua vida. Vemos algumas incorrerem em grandes dívidas pessoais por conta de casas, móveis, roupas, férias e carros, porque perderam o controle sobre a emoção humana chamada tentação. Hoje em dia, as pessoas trabalham mais e mais, comprando coisas que pensam que são ativos, mas seus hábitos de gastar nunca lhes permitirão adquirir ativos legítimos.

Ele então apontaria para a coluna dos ativos e diria: "Mas livrai-nos do mal."

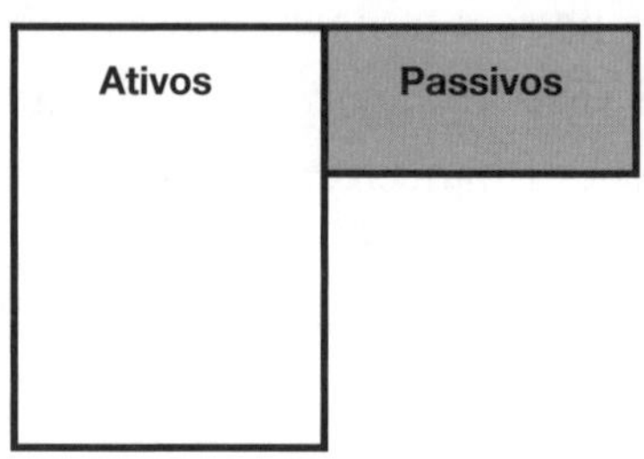

Essa era a maneira que o pai rico tinha de dizer que postergar a gratificação (um sinal de inteligência emocional), cuidar de seu próprio negócio e construir sua coluna de ativos em primeiro lugar ajudariam a evitar a degradação do espírito causada pela tentação, pela falta de instrução financeira e pela influência de exemplos financeiramente ruins.

Para aqueles que procuram a própria Pista de Alta Velocidade, só posso adverti-los para que tenham cuidado com as pessoas que estão à sua volta todos os dias. Pergunte a si mesmo: "Elas são bons exemplos?" Se não o são, sugiro que procurem passar mais tempo com as que estão rumando na mesma direção que você.

Se não conseguir encontrar essas pessoas durante o horário de trabalho, irá encontrá-las em clubes de investimento, grupos de marketing de rede e outras organizações de negócios.

Encontre Alguém que Chegou Lá

Escolha seus mentores com sabedoria. Tome cuidado com as pessoas que lhe dão conselho. Se quiser chegar a algum lugar, é melhor encontrar alguém que já tenha chegado lá.

Por exemplo, se no próximo ano você decidir escalar o monte Everest, obviamente irá procurar alguém que já tenha escalado a montanha. Entretanto, quando se trata de escalar montanhas econômicas, muitas pedem conselhos a outras que também podem levar a pântanos econômicos.

É difícil encontrar mentores que sejam Ds e Is. A maioria das pessoas que dão conselhos financeiros e sobre quadrantes são, na verdade, oriundas dos lados E e A.

O pai rico encorajou-me a ter sempre um treinador ou mentor. Ele dizia constantemente: "Profissionais têm treinadores. Amadores não."

Por exemplo, jogo golfe e tenho aulas, mas não tenho um treinador em tempo integral. Provavelmente, é por isso que pago para jogar golfe, em vez de ser pago para jogar. Ainda assim, quando o assunto é o jogo dos negócios e investimentos, tenho treinadores, vários deles. Por quê? Tenho treinadores porque sou pago para jogar esses jogos.

Então, escolha seus mentores com inteligência. Essa é uma das coisas mais importantes que podemos fazer.

Movimente-se

1. **Encontre mentores.**

   Procure pessoas nas áreas de investimentos e de negócios para guiá-lo.

   A. Cace bons exemplos. Aprenda com eles.

   B. Busque maus exemplos. Aprenda com eles.

2. **Suas companhias são seu futuro. Anote as cinco pessoas com quem passa a maior parte do seu tempo.**

   Lembre-se de que o elemento qualificador é com quem você passa a maior parte de seu tempo e não o tipo de relação. (Todos seus filhos contam como uma única pessoa.) *Não continue a leitura sem escrever seus nomes.*

   Alguns anos atrás, quando estava em um seminário, o instrutor pediu que fizéssemos isso. Então, pediu para que olhássemos para os nomes que tínhamos escrito e declarou: "Vocês estão olhando para seu futuro. As seis pessoas que passam a maior parte do tempo com vocês são seu futuro."

   As seis pessoas com quem você passa a maior parte do tempo não são necessariamente amigos pessoais. Pode ser que sejam seus colegas de trabalho, cônjuge, filhos ou membros de sua igreja ou instituição de caridade. Minha lista era composta de colegas de trabalho, associados e jogadores de rúgbi. Foi aí que comecei a ler nas entrelinhas. Comecei a ter perspectivas sobre mim e algumas perspectivas me agradavam; outras, não.

   O instrutor nos fazia percorrer a sala e com que nos reuníssemos com outras pessoas para discutir nossas listas. Após determinado tempo, a relevância do exercício começou a aumentar. Quanto mais discutia minha lista com outras pessoas, e quanto mais escutava sobre elas, mais percebia que precisava fazer algumas mudanças. O exercício tinha pouca coisa a ver com as pessoas com quem passava o tempo, mas tinha tudo a ver com o rumo que minha vida estava tomando e o que estava fazendo com ela.

   Atualmente, as pessoas com quem passo a maior parte do tempo são todas diferentes, exceto uma. Os outros cinco da minha lista ainda são amigos queridos, mas raramente nos vemos. São pessoas ótimas e estão felizes com a vida que levam. A remoção da lista foi uma questão pessoal. Eu queria mudar o meu futuro. E, para fazê-lo de forma bem-

-sucedida, tive que mudar os meus pensamentos e, consequentemente, as pessoas com quem passava o meu tempo.

3. **Na sua lista, após o nome de cada pessoa, elenque o quadrante em que elas estão: E, A, D ou I?**

   Se estiver desempregada ou aposentada, liste o quadrante de onde gerava renda. Deixe um espaço em branco para crianças e estudantes. *Um lembrete: cada quadrante reflete a maneira pela qual uma pessoa gera a maior parte da sua renda.*

   Uma pessoa pode ter mais de uma designação. Minha mulher, Kim, por exemplo, teria um D e um I próximo a seu nome, já que ela gera 50% de sua renda de cada.

   A minha lista teria Kim em primeiro lugar, já que ela e eu passamos a maior parte do tempo juntos.

NOME	QUADRANTE(S)
1. *Kim Kiyosaki*	*D, I*
2.	
3.	
4.	
5.	
6.	

4. **O próximo passo é listar o nível de investidor de cada um.**

   Volte ao Capítulo 5, "Os Cinco Níveis de Investidores". Kim é uma investidora nível 5. Se você não sabe em que nível determinada pessoa está, faça o melhor que puder para dar um palpite educado.

NOME	QUADRANTE(S)	NÍVEL DE INVESTIDOR
1. *Kim Kiyosaki*	*D, I*	*Nível 5*
2.		
3.		
4.		
5.		
6.		

Tive algumas experiências diferentes com as pessoas ao fazer esse exercício. Algumas ficam irritadas. "Como você ousa me pedir para classificar as que estão perto de mim?" Desculpem-me se esse exercício causou qualquer aborrecimento emocional. Esse exercício não pretende aborrecer ninguém. É um exercício que pretende lançar alguma luz sobre a vida das pessoas. Em alguns casos, ele lança, mas não em todos.

Quando fiz esse exercício, anos atrás, percebi que estava jogando com segurança e me escondendo. Não estava feliz daquele jeito e usava as pessoas com quem trabalhava como uma desculpa, dizendo que era por causa delas que não progredia na vida. Havia duas em especial com quem tinha frequentes discussões, culpando-as por estagnarem nossa empresa. Minha rotina diária no trabalho era encontrar suas falhas, mostrar a elas e, então, culpá-las pelos problemas que tínhamos enquanto constituíamos uma organização.

Depois de concluir esse exercício, percebi que as duas pessoas com quem estava sempre batendo cabeça estavam felizes como eram. Era eu que queria mudar. Então, em vez de mudar, eu as estava pressionando para mudar. Depois de fazer esse exercício, percebi que estava projetando minhas expectativas sobre outras pessoas. Queria que elas fizessem o que eu não queria fazer. Também pensava que deveriam querer e ter as mesmas coisas que eu. Não era um relacionamento saudável. Depois que percebi o que estava acontecendo, consegui dar os passos para mudar a mim mesmo.

5. **Dê uma olhada no quadrante CASHFLOW e coloque as iniciais das pessoas com quem você passa seu tempo no quadrante adequado.**

   Então, coloque suas iniciais no quadrante em que está no momento.

   Depois, coloque suas iniciais no quadrante do qual deseja operar no futuro.

   Se suas iniciais estiverem todas no mesmo quadrante, é provável que você seja uma pessoa feliz, cercado de pessoas com mentalidades semelhantes. Se não estiver, talvez deva considerar fazer algumas mudanças na sua vida.

Capítulo 16

PASSO #6: TRANSFORME SUA DECEPÇÃO EM FORÇA

Dentro de cada decepção há uma pérola de sabedoria.

Quando deixei os Fuzileiros Navais, meu pai rico recomendou que eu procurasse um emprego no qual aprendesse a vender. Ele sabia que eu era tímido. Aprender a vender era a última coisa no mundo que eu faria.

Durante dois anos, fui o pior vendedor da companhia. Não conseguia vender nem uma boia a uma pessoa que estivesse se afogando. Minha timidez era dolorosa não só para mim, mas também para os clientes para quem tentava vender. Aqueles dois anos foram anos de provação, o que significa que eu era a bola da vez para ser despedido.

Muitas vezes, eu culpava a economia, o produto que estava vendendo ou até mesmo os clientes por minha falta de êxito. O pai rico tinha outra forma de ver as coisas. Ele dizia: "Quando as pessoas são incompetentes, adoram pôr a culpa nos outros."

Isso significava que a dor moral da decepção era tão forte que a pessoa queria passá-la para os outros, responsabilizando-os por sua frustração. Para aprender a vender, tive de encarar a dor da decepção frente a frente. Nesse processo de aprender a vender, encontrei uma lição inestimável: como transformar o desapontamento em um ativo, em vez de em um passivo.

Sempre que conheço pessoas que têm medo de tentar algo novo, geralmente os motivos estão no medo que elas têm de se decepcionar. Elas têm medo de cometer erros ou de serem rejeitadas. Se você não está preparado para embarcar na viagem para encontrar sua própria Pista de Alta Velocidade, gostaria de dar a você o mesmo conselho e encorajamento que o pai rico me deu quando eu estava aprendendo algo novo: "Prepare-se para ficar desapontado."

Ele dizia isso de maneira positiva, não de forma negativa. A justificativa dele é que, se você está preparado para o desapontamento, há uma chance de transformar isso em um ativo. Muitas pessoas transformam o desapontamento em passivo, em longo prazo. E você sabe que é em longo prazo quando escuta a pessoa dizer: "Nunca vou fazer isso de novo" ou "Eu deveria saber que iria falhar".

Assim como há uma oportunidade em todo problema, dentro de cada decepção há uma pérola de sabedoria.

Sempre que escuto alguém dizer: "Nunca mais vou fazer isso de novo", sei que estou escutando alguém que parou de aprender. Essas pessoas deixam que o desapontamento as detenha. O desapontamento transformou-se em um muro erigido em volta delas e não nas bases sobre as quais elas poderiam ficar mais altas.

O pai rico ensinou-me a lidar com desapontamentos emocionais profundos. Ele dizia frequentemente: "O motivo pelo qual há poucas pessoas ricas que enriqueceram sozinhas é porque há poucas pessoas que suportam o desapontamento. Em vez de aprender a enfrentar o desapontamento, elas passam a vida a evitá-lo."

Meu pai rico acreditava que a decepção é uma parte importante do aprendizado. Da mesma forma que aprendemos com os nossos erros, melhoramos o nosso caráter com as nossas frustrações. A seguir, há alguns conselhos que ele me deu por anos a fio:

- ***Espere a decepção.***

  O pai rico sempre dizia: "Só os tolos esperam que tudo funcione do jeito que eles querem. Esperar pela decepção não significa ser passivo ou perdedor. Esperar a decepção é uma forma de se preparar mental e emocionalmente para surpresas que você talvez não queira. Estando preparado emocionalmente, você pode agir com calma e dignidade quando as coisas não acontecem do jeito que quer. Se você está calmo, consegue pensar melhor."

Muitas vezes vi pessoas com grandes ideias de negócios. A agitação delas dura aproximadamente um mês, então os desapontamentos começam a abatê-las. Logo, sua excitação diminui e você só as escuta dizer: "Aquela ideia era boa, mas não funcionou."

Não foi a ideia que não funcionou. Foi o desapontamento que funcionou melhor. Elas permitiram que a impaciência se transformasse em desapontamento e, então, permitiram que o desapontamento as vencesse. Muitas vezes essa impaciência é o resultado de não receber um retorno financeiro imediato. Empresários e investidores podem esperar anos para ver o dinheiro de uma empresa ou investimento, mas dedicam-se a isso sabendo que o sucesso pode levar tempo. Eles também sabem que, quando o sucesso é alcançado, terá valido a pena esperar a recompensa financeira.

- ***Tenha um mentor a seu lado.***

Como os números de emergência dos bombeiros ou da polícia que sempre temos à mão, quem está na sua lista de contatos confiáveis e entendidos? Para mim, os meus mentores financeiros estão em foco. Estão apenas a um telefonema de distância se eu tiver uma emergência financeira.

Frequentemente, antes de entrar em algum negócio ou associação, telefono para um de meus amigos e explico o que estou fazendo e o que quero conseguir. Peço a eles para ficarem por perto para o caso de eu deixar escapar alguma coisa, o que ocorre com frequência.

Certa vez, negociei um grande imóvel cujo vendedor estava jogando sujo e alterou os termos na hora de fecharmos o negócio. Ele sabia que eu queria o imóvel e estava se esforçando para arrancar mais dinheiro de mim no último minuto. Como tenho temperamento forte, minhas emoções se descontrolaram. Mas em vez de desfazer o negócio e perder o controle, o que normalmente estaria inclinado a fazer, perguntei se poderia usar o telefone para falar com o meu sócio.

Depois de falar com três amigos meus, que estavam a postos, e de escutar seus conselhos de como lidar com a situação, me acalmei e aprendi novas formas de fazer negócio que não conhecia antes. O negócio não se concretizou, mas ainda hoje uso aquelas três técnicas de negociação — que eu nunca teria aprendido se não tivesse entrado naquele negócio. Esse conhecimento é inestimável.

A questão é que não dá para adivinhar e, muitas vezes, só aprendemos as coisas quando precisamos aprender. Por isso recomendo a você que tente coisas novas e que espere a decepção, mas tenha sempre um mentor a postos para treiná-lo nos assuntos práticos. Muitas pessoas nunca começam projetos porque não têm todas as respostas. Você nunca terá todas as respostas, mas comece de qualquer jeito. Como um amigo meu sempre diz: "Muitas pessoas não querem seguir em frente até que todos os sinais estejam verdes. É por isso que elas não vão a lugar algum."

- ***Seja gentil consigo mesmo.***

Um dos aspectos mais dolorosos em relação a cometer erros e ficar desapontado ou falhar em alguma coisa não está no que as pessoas dizem. É o quanto nós somos exigentes conosco. Muitas pessoas que cometem erros muitas vezes se flagelam com muito mais rigor que qualquer outra pessoa faria.

Conheço pessoas que são severas com elas mesmas mental e emocionalmente e eventualmente preocupadas quando se trata de assumir riscos, adotar novas ideias ou experimentar algo novo. É difícil aprender algo novo se você se pune pelas suas decepções pessoais.

- ***Diga a verdade.***

Uma das piores punições que já recebi na infância foi no dia em que, por acidente, quebrei o dente da frente da minha irmã. Ela correu para casa para contar a meu pai, e eu, para me esconder.

Depois que meu pai me encontrou, ficou bravo comigo. Ele me deu uma bronca: "Estou castigando você não porque quebrou o dente da sua irmã, mas porque fugiu."

Financeiramente, houve muitas vezes que eu poderia ter fugido dos meus erros, mas essa é a saída mais fácil.

Em suma, todos cometemos erros. Todos nos sentimos aborrecidos e desapontados quando as coisas não acontecem do jeito que queremos.

A diferença está em como processamos o desapontamento internamente. O pai rico sintetizou isso desta forma: "O tamanho de seu sucesso é mensurado pela força de seu desejo, pelo tamanho de seu sonho e pela forma como lida com o desapontamento em seu caminho."

Nos próximos anos, teremos mudanças financeiras que testarão a nossa coragem. Como Bob Dylan cantava: "*The times they are a-changin'.*" ("Os tempos estão mudando", em tradução livre.) As pessoas que têm mais controle sobre suas emoções, que não deixam que elas as impeçam de prosseguir e que têm maturidade emocional para aprender novas habilidades financeiras são aquelas que florescerão nos anos vindouros.

E o futuro pertence àqueles que conseguem mudar com o tempo e usar os desapontamentos pessoais como peças para o futuro.

Movimente-se

1. **Erre.**

   É por isso que recomendo que você comece com passos pequenos. Lembre-se de que perder faz parte de ganhar. Os Es e os As foram treinados no sentido de que cometer erros não é aceitável. Os Ds e Is sabem que é errando que aprendem.

2. **Comece com pouco.**

   Se você encontrar algo em que investir, reserve um pouco de dinheiro. É surpreendente como sua inteligência aumenta rápido quando você tem algum dinheiro em jogo. Não aposte o sítio, seu financiamento ou sua aposentadoria. Apenas reserve um pouco de dinheiro, esteja atento, e aprenda.

3. **O segredo é FAZER ACONTECER!**

   Ler, assistir e escutar são todos itens fundamentais para sua instrução. Mas você também tem de começar a FAZER ACONTECER. Faça ofertas em acordos que envolvam pequenos imóveis e que irão gerar um fluxo de caixa positivo, junte-se a uma empresa de marketing de rede e aprenda sobre isso pelo lado de dentro, invista em ações após pesquisar sobre a empresa. Procure conselhos com seu mentor, consultor financeiro ou fiscal, se você precisar disso. Mas, como diz a Nike: "*Just do it*!"

Capítulo 17

PASSO #7: O PODER DA FÉ

A única pessoa que define suas crenças sobre si mesmo é você.

No meu último ano do ensino médio, o filho do meu pai rico e eu fomos colocados em frente a um pequeno grupo de alunos composto principalmente de líderes do último ano. Nossa orientadora nos disse: "Vocês dois nunca vão servir para nada." Alguns dos alunos do último ano ironizavam e a orientadora prosseguia: "A partir de agora, não vou mais perder meu tempo com vocês dois. Só vou perder meu tempo com esses alunos que são líderes da classe. Vocês dois são os palhaços da turma e têm péssimas notas, nunca vão servir para nada. Agora podem se retirar."

O Maior Favor de Todos

Aquela orientadora fez o maior favor do mundo para mim e para Mike. Embora o que dissera tivesse nos magoado profundamente, também nos inspirou a lutar com mais vigor ainda. Suas palavras nos guiaram para a faculdade e para os nossos próprios negócios.

Confraternização da Turma

Há alguns anos, Mike e eu voltamos a nos confraternizar com nossa turma do ensino médio e isso sempre é uma experiência interessante. Foi legal encontrar pessoas com quem passamos três anos, em uma época em que nenhum de nós realmente sabíamos quem éramos. Também foi interessante ver que a maioria dos chamados líderes da turma de último ano não tivera êxito nos anos que sucederam essa etapa.

Mike e eu não éramos meninos-prodígio. Não éramos nem gênios das finanças nem estrelas de algum esporte. No geral, éramos alunos e aprendizes que poderiam ser classificados como regulares e medianos. Na minha opinião, não éramos naturalmente tão bem-dotados quanto nossos pais. Ainda assim, foram as palavras pungentes de nossa orientadora e o escárnio de nossos colegas que nos ajudaram a perseverar, a aprender com nossos erros e a continuar, na tempestade e na bonança.

Só porque você não foi bem na escola, não era popular, não era bom em matemática; é rico ou pobre ou tem outros motivos para se vender por pouco — nada disso conta na vida. Essas chamadas imperfeições só contam se você pensar que contam.

Para aqueles que consideram a possibilidade de embarcar na Pista de Alta Velocidade, deve haver algumas dúvidas quanto às suas habilidades. Tudo o que posso dizer: "Confie que tem tudo do que precisa para ser financeiramente bem-sucedido." Tudo o que precisa para fazer seus dons naturais aflorarem é seu desejo, determinação e uma fé profunda de que tem genialidade e talentos únicos.

Olhe-se no Espelho e o Escute

O espelho reflete mais do que apenas a imagem. O espelho reflete nossos pensamentos. Quantas vezes vi pessoas olharem para o espelho e dizerem coisas como:

- "Ah, estou horrível."
- "Será que engordei tanto assim?"
- "Estou mesmo ficando velho."

ou

- "Nossa! Estou fantástico. Sou um pedaço de mau caminho."

Pensamentos São Reflexos

O espelho reflete muito mais do que os olhos podem ver. O espelho também reflete nossos pensamentos e, muitas vezes, a opinião que temos de nós mesmos. Esses pensamentos ou opiniões são muito mais importantes que nossa aparência exterior.

Muitos de nós conhecemos pessoas que são muito queridas pelos outros, mas que não conseguem gostar de si mesmas. Nossos pensamentos mais íntimos são muitas vezes reflexos de nossas almas, e os pensamentos são o reflexo do nosso amor por nós mesmos, de nosso ego, de nosso desgosto em relação a nós mesmos, como tratamos a nós mesmos e nossa opinião sobre nós mesmos de modo geral.

O Dinheiro Não Fica com as Pessoas Inseguras

Verdades pessoais geralmente são ditas em momentos em que as emoções estão no auge.

Após explicar o quadrante CASHFLOW para uma turma ou para uma pessoa, geralmente dou-lhes tempo para decidir sua próxima etapa. Primeiro, devem reconhecer em que quadrante estão, o que é fácil, porque este é o quadrante de onde vem a maior parte do dinheiro para elas. Em segundo lugar, pergunto a elas para qual quadrante gostariam de ir, se for preciso se mover.

Algumas pessoas me olham e dizem: "Estou feliz exatamente onde estou."

Outras dizem: "Não estou satisfeita onde estou, mas não estou disposta a mudar agora."

E também há pessoas que estão infelizes onde estão e sabem que precisam fazer alguma coisa imediatamente. Pessoas nessas condições muitas vezes falam o mais claramente possível sobre suas verdades pessoais. Usam palavras que refletem as opiniões sobre si mesmas, palavras que refletem suas almas. É por isso que digo: "Verdades pessoais são ditas em momentos de extrema emoção."

Nesses momentos de verdade, muitas vezes escuto:

- "Não posso fazer isso. Não posso passar do A para o D. Você está maluco? Tenho mulher e três filhos para alimentar."
- "Não posso fazer isso. Não posso esperar cinco anos até receber outro salário."
- "Investir? Você está querendo que eu perca todo o meu dinheiro, não está?"
- "Não tenho dinheiro nenhum para investir."
- "Preciso de mais informações antes de fazer alguma coisa."
- "Tento depois. Isso não funciona."
- "Não preciso aprender a interpretar demonstrações financeiras. Eu sei me virar."
- "Não tenho que me preocupar. Ainda sou jovem."
- "Não sou inteligente o bastante."
- "Eu faria se conseguisse encontrar as pessoas certas que fizessem comigo."
- "Meu marido nunca faria isso."
- "Minha mulher não entenderia."
- "O que meus amigos diriam?"
- "Sou velho demais."
- "Sou muito jovem."
- "Não vale a pena."
- "Não sou competente o bastante."

Todas as Palavras São Espelhos

Verdades pessoais são ditas em momentos de emoções profundas. Todas as palavras são espelhos, pois refletem o que as pessoas pensam de si mesmas, embora elas pensem que estão falando de outra pessoa.

O Meu Melhor Conselho

Para aqueles que estão prontos para se mover de um quadrante para o outro, o conselho mais importante é que estejam bastante conscientes de suas palavras. Principalmente, estejam certos de que as palavras vêm do coração, de seu estômago e de sua alma. Se você vai mudar, deve estar consciente dos pensamentos e palavras gerados pelas emoções. Se não conseguir perceber quando as emoções estão pensando por você, nunca irá sobreviver à jornada. Você irá se conter, pois, mesmo quando estiver falando com alguém, por exemplo, dizendo: "Meu cônjuge nunca vai entender", na verdade está dizendo algo sobre si mesmo. Talvez esteja usando seu cônjuge como desculpa para sua própria inércia ou deveria estar dizendo: "Não tenho coragem ou a capacidade de me comunicar para transmitir essas novas ideias a ela." Todas as palavras são espelhos que dão oportunidades para você olhar para dentro de sua alma.

Ou talvez diga: "Não posso parar de trabalhar e começar meu próprio negócio. Tenho um financiamento imobiliário e uma família para pensar." Você também poderá dizer: "Estou cansado. Não quero fazer mais nada" ou "Na verdade, não quero aprender mais nada". Essas são verdades pessoais.

Verdades Pessoais Também São Mentiras

Essas são verdades e também mentiras. Se mente para si mesmo, acho que sua jornada nunca será concluída. Portanto, meu melhor conselho é ouvir suas dúvidas, medos e pensamentos limitadores e, só então, ir de cabeça atrás da verdade.

Dizer, por exemplo: "Estou cansado, não quero aprender algo novo", pode ser uma verdade, mas também é uma mentira. A verdade é: "Se não aprender alguma coisa nova, vou ficar cada vez mais cansado." E uma verdade mais profunda: "O fato é que adoro aprender coisas novas. Adoraria aprender coisas novas e voltar a ficar entusiasmado com a vida novamente. Talvez um mundo novo se abra para mim." Depois que você chegar a esse ponto da verdade mais profunda, talvez encontre em si mesmo aquele lugar que é poderoso o bastante para ajudá-lo a mudar.

Nossa Jornada

Para que Kim e eu pudéssemos seguir em frente, primeiro tivemos que conseguir viver com as opiniões e críticas que tínhamos em relação a nós mesmos. Tivemos que aprender a viver com pensamentos que nos faziam sentir pequenos, mas que não nos deixaram parar. Às vezes chegávamos a explodir e a autocrítica sobressaía; eu a culpava por minhas dúvidas e ela a mim pelas suas. Mesmo assim, antes de começar essa jornada, nós dois sabíamos que a única coisa que teríamos de enfrentar seria, em última análise, nossas dúvidas pessoais, críticas e inadequações. A nossa verdadeira função como marido e mulher, parceiros comerciais e companheiros nessa jornada era a de sempre lembrar o outro que cada um de nós era muito mais poderoso que nossos pensamentos individuais, mesquinharias e inadequações. Nesse processo, aprendemos a confiar mais em nós mesmos. O objetivo primordial para nós era mais do que apenas enriquecer; era aprender a confiar em nós mesmos e no dinheiro.

Lembre-se de que a única pessoa que define suas crenças sobre si mesmo é você, pois, de fato, suas crenças são o que você é. Meu melhor conselho é preparar-se diariamente para ser maior do que sua insegurança. Na minha opinião, a razão para a maior parte das pessoas parar e abandonar seus sonhos é o fato de seu lado medroso superar sua grandiosidade.

Embora você talvez não tenha um talento específico, aproveite o tempo desenvolvendo o que precisa aprender e seu mundo irá mudar rapidamente. Nunca fuja daquilo que sabe que precisa aprender. Enfrente seus medos e dúvidas e novos mundos se abrirão para você.

Movimente-se

Acredite em si mesmo, comece agora!

Capítulo 18

RESUMINDO

Comece a construir a estrutura do fluxo de caixa para sustentar você e sua família.

Kim e eu usamos esses sete passos para passar de sem-teto para financeiramente independentes em alguns poucos anos. Essas sete etapas nos ajudaram a encontrar nossa própria Pista de Alta Velocidade e continuamos a utilizá-la hoje. Espero que possam ajudar você a traçar seu próprio curso para a independência financeira.

Para fazer isso, recomendo que seja verdadeiro consigo mesmo. Se ainda não for um investidor que faz negócios em longo prazo, torne-se um o mais rápido que puder. O que significa isso? Sente-se e trace um plano para assumir o controle de seus hábitos de gastar. Minimize suas dívidas e passivos. Viva dentro de suas possibilidades e, então, aumente-as. Descubra o quanto será preciso investir por mês, por quantos meses, a uma taxa realista de retorno, que será necessário para atingir suas metas, criar fluxo de caixa e alcançar sua independência financeira.

Ter um plano de longo prazo que reduza sua dívida de consumo, enquanto guarda regularmente algum dinheiro lhe dará um bom ponto de partida se começar cedo o bastante e ficar de olho no que está fazendo.

Nessa etapa, faça as coisas de maneira simples. Não fique fantasiando.

A razão pela qual apresento a você o quadrante CASHFLOW, os cinco níveis de investidores e as minhas três categorias de investidores é lhe proporcionar muitos vislumbres sobre quem você é, quais serão seus interesses e, em última análise, quem quer ser. Gosto de acreditar que todo mundo pode encontrar o próprio caminho para a Pista de Alta Velocidade, independentemente do quadrante em que opera.

Lembre-se do que eu disse em um capítulo anterior: "O trabalho do seu chefe é dar-lhe um emprego. Seu trabalho é tornar-se rico."

Você está pronto para parar de buscar baldes de água e começar a construir uma rede de abastecimento, com o fluxo de caixa, para sustentar você, sua família e seu estilo de vida?

Tomar conta do próprio negócio pode ser difícil e algumas vezes confuso, especialmente no começo. Há muito a aprender, independentemente do que você saiba. É um processo para a vida toda. Depois que assumimos nossos compromissos, a vida se torna cada vez mais fácil. Tomar conta do próprio negócio não é difícil de fazer. Basta ter bom senso.

Sobre o Autor

Robert Kiyosaki

Mais conhecido como o autor de *Pai Rico, Pai Pobre* — apontado como o livro nº 1 de finanças pessoais de todos os tempos — Robert Kiyosaki revolucionou e mudou a maneira de pensar em dinheiro de dezenas de milhões de pessoas ao redor do mundo. Ele é um empreendedor, educador e investidor que acredita que o mundo precisa de mais empreendedores para criar empregos.

Com pontos de vista sobre dinheiro e investimento que normalmente contradizem a sabedoria convencional, Robert conquistou fama internacional por sua narrativa direta, irreverência e coragem e se tornou um defensor sincero e apaixonado da educação financeira.

Robert e Kim Kiyosaki são os fundadores da *Rich Dad*, uma empresa de educação financeira, e os criadores dos jogos *CASHFLOW*®[1]. Em 2014, a empresa aproveitou o sucesso global dos jogos da *Rich Dad* para lançar uma nova versão revolucionária de jogos online[2] e para celulares.

Robert tem sido considerado um visionário que tem o talento de simplificar conceitos complexos — ideias relacionadas a dinheiro, investimentos, finanças e economia — e tem compartilhado sua jornada pessoal rumo à independência financeira de uma forma que encanta o público de todas as idades e histórias de vida. Seus princípios fundamentais e mensagens — como "sua casa não é um ativo" e "invista para um fluxo de caixa" e "poupadores são perdedores" — despertaram uma enxurrada de críticas e zombaria... para depois invadir o cenário do mundo da economia ao longo da última década de forma perturbadora e profética.

Seu ponto de vista é de que o "velho" conselho — arrume um bom trabalho, poupe dinheiro, saia das dívidas, invista em longo prazo em uma carteira diversificada — se tornou obsoleto na acelerada Era da Informação. As mensagens e filosofias do pai rico desafiam o *status quo*. Seus ensinamentos estimulam as pessoas a se tornarem financeiramente proficientes e a assumirem um papel ativo para investir em seu futuro.

---

1 A Editora Alta Books não se responsabiliza pela circulação e conteúdo de jogos indicados pelo autor deste livro. (N. E.)

2 Ver: http://www.richdad.com/apps-games/cashflow-classic (conteúdo em inglês).

Autor de diversos livros, incluindo o sucesso internacional *Pai Rico, Pai Pobre*, Robert participa frequentemente de programas midiáticos ao redor do mundo — desde *CNN, BBC, Fox News, Al Jazeera, GBTV e PBS, a Larry King Live, Oprah, Peoples Daily, Sydney Morning Herald, The Doctors, Straits Times, Bloomberg, NPR, USA TODAY,* e centenas de outros — e seus livros frequentam o topo da lista dos mais vendidos há mais de uma década. Ele continua a ensinar e inspirar o público do mundo inteiro.

Para saber mais, visite www.seriepairico.com ou o site original, em inglês, acessando: www.richdad.com